经典传家

经典回到生活　阅读从心开始

经典传家

『经典传家』丛书遴选了清代《四库全书》的精华，而且每一种书在注释、译文、解读等方面做了大量的、扎实的工作。

——傅璇琮

国学就是中国人的学问。『经典传家』是一套非常适合大众阅读的国学经典丛书。国学的传承和发展迫切需要好的大众读本。

——毛佩琦

《四库全书》浩如烟海，真正的必读经典就这百余部。

——任德山

国学是相互通融的，切忌断章或是割裂。今人只有从《周易》等原始经典入手，才能真正找到进入国学的门径。

——刘君祖

经典传家

经典传家系列丛书

图解孟子

孟子 著

崇贤书院 释译

黄山书社

《孟子》阅读指南

权威专家保证书稿质量

以最优异的品质呈现给读者最权威的《孟子》读本。

图文配合还原经典记忆

所选插图出处繁多，几乎涵盖了所有古代版画的优秀作品。力求营造与经典所处年代相符的阅读氛围。

选字注音

- 将偏僻字选出来单独标注拼音。
- 将古今读音相异的字单独标注拼音。
- 将所有重复出现的字词都反复标注。

注 释

- 权威、准确、客观，极具启发性。

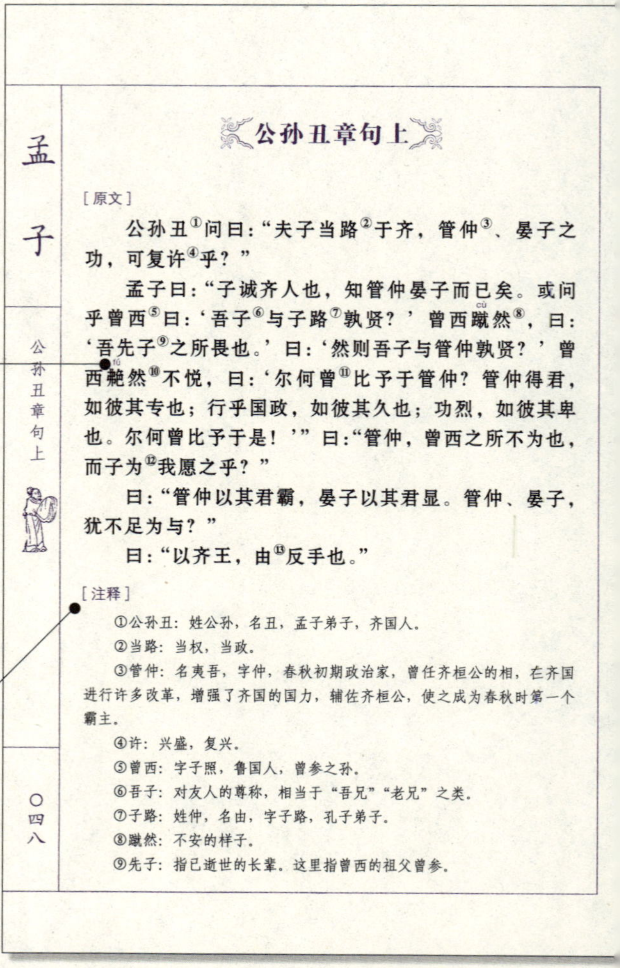

孟子

公孙丑章句上

公孙丑章句上

[原文]

公孙丑①问曰："夫子当路②于齐，管仲③、晏子之功，可复许④乎？"

孟子曰："子诚齐人也，知管仲晏子而已矣。或问乎曾西⑤曰：'吾子⑥与子路⑦孰贤？'曾西蹴(cù)然⑧，曰：'吾先子⑨之所畏也。'曰：'然则吾子与管仲孰贤？'曾西艴(fú)然⑩不悦，曰：'尔何曾⑪比予于管仲？管仲得君，如彼其专也；行乎国政，如彼其久也；功烈，如彼其卑也。尔何曾比予于是！'"曰："管仲，曾西之所不为也，而子为⑫我愿之乎？"

曰："管仲以其君霸，晏子以其君显。管仲、晏子，犹不足为与？"

曰："以齐王，由⑬反手也。"

[注释]

①公孙丑：姓公孙，名丑，孟子弟子，齐国人。

②当路：当权，当政。

③管仲：名夷吾，字仲，春秋初期政治家，曾任齐桓公的相，在齐国进行许多改革，增强了齐国的国力，辅佐齐桓公，使之成为春秋时第一个霸主。

④许：兴盛，复兴。

⑤曾西：字子照，鲁国人，曾参之孙。

⑥吾子：对友人的尊称，相当于"吾兄""老兄"之类。

⑦子路：姓仲，名由，字子路，孔子弟子。

⑧蹴然：不安的样子。

⑨先子：指已逝世的长辈。这里指曾西的祖父曾参。

○四八

《孟子》阅读指南

准确注释阐述深奥言论

详细准确的注释解读孟子言论的精要，简洁典雅的译文再现圣贤大儒的思想智慧。

重温经典著述的魅力之光

弘扬中国传统文化经典，精心挑选传统文化结晶，飨之于所有爱读书的人。

⑩艴然：恼怒的样子。
⑪曾：竟然，居然。
⑫为：同“谓”，认为。
⑬由：同“犹”，好像。

[译文]

公孙丑问孟子说：“先生您要是在齐国掌了权，渴望重建管仲、晏婴那样的功业么？”

孟子答道：“你到底是个齐国人，仅仅知道管仲、晏婴罢了。曾经有个人问曾西道：‘我的先生啊，您跟子路相比，哪个更强些呢？’曾西肃然起敬地回答说：‘（子路是）我先祖父所尊敬的人啊。’那个人又继续问道：‘那么，您跟管仲相比，哪个又更强些呢？’曾西生气之色溢于言表，说：‘你竟拿管仲来和我相比？管仲得到他的君主的信任是那样的专一，行使国家政权的时间又是那样的长，可是，成就的功业却是那样的微不足道，你怎么拿他来和我相比呢！’”孟子（稍微停顿了一下）又接下去说：“管仲那样的人，连曾西都不愿意和他相比，你说我愿意学他的样吗？”

公孙丑说：“管仲辅佐齐桓公建立了霸主之业，晏婴辅佐齐景公，使他名扬天下。难道管仲、晏婴这样的人都不值得您效法吗？”

孟子答道：“拿齐国这样有条件的大国去实行王政，统一天下，那就像把手掌翻转一样容易。”

晏子

晏子即晏婴，字仲，谥平，春秋时齐国大夫，是继管仲后齐国的名相，为人计谋权变，能言善辩。但后世人都对他比较不屑，认为他没有成就出众的功业。

[原文]

曰：“若是，则弟子之惑滋甚。且以文王之德，百年而后崩①，犹未洽于天下；武王、周公②继之，然后大行。今言王若易然，则文王不足法与？”

版画插图

- 所选插图皆为古人原创，确保原汁原味。
- 选图方面，广征博采保证插图清晰质感。
- 以图释文，书中的文字与插图完全一一对应。

译 文

- 阐译每段主题，明晰文章要义。

总序

国学是什么？简单说，就是中国人之所以成为中国人的学问。因此，国学不仅包括数千年积累流传下来的经典，比如“四书五经”、《老子》《庄子》《孙子》《史记》《汉书》、唐诗、宋词，也包含研究中国人思维方式、生活方式、行为方式乃至娱乐方式的各种学问。广言之，国学研究的对象不仅包括文献，也包括实物；不仅包括物质文化遗产，也包括非物质文化遗产，如我国各民族的建筑、服饰、饮食、音乐、绘画、医药、戏曲等等。

国学是不断丰富、不断发展的学问。上面说的从“四书五经”到唐诗、宋词就是一个不断丰富发展的过程。近代以来，国学的研究范围还在不断地扩大，比如敦煌学、甲骨学，是随着有关文物的出土而兴起的；比如红学，是随着文学理论和学术风气的发展变化而兴起和发展的。随着时间的推移和学术的进步，必将有更多的学问被纳入国学研究的范围。

数千年来，中国人做学问形成了自己独特的理论和方法，比如思想理论、史学理论、文学理论，以及训诂学、考据学、音韵学等等。但这些理论和方法并不是一成不变的。比如，在史学研究领域，由于地下文物的出土，王国维等人提出了以地下文物与传世文献相补充互证的“二重证据法”。近代以来，西风劲吹。国人主动借鉴西方学术研究的理论和方法，研究中国学问。王国维借鉴尼采的哲学理论研究中国的文学戏剧，胡适以杜威的实验主义研究中国的“国故”。国学从来没有拒绝外国学问的融合，佛教传入中国后，经过改造，形成了中国独特的佛学、因明学；自明朝末年西学传入中国后，中国的天文学、数学等就已经融入了西学的因素。马克思主义传入中国后，不少人用马克思主义理论研究中国历史文化，它们自然也成为了国学的一部分。因此，国学又是开放的、随时代而进步的。那么，当今我们研究、振兴国学，不允许也不应该倒退，不允许也不应该僵化。

然而，国学又是与西学明显区分的。国学是西学的对应物，是与西学完全不同的学术体系。在近代，西学挟坚船利炮强势进入中国之后，中国人还视自我，对于中国固有之学问的称呼出现了中学、国故学、国粹、国学这样的名称。面对“帝国主义”的强大，中国人自愧不如，一方面拼命地学习、引进西学，另一方面拼命地贬低、抛弃国学。虽然也有一些人，如张之洞为保护中华文化之根本，提出“中学为体，西学为用”，如胡适，提出“整理国故”，以“再造文明”“建立民族自信心”，但其声音终被时代所淹没。国学一再被严重曲解和轻视，造成了中国历史文化的大断裂。也许，这一历史过程是必然的。但回顾过去，中国在走向独立富强的过程中，国学所付出的代价实在太大、太惨重了。

新中国成立后，饱受屈辱的中国人从此站立了起来，民族自信心大大加强，但没有能够及时认识到国学在新时代的重要性，甚至仅存的一点点国学遗产也进一步成为被抛弃的对象。改革开放三十年之后，走向富强的国人终于幡然醒悟，保护和振兴国学逐渐成为全民的共识。一个强大的自立于世界民族之林的国家，必然要有与之相匹配的伟大的民族文化。中国人，从领导者、学术界到普通百姓，都在重新发现国学的现代价值。同时，在走向全球化的进程中，东西方各国也把目光投向了中国。中国学问，中国的一切都在被重新评价。中国不仅为了自身的建设和发展需要从传统文化中汲取智慧，而且也面临着以优秀的中华文化向全人类贡献智慧的责任和挑战。

那么，这套经典传家丛书的编纂就是可喜的，编纂者的初衷和努力就是可敬的。希望这套丛书能发挥点滴作用，如同涓涓细水与千百万有志者的努力一道汇成大潮，去迎接中华民族的伟大复兴！

是为序。

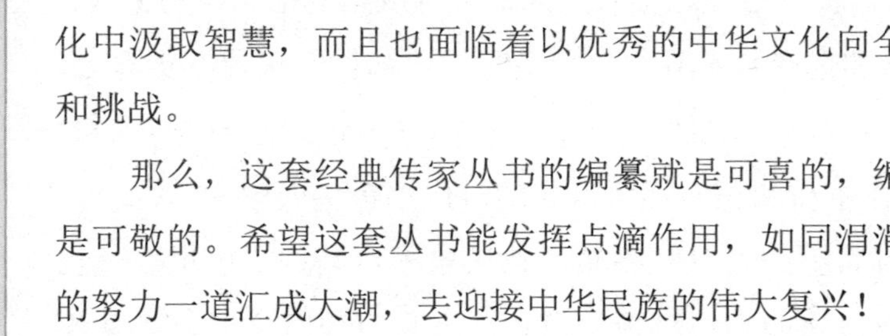

毛佩琦

二〇一五年五月

前言

《孟子》是儒家经典名著，圣贤言论，流传数千年而不废。该书是孟子生平言论和事迹的记述，深刻反映了孟子的思想轨迹。“亚圣”孟子是仅次于孔子的儒家大圣，为世人所尊崇。封建社会中，孟子所倡的人伦礼仪是人立身行事的准则，上至皇室贵胄，下到贩夫走卒，都以此为教典，不敢有丝毫逾越。宋代以后《孟子》更与《论语》《大学》《中庸》同列为四书，成为当时蒙学入门和科举考试的必读书。世人若要明智仁义，不可不读《论语》，亦不可不读《孟子》。

程颐曾说：“孟子有功于圣门，不可胜言。仲尼只说一个仁字，孟子开口便说仁义。仲尼只说一个志，孟子便说许多养气出来。只此二字，其功甚多。”寥寥数语，却将《孟子》精要概述无遗。孟子强调仁义，倡导“性善论”，在此基础上提出仁政学说和修养学说。孟子认为，人都有天赋的恻隐之心、羞恶之心、辞让之心、是非之心，这是人与禽兽的区别所在。人性本善，只要自觉努力，提升自我道德，人人都可以成为道德完善的圣人。

现代人面对的诱惑和选择数不胜数，很多时候不知如何抉择，实际上，孟子早就为我们给出了答案。人要懂得取舍，在熊掌与鱼翅不可得兼的时候“舍鱼而取熊掌”，在生命和正义不可得兼的时候“舍生而取义”。此外，人生于社会中，都要与周围的人发生联系，独乐乐固然是好，但也要适当与众乐乐，这样才能使自我能力得到更大发挥。人总有失意之时，失意不失志，困境中不绝望，困苦是磨砺人的财富，“故天将降大任于斯人者，必先劳其筋骨，饿其体肤……增益其所不能。”

全书共分七章，分别是：《梁惠王章句》（上、下）；《公孙丑章句》（上、下）；《滕文公章句》（上、下）；《离娄章句》；《万章章句》（上、下）；《告子章句》（上、下）；《尽心章句》（上、下）。全书思想深邃，包蕴博大。文章纵横驰骋，汪洋恣肆，极富雄辩色彩，经典语录层出不穷。比如“行百里者，半于九十”“生于忧患而死于安乐”“民为贵，社稷次之，君为轻”“揠苗助长”等。用“挟泰山以超北海”和“为长者折枝”来说明君王行仁义不能与不为的做法；以“缘木求鱼”来形容君王“构怨兴兵”之举，凡此种种，形象生动。

但是孟子时代毕竟与今日相隔太远，许多文章不能为世人读懂。所以本书编者针对名家译注，博采众长，为孟子原文做出准确、翔实的译注，配以精彩的插图，给读者以准确、直观的形象解说，使孟子的思想、言语跃然纸上。读者阅读本书，可以在喧闹中求得宁静，在迷茫中找到方向，在软弱时找到支柱。

总体说来，《孟子》一书的主要特点如下：

一、本书配有众多精美的古版画，将文中内容更直观地呈现在读者面前。编者查阅大量刊刻资料，从卷帙浩繁的古代版画图中细心甄选，力求给读者最完美的呈现。所选插图主要出自《飞影阁》《帝鉴图说》《天工开物》《三国演义全图》《中国古版画》《中国历代名人图鉴》等，许多优秀古版画都涵盖其中。选图时，务求做到插图与文字一一对应，每一幅图都是文中内容的必要阐发，而不是可有可无的装饰。

二、本书将生僻字、异读字都标注拼音，助读者更好地理解文章内容。古时许多字词随着时代发展已经变了读音，对于现代读者来说，十分陌生，所以我们也标注当时的读音，以还原文章本来的面目。如“恶”古时读“乌”，是疑问副词，表示何，怎么。此外，对于重复出现的字词，我们反复标注，强化读者的记忆，又可免去读者前后查找翻阅之苦，一举两得。

三、本书编者本着对读者负责的态度，搜求各家译注，对照王力的《古代汉语词典》，为原文做出最准确的注释。针对许多现代不常用的词语，结合时代背景，详细说明。如“助而不税”中的“助”不是“帮助”，而是“助耕公田”之意，是当时实行井田制下一种特有的赋税制度。

四、译文方面，按照信、达、雅的原则，博采众长，尽量保留古人的说话风格，配合现代人的语言习惯，再现孟子的思想光辉。译文尽量采用排句、四字词语等，骈散对照，酣畅淋漓。如原文中的“尊贤使能”就译为“尊重贤士，使用能者”，读起来朗朗上口，言简意赅。

由此可以看出，这本书是一本对《孟子》做出详尽阐释、客观解读的经典之作。图文配合，赏心悦目；拼音标注，顺畅阅览，融合注释、译文，将孟子的精髓展现于读者眼前。读《孟子》，感悟人生，是编者的梦想。若此书能为读者带来一些启发，便是编者之福，孟子之福了。

崇賢書院

目录

梁惠王章句上

［原文］

孟子见梁惠王①。王曰：“叟②不远千里而来，亦③将有以利吾国乎？”

孟子对曰：“王何必曰利？亦有仁义而已矣。王曰：‘何以利吾国’，大夫曰‘何以利吾家’，士庶人④曰‘何以利吾身’，上下交征⑤利，而国危矣。万乘（shèng）⑥之国，弑（shì）⑦其君者，必千乘之家；千乘之国，弑其君者，必百乘之家。万取千焉，千取百焉，不为不多矣。苟⑧为后义而先利，不夺不餍（yàn）⑨。未有仁而遗⑩其亲者也，未有义而后其君者也。王亦曰仁义而已矣，何必曰利？”

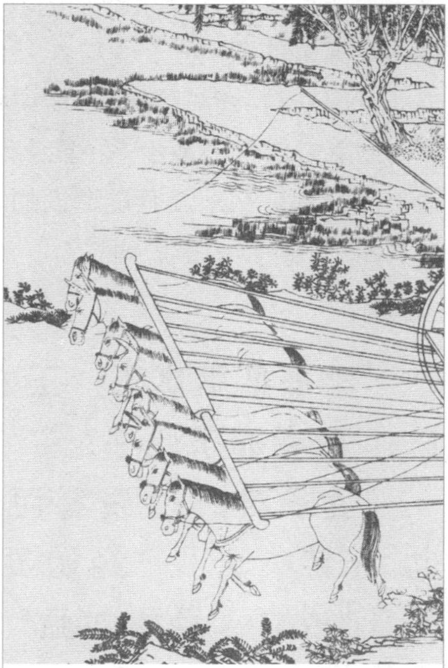

车马图

古时“乘”指马车，一乘是指一辆用四匹马拉的车。当时马较稀少，国家大小一般以车马的数量来衡量。

［注释］

①梁惠王：就是魏惠王（前400年—前319年），惠是他的号。他即位后九年由旧都安邑（今山西夏县北）迁都大梁（今河南开封西北），所以又叫梁惠王。

②叟：老人。

③亦：这里是“只”的意思。

④士庶人：士和庶人。庶人即老百姓。

⑤交征：互相争夺。征，取。

⑥乘：古代用四匹马拉的一辆兵车叫一乘，诸侯国的大小以兵车的多少来衡量。战国末期的万乘之国有韩、赵、魏（梁）、燕、齐、楚、秦七国，千乘

之国有宋、卫、中山以及东周、西周。至于下句中千乘、百乘之家的“家”，则是指拥有封邑的公卿大夫。公卿封邑大，有兵车千乘；大夫封邑小，有兵车百乘。

⑦弑：下杀上，卑杀尊，臣杀君叫弑。

⑧苟：如果。

⑨餍：满足。

⑩遗：遗弃，抛弃。

［译文］

孟子拜见梁惠王，惠王说：“老人家，您不远千里而来，定将有什么有利于我国吧？”

孟子回答道：“大王为什么要讲‘利’？有仁义就够了。大王说：‘有什么有利于我国。’大夫们说：‘有什么有利于我家。’士和庶人们说：‘有什么有利于我自己。’（这样）上下互相追求私利，那么，国家就危险了。在拥有兵车万乘的国家，谋杀他们的君主的，必然是拥有兵车千乘的大夫；在兵车千乘的国家，谋杀他们的君主的，必然是拥有兵车百乘的大夫之家。在兵车万乘的国家里，大夫能从中获得兵车千乘，在兵车千乘国家里，大夫能从中获得兵车百乘，不能说是不多了。假如真正是轻义而重利，那就非闹到篡夺君位的地步是不能满足的。（可是）从来没有讲仁德的人会遗弃他的双亲的，从来没有讲道义的人会不尊重他的君王的。大王您只要讲仁义就够了，为什么要讲利呢？”

［原文］

孟子见梁惠王。王立于沼上，顾鸿、雁、麋、鹿，曰：“贤者亦乐此乎？”

孟子对曰：“贤者而后乐此，不贤者虽有此，不乐也。《诗》云①：‘经始灵台②，经之营之，庶民攻③之，不日④成之。经始勿亟⑤，庶民子来⑥。王在灵囿⑦，麀(yōu)鹿攸伏，麀鹿濯濯⑧，白鸟鹤鹤⑨。王在灵沼⑩，于牣(rèn)⑪鱼跃。’文王以民力为台为沼，而民欢乐之，谓其台曰灵台，谓其沼曰灵沼，乐其有麋鹿鱼鳖(biē)。古之人与民偕

乐，故能乐也。《汤誓》⑫曰：‘时日害丧⑬，予及女⑭偕亡。’民欲与之偕亡，虽有台池鸟兽，岂能独乐哉？”

[注释]

①《诗》云：下面所引的是《诗经·大雅·灵台》，全诗共四章，文中引的是前两章。

②经始灵台：经始，开始规划营造；灵台，台名，故址在今陕西西安西北。

③攻：建造。

④不日：不几天。

⑤亟：急。

⑥庶民子来：老百姓像子女似的来修建灵台。

⑦囿：古代帝王蓄养禽兽的园林。

⑧濯濯：肥胖而光滑的样子。

⑨鹤鹤：羽毛洁白的样子。

⑩灵沼：池名。

⑪牣：充满。

⑫《汤誓》:《尚书》中的一篇，记载商汤王讨伐夏桀时的誓师词。

⑬时日害丧：这太阳什么时候毁灭呢？时，这；日，太阳；害，即何，何时；丧，毁灭。

⑭予及女：我和你。女，同“汝”，你。

[译文]

孟子谒见梁惠王，惠王站在水沼上，望着（那许多）鸿雁麋鹿，（得意扬扬地）问孟子道：“贤德的人也喜欢享受这些东西吗？”

孟子（回答）说：“是贤德的人才能享受到这些东西，不是贤德的人，尽管拥有这些东西也享受不到。《诗经》里

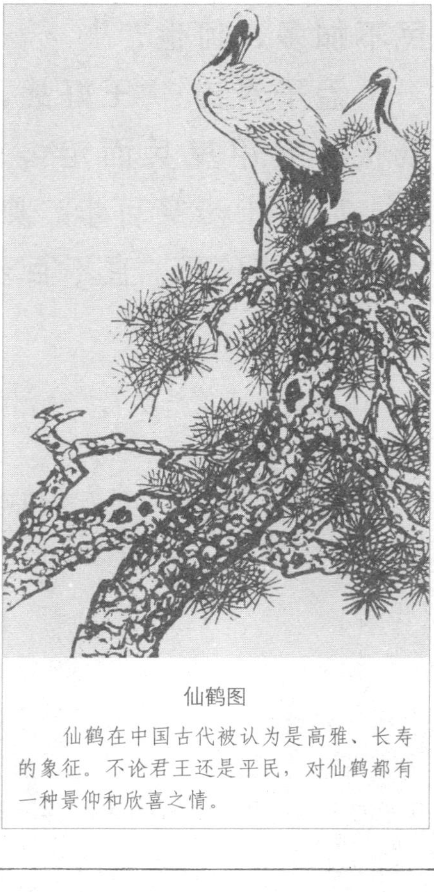

仙鹤图

仙鹤在中国古代被认为是高雅、长寿的象征。不论君王还是平民，对仙鹤都有一种景仰和欣喜之情。

面说：‘开始筹建灵台，又是测量又是营造。百姓一齐来建造它，很快便建成了。动工不用多督促，百姓都如子女一样自愿前来。文王来到灵囿，母鹿伏地自悠悠。母鹿长得肥又美，白色的鸟洁白又肥美！文王来到灵沼旁，满池鱼跳跃！’文王用百姓的劳力建高台挖深池，百姓却欢欢喜喜，称他的台为灵台，称他的沼为灵沼，为他能享受到麋鹿鱼鳖的奉养而高兴。古时的贤者能够与民同乐，所以能得到快乐。《尚书》里的《汤誓》（记载着百姓诅咒暴君夏桀的话）：‘这个太阳什么时候灭亡呢？我们愿意跟你一同灭亡。’百姓要跟他一同灭亡，那他即使有台池鸟兽，难道能够独自享受么？”

［原文］

梁惠王曰：“寡人之于国也，尽心焉耳矣。河内①凶，则移其民于河东②，移其粟于河内。河东凶亦然。察邻国之政，无如寡人之用心者。邻国之民不加少，寡人之民不加多，何也？”

孟子对曰：“王好(hào)战，请以战喻。填然鼓之，兵③刃既接，弃甲曳(yè)兵而走。或百步而后止，或五十步而后止。以五十步笑百步，则何如？”

曰：“不可。直不百步耳，是亦走也。”

［注释］

①河内：指黄河以北的今河南省沁阳、济源、博爱一带，当时是魏国的领土。

②河东：指黄河以东的今山西省西南部，当时是魏国的领土。

③兵：兵器。

［译文］

梁惠王说：“对于治理国家，我（真的是）尽心竭力了呀！河内发生了灾荒，就将那里的灾民移往河东，将河东的粮食运送到河内。当河东发生了灾荒时，我也是这样做。看看邻国的君主办理政事，没有一个像我这样用心的。可是，邻国的人民并不见减少，而我的人民并不见增多，这是什么原因呢？”

孟子回答道：“大王您喜欢打仗，就让我拿战争来打比方吧。战鼓咚咚地敲响了，短兵相接，（打了败仗的）就抛下盔甲，拖着武器，狼狈逃窜，有的逃了上百步才停下来，有的只逃五十来步就停住了脚，后者拿自己只后退五十来步去讥笑后退了百步的人（胆子小），（您觉得）这种做法怎么样呢？”

梁惠王说：“不行。只不过没有后退上百步罢了，可这也是逃跑呀。”

［原文］

曰：“王如知此，则无望民之多于邻国也。不违农时，谷不可胜食也；数(cù)罟(gǔ)①不入洿池②，鱼鳖(biē)不可胜食也；斧斤以时入山林，材木不可胜用也。谷与鱼鳖不可胜食，材木不可胜用，是使民养生丧死无憾也。养生丧死无憾，王道之始也。五亩之宅，树之以桑，五十者可以衣(yì)帛矣；鸡豚狗彘(zhì)之畜，无失其时，七十者可以食肉矣；百亩之田，勿夺其时，数口之家可以无饥矣；谨庠(xiáng)序③之教，申之以孝悌之义，颁白者不负戴于道路矣。七十者衣帛食肉，黎民不饥不寒，然而不王者，未之有也。狗彘食人食而不知检，途有饿莩(piǎo)④而不知发；人死，则曰，‘非我也，岁也’。是何异于刺人而杀之，曰，‘非

桑麻织作

采桑养蚕是中国自古就有的劳作，但因蚕丝珍贵，一般人很难穿得起丝质衣服。

我也，兵也’。王无罪岁，斯天下之民至焉。”

[注释]

①数罟：密网。

②洿池：大池。

③庠序：古代地方所设的学校。

④莩：通“殍”，饿死的人。

[译文]

孟子说：“大王您既然懂得了这个道理，就不必去盼望您国家的人民比邻国多啦。（治理国家的人）只要不去剥夺农民耕种的时间，那粮食就吃不了；不拿过于细密的渔网到池塘中去捞鱼，那鱼类水产便吃不完；砍伐林木有定时，那木材便用不尽。粮食和鱼类水产吃不完，木材用不尽，这样便使老百姓供养生人、安葬死者不会感到什么不满足。老百姓养生送死没有什么不满足，这便是王道的起点。在五亩大的住宅旁，种上桑树，五十岁的人就可以穿丝绵袄了；鸡和猪狗一类家畜不要耽误它们繁殖饲养的时间，七十岁的人就可以经常吃到肉食了。一家一户所种百亩的田地能及时得到耕种，数口之家就不会闹饥荒了。认真地搞好学校教育，反复地阐明孝顺父母、尊敬老人的重要意义，须发花白的老人们就不再会肩挑背负重物出现在道路上了。七十岁以上的人穿丝绵吃肉食，一般老百姓不少食缺衣，这样还不能得到广大人民的拥戴而实现王道的事，是决不会有的。现在，猪狗一类家畜吃着人吃的粮食却不知道设法制止，路上出现了饿死的人却不知道开仓赈济饥民；老百姓死了，却说‘（置他们于死地的）不是我，是凶年饥岁’，这和拿刀把人刺杀，却说‘是兵器杀的人，不是我杀的’，还有什么不同呢？大王您要是能够不归罪于凶年饥岁，这样，普天之下的老百姓便会投奔您这儿来了。”

[原文]

梁惠王曰：“寡人愿安①承教。”孟子对曰：“杀人以梃(tǐng)②与刃，有以异乎？”曰：“无以异也。”“以刃与政，有以异乎？”曰：“无以异也。”曰：“庖(páo)③有肥肉，厩(jiù)④有肥马，民有饥色，野有饿莩(piǎo)，此率兽而食人也。

兽相食，且人恶之[5]；为民父母，行政，不免于率兽而食人，恶(wū)[6]在其为民父母也？仲尼曰：‘始作俑[7]者，其无后乎！’为其象[8]人而用之也。如之何其使斯民饥而死也？”

［注释］

①安：乐意。

②梃：木棒。

③庖：厨房。

④厩：马栏。

⑤且人恶之：按现在的词序，应是“人且恶之”。且，尚且。

⑥恶：疑问副词，何，怎么。

⑦俑：古代陪葬用的土偶、木偶。“始作俑者”就是指这最初采用土偶、木偶陪葬的人。后来这句话成为成语，指首开恶例的人。

⑧象：同“像”。

［译文］

梁惠王对孟子说：“我愿接受您的教导。”孟子回答道：“用棍棒和用刀子杀害人，二者有什么不同吗？”惠王说：“没有什么不同。”（孟子紧接上去问道：）“用刀子和用政治杀人有什么不同吗？”惠王说：“没有什么不同。”孟子说：“厨房里摆着肥美的肉食，马栏里关着膘肥体壮的马匹，老百姓却面有饥色，田野上横陈着饿死者的尸体，这无异于赶着兽类去吃人。兽类自相残食，人们尚且憎恶它们这种行为；那些号称为民父母的执政者，办理政事时，不免干出类似驱赶兽类去吃人的勾当来，那么，他们作为人民父母的意义又在哪里呢？孔仲尼说过一句这样的话：‘第一个制作殉葬用的偶像的人，应该没有后代留下吧！’孔子为什么对这个深恶痛绝呢？就因为用了像人形貌的偶像去殉葬。照这样看来，又怎么可以使老百姓饥饿而死呢？”

［原文］

梁惠王曰：“晋国[1]，天下莫强[2]焉，叟之所知也。

及寡人之身，东败于齐，长子死焉[3]；西丧地于秦七百里[4]；南辱于楚[5]。寡人耻之，愿比死者壹洒（xǐ）之[6]，如之何则可？”

孟子对曰：“地方百里[7]而可以王。王如施仁政于民，省刑罚，薄税敛，深耕易耨（nòu）[8]；壮者以暇日修其孝悌忠信，入以事其父兄，出以事其长上，可使制梃（tǐng）以挞（tà）秦楚之坚甲利兵矣。彼夺其民时，使不得耕耨以养其父母，父母冻饿，兄弟妻子离散。彼陷溺其民，王往而征之，夫谁与王敌？故曰：‘仁者无敌。’王请勿疑！”

［注释］

①晋国：韩、赵、魏三家分晋，被周天子和各国承认为诸侯国，称三家为三晋，所以，梁（魏）惠王自称魏国也为晋国。

②莫强：没有比它更强的。

③东败于齐，长子死焉：公元前 341 年，魏与齐战于马陵，兵败，主将庞涓被杀，太子申被俘。

④西丧地于秦七百里：马陵之战后，魏国国势渐衰，秦屡败魏国，迫使魏国献出河西之地和上郡的十五个县，约七百里地。

⑤南辱于楚：公元前 323 年，魏又被楚将昭阳击败于襄陵，魏国失去八邑。

⑥愿比死者壹洒之：希望为全体死难者报仇雪恨。比，替、为；壹，全、都；洒，洗刷。

⑦地方百里：方圆百里的土地。

⑧易耨：及时除草。易，疾、快；耨，除草。

［译文］

梁惠王（对孟子）说：“当今世上没有哪个国家比晋国强大，这是您老人家所知道的。自从我继承王位，东面被齐国打败，连我的大儿子也丢了性命；西面丧失土地七百余里给秦国；南面又被楚国所折辱。我对此深以为耻，愿意替那些为国牺牲的人彻底报仇雪恨。要怎么办才可以（做到）呢？”

孟子答道："（国家不在大）只要有方圆百里的土地就可以实行王道（使天下归心）。大王您假如能够对人民实施仁政，废除严刑峻法，减免苛捐杂税，督促人民深耕土地，清除杂草；壮年人还在农闲的时候讲求孝顺父母、尊敬兄长、办事尽力和待人诚实的道理，在家里便用来侍奉父兄，出外便用来侍奉长辈和上级（包括国君），这样即使他们用木棒也足以打败那些身披坚甲、手执利器的秦楚的军队了。（秦、楚、齐等）那些国家剥夺人民的耕种时间，使他们不能从事农耕来养活他们的父母，以至父母受冻挨饿，妻离子散，兄弟天各一方。他们陷人民于水深火热之中，大王您派军队前往讨伐他们，又有谁敢跟大王您对敌呢？所以有句老话说：'奉行仁政的人无敌于天下。'大王啊，请您对这点不要再怀疑了！"

［原文］

孟子见梁襄王[1]，出，语(yù)[2]人曰："望之不似人君；就之而不见所畏焉。卒(cù)然[3]问曰：'天下恶(wū)乎定？'吾对曰：'定于一。''孰能一之？'对曰：'不嗜杀人者能一之。''孰能与[4]之？'对曰：'天下莫不与也。王知夫苗乎？七八月[5]之间旱，则苗槁(gǎo)矣。天油然作云，沛然下雨，则苗浡(bó)然[6]兴之矣。其如是，孰能御之？今夫天下之人牧[7]，未有不嗜杀人者也。如有不嗜杀人者，则天下之民皆引领而望之矣。诚如是也，民归之，由[8]水之就下，沛然谁能御之？'"

［注释］

①梁襄王：梁惠王的儿子，名嗣，公元前318年至公元前296年在位。

②语：告诉。

③卒然：突然。卒同"猝"。

④与：从，跟。

⑤七八月：这里指周代的历法，相当于夏历的五六月，正是禾苗需要雨水的时候。

⑥浡然：兴起的样子。浡然兴之即蓬勃地兴起。

⑦人牧：治理人民的人，指国君。"牧"由牧牛、牧羊的意义引申过来。

⑧由：同“犹”，好像，如同。

[译文]

孟子见到梁襄王，出来之后，告诉人家说：“远远望上去不像个国君的样子，走近他前面却又看不到有什么使人敬畏的地方。（见了我后）突然问道：‘天下要怎样才能使之安定呢？’我回答说：‘天下安定在于统一。’（他紧接着又回答道：）‘谁能统一天下呢？’我对他说：‘不喜欢杀人的国君就能统一天下。’（他又说：）‘谁会归附他呢？’我又回答：‘天下没有不归附他的。大王您知道禾苗生长的情况吗？七八月时，一发生干旱，禾苗就要枯槁了。只要天上乌云翻滚，大雨倾盆，禾苗便又蓬蓬勃勃地生长起来了。要是像这样，谁能阻挡（生长）呢！现在世上那些做国君的人，没有不喜欢杀人的，如果有不喜欢杀人的，天下的老百姓就会伸长脖子盼望他来解救自己了。如果真是这样，那么，老百姓归附他，就好比水向低处流，奔腾澎湃，又有谁能阻挡得了它们呢！’”

[原文]

齐宣王[1]问曰：“齐桓、晋文[2]之事，可得闻乎？”孟子对曰：“仲尼之徒无道桓文之事者，是以后世无传焉，臣未之闻也。无以[3]，则王乎？”曰：“德何如则可以王矣？”曰：“保民而王，莫之能御也。”曰：“若寡人者，可以保民乎哉？”曰：“可。”曰：“何由知吾可也？”曰：“臣闻之胡龁(hé)[4]曰：王坐于堂上，有牵牛而过堂下者，王见之，曰：‘牛何之？’对曰：‘将以衅(xìn)钟[5]。’王曰：‘舍之！吾不忍其觳觫(hú sù)[6]，若无罪而就死地。’对曰：‘然则废衅钟与？’曰：‘何可废也？以羊易之！’不识有诸？”

曰：“有之。”

[注释]

①齐宣王：姓田，名辟疆。齐威王的儿子，齐湣王的父亲，约公元前

319 年至公元前 301 年在位。

②齐桓、晋文：指齐桓公、晋文公。齐桓公，春秋时齐国国君，姓姜，名小白。公元前 685 年至前 643 年在位，是春秋时第一个霸主。晋文公，春秋时晋国国君，姓姬，名重耳，公元前 636 至前 628 年在位，也是“春秋五霸”之一。

③无以：不得已。以，同“已”。

④胡龁：人名，齐宣王身边的近臣。

⑤衅钟：新钟铸成，杀牲取血涂抹钟的孔隙，用来祭祀。按照古代礼仪，凡是国家的某件新器物铸成或宗庙开始使用时，都要杀牲取血加以祭祀。

⑥觳觫：因恐惧而战栗的样子。

［译文］

齐宣王问（孟子）道：“（先生您可以把）春秋时齐桓公和晋文公称霸于诸侯的事业讲给我听听吗？”孟子回答说：“孔子门下的人，没有一个讲述齐桓公和晋文公的霸业，所以后世不曾传下来，我没有听说过。如果一定要我说下去，就谈谈王道好吗？”齐宣王问道：“要具备怎样的德行才有资格施行王道呢？”孟子答道：“通过安抚人民（使他们安居乐业）的方法去实行王道，那是没有谁能阻挡得了的。”齐宣王又问：“像我这样的人，可以安抚百姓吗？”孟子答道：“可以。”齐宣王又问：“您凭什么知道我可以呢？”孟子继续答道：“我听到您的近臣胡龁说，有一次大王您坐在堂上，有个人牵着牛走过堂下，您问他道：‘牵牛上哪儿去？’他回话道：‘要杀了它去祭钟。’您说：‘放掉它吧！它这样没有罪过却被往死地里送，看到它那吓得发抖的样子，我心里实在不忍。’那个人回问道：‘那么，就废止祭钟的仪式吗？’您说：‘怎么可以废止呢？拿只羊去换吧！’不知有没有这回事？”齐宣王说：“有这回事。”

［原文］

曰：“是心足以王矣，百姓皆以王为爱[1]也，臣固知王之不忍也。”王曰：“然，诚有百姓者。齐国虽褊(biǎn)[2]小，吾何爱一牛？即不忍其觳觫(hú sù)，若无罪而就死地，故以羊易之也。”曰：“王无异[3]于百姓之以王为爱也。以

小易大，彼恶知之？王若隐[4]其无罪而就死地，则牛羊何择焉？”王笑曰：“是诚何心哉？我非爱其财而易之以羊也。宜乎百姓之谓我爱也。”曰：“无伤[5]也，是乃仁术也，见牛未见羊也。君子之于禽兽也，见其生，不忍见其死；闻其声，不忍食其肉。是以君子远庖(páo)厨[6]也。”

牛

古时用牲畜来祭祀，多用牛羊等。被用来祭祀的这种牲畜就叫作“牺牲”。

［注释］

①爱：吝啬。

②褊：狭小。

③异：奇怪，疑怪，责怪。

④隐：疼爱，可怜。

⑤无伤：没有关系，不要紧。

⑥庖厨：厨房。

［译文］

孟子说：“有这样的好心就足以凭借来施行王道了。百姓都以为大王您是吝啬，我就知道您是于心不忍。”齐宣王说：“对，如果真的像百姓所想的，齐国地方虽然不大，我怎么会舍不得一头牛呢？就是因为不忍心看到它吓得发抖，这样毫无罪过却要被往死地里送，所以才说拿只羊去换它。”孟子说：“您不要怪百姓以为您吝啬。拿小小的羊去换下头大牛来，他们又怎么知道您的用意呢？您要是哀怜牲畜没有罪过却被往死地里送，那么在牛羊两者之中又怎么选择呢？”齐宣王不禁发笑道：“这真的是什么心理呢？我并不是吝惜钱财才拿只羊去替换它，难怪百姓要说我吝啬了。”孟子说：“这没有关系，这正是仁爱之道，因为您只见到牛没有见到羊。一个有仁爱之心的人对于那些家禽家畜，看到它们活得那么好，就不忍心看着它们死去；

听到它们鸣叫的声音，便不忍心吃它们的肉。所以，一些居心仁厚的人们总是要把厨房建造得离自己的住地远一点。”

［原文］

王说(yuè)①，曰：“《诗》云②：‘他人有心，予忖度③之。’夫子之谓也。夫我乃行之，反而求之，不得吾心。夫子言之，于我心有戚戚④焉。此心之所以合于王者，何也？”曰：“有复于王者曰：‘吾力足以举百钧⑤，而不足以举一羽；明足以察秋毫之末⑥，而不见舆(yú)⑦薪⑧，则王许⑨之乎？”曰：“否。”“今恩足以及禽兽，而功不至于百姓者，独何与？然则一羽之不举，为不用力焉；舆薪之不见，为不用明焉；百姓之不见保，为不用恩焉。故王之不王，不为也，非不能也。”

［注释］

①说：同“悦”。

②《诗》云：引自《诗经·小雅·巧言》。

③忖度：猜测，揣想。

④戚戚：心有所动的感觉。

⑤钧：古代重量单位，三十斤为一钧。

⑥秋毫之末：指细微难见的东西。

⑦舆：车子。

⑧薪：木柴。

⑨许：赞许，同意。

羊

羊也是常用的祭祀牲畜，在祭祀中的地位仅次于牛。

［译文］

齐宣王听了，高兴地说：“《诗》里面讲过：‘别人有想法，我能猜中它。’这个话像是冲着您老先生说的。我自己做了这件事，回过头来要探索做它的目的意义，反而得不出。经您这样一讲，我心里又感到有些触动了。这种心地能与王道仁政合拍，这是为什么？”孟子说：“有人向大王禀告：‘我的力气能够举起三千斤重的东西，却拿不起一根羽毛；（我的）视力能够看清秋天里刚换过的兽毛的末梢，却看不见一大车木柴。’那么，大王您会同意他这种说法吗？”齐宣王说：“不，我不会同意。”（孟子紧接上去说：）“现在大王您一片仁心，足以使禽兽受惠，而百姓却一无所得，这是什么原因呢？这样看来，一根羽毛拿不起来，是因为不愿用手力；一车柴看不见，是因为不愿用目力；百姓不被爱护，是因为您不愿广施恩泽。所以大王您的不行王道统一天下，是不肯做，并不是不能做。”

［原文］

曰：“不为者与不能者之形①何以异？”曰：“挟（xié）太山以超北海②，语（yù）人曰，‘我不能。’是诚不能也。为长者折枝，语人曰，‘我不能。’是不为也，非不能也。故王之不王，非挟（xié）太山以超北海之类也；王之不王，是折枝之类也。

“老吾老，以及人之老；幼吾幼，以及人之幼③。天下可运于掌④。《诗》云⑤：‘刑于寡妻⑥，至于兄弟，以御⑦于家邦。’言举斯心加诸彼而已。故推恩足以保四海，不推恩无以保妻子。古之人所以大过人者，无他焉，善推其所为而已矣。今恩足以及禽兽，而功不至于百姓者，独何与？

“权⑧，然后知轻重；度（duó），然后知长短。物皆然，心为甚。王请度之！”

［注释］

①形：情况，状况。

②太山：泰山。北海：渤海。

③老吾老，以及人之老；幼吾幼，以及人之幼：第一个“老”和“幼”

都作动词用，老，尊敬；幼，爱护。

④运于掌：在手心里运转，比喻治理天下很容易。

⑤《诗》云：以下三句引自《诗经·大雅·思齐》。

⑥刑：同“型”，指树立榜样，做示范。寡妻：国君的正妻。

⑦御：治理。

⑧权：本指秤砣，这里用作动词，指称物。

［译文］

齐宣王问道：“不肯做和不能做，从形式上说来，有什么不同？”孟子说：“要一个人将泰山挟在腋下跳过渤海，他告诉别人说：‘我不能做。’这的确是不能做。叫一个人替年迈力衰的长辈按摩肢体，他告诉别人说：‘我不能做。’这是他不肯做，不是不能做。所以大王您的不行王道统一天下，不是属于将泰山挟在腋下跳过渤海一类事情；大王您的不行王道统一天下，是属于替年迈力衰的长辈按摩肢体一类的事情。

“尊奉自家的长辈，推广开去也尊奉人家的长辈；爱护自家的儿童，推广开去也爱护人家的儿童，那么，治理天下便可以像把一件小东西放在手掌上转动那么容易了。《诗》里面说过：‘在家先为妻子立榜样，然后兄弟也照样，再行推广治国安邦。’这不过是说拿自己的一片仁爱之心加到别人的身上罢了。因此，能够推广恩泽，爱护百姓的人就能保护天下，否则，就连自己的妻子孩子也保护不了。古代那些圣明的国君之所以能远远超过一般人，没有别的什么秘诀，只是善于推己及人罢了。现在大王您的恩泽能够施及禽兽，而百姓们却得不到点滴好处，这又是什么原因呢？

“称一称，然后才知道轻重；量一量，然后才知道长短。凡是物体，没有不是这样的，心的长短轻重就较一般物体更难齐一，尤其需要衡量。请大王您细加衡量吧！”

［原文］

“抑[1]王兴甲兵，危士臣，构怨[2]于诸侯，然后快于心与？”王曰：“否，吾何快于是？将以求吾所大欲也。”曰：“王之所大欲，可得闻与？”王笑而不言。曰：“为肥甘不足于口与？轻暖不足于体与？抑为采色[3]不足视

于目与？声音不足听于耳与？便嬖（pián bì）[4]不足使令于前与？王之诸臣，皆足以供之，而王岂为是哉？”曰：“否，吾不为是也。”曰：“然则王之所大欲可知已。欲辟[5]土地，朝[6]秦楚，莅[7]中国而抚四夷也。以若[8]所为，求若所欲，犹缘木而求鱼也。”王曰：“若是其甚与？”曰：“殆[9]有甚焉。缘木求鱼，虽不得鱼，无后灾；以若所为，求若所欲，尽心力而为之，后必有灾。”

［注释］

①抑：还是。

②构怨：结怨，构成仇恨。

③采色：彩色。

④便嬖：君王左右被宠爱的人。

⑤辟：开辟。

⑥朝：使……来朝。

⑦莅：临。

⑧若：您。

⑨殆：表示不肯定，有“大概”“几乎”“可能”等多种含义。

［译文］

“难道大王您要兴师动众，使您的臣下和士兵冒生命的危险，和诸侯结下深仇大恨，然后心里才感到快活吗？”齐宣王说：“不，我对这个有什么快感？我之所以这样做，是想借此得到我所梦寐以求的东西。”孟子问道：“大王您所十分希望得到的东西，可以讲给我听听吗？”齐宣王只是笑笑，不回答。孟子问道：“是为了好吃的食品不够味吗？轻暖的衣着不够舒适吗？还是为了文采美色不中看吗？琴瑟歌唱不中听吗？侍奉左右的宠臣不够役使吗？有大王您下面的臣子，这些都能充分供给，您难道为的是这些么？”齐宣王说：“不，我不是为这些。”孟子说：“那么，您所十分希望得到的东西可以知道了。您是想扩张国土，使秦、楚等大国北面朝见您，然后统治整个中原地带，安抚四方边远部族地区。凭您现在的所作所为，去追求您所想得到的东西，简直像是爬到树上去抓鱼一样。”齐宣王问道：“事情会像您讲得这么严重吗？”孟子说：“恐怕还要更严重呢。爬到树上去抓鱼，尽管抓不到鱼，却不会有什么后患；凭您的所作所为，去追求您所希望得到的东西，要是尽心竭力地去做，必然会留下灾祸在后头。”

[原文]

曰：“可得闻与？”曰：“邹[1]人与楚[2]人战，则王以为孰胜？”曰：“楚人胜。”曰：“然则小固不可以敌大，寡固不可以敌众，弱固不可以敌强。海内之地，方千里者九，齐集有其一。以一服八，何以异于邹敌楚哉？盖亦反其本矣。

“今王发政施仁，使天下仕者皆欲立于王之朝，耕者皆欲耕于王之野，商贾皆欲藏于王之市，行旅皆欲出于王之涂[3]，天下之欲疾其君者，皆欲赴愬(shuò)于王。其若是，孰能御之？”

王曰：“吾惛(hūn)[4]，不能进于是矣。愿夫子辅吾志，明以教我。我虽不敏，请尝试之。”

曰：“无恒产[5]而有恒心者，惟士为能；若民则无恒产，因无恒心。苟无恒心，放辟邪侈[6]，无不为已。及陷于罪，然后从而刑之，是罔[7]民也。焉有仁人在位，罔民而可为也？是故明君制[8]民之产，必使仰足以事父母，俯足以畜妻子，乐岁终身饱，凶年免于死亡；然后驱而之善，故民之从之也轻[9]。

“今也制民之产，仰不足以事父母，俯不足以畜妻子，乐岁终身苦，凶年不免于死亡。此惟救死而恐不赡(shàn)[10]，奚暇[11]治礼义哉。

“王欲行之，则盍(hé)[12]反其本矣：五亩之宅，树之以

桑，五十者可以衣帛矣。鸡豚狗彘(zhì)之畜，无失其时，七十者可以食肉矣。百亩之田，勿夺其时，八口之家可以无饥矣。谨庠序之教，申之以孝悌之义，颁白者不负戴于道路矣。老者衣帛食肉，黎民不饥不寒，然而不王者，未之有也。”

[注释]

①邹：国名，就是当时的邾国，国土很少，首都在今山东邹城东南的邾城。

②楚：即楚国，春秋和战国时期都是大国。

③涂：同“途”。

④惛：同“昏”，昏乱，糊涂。

⑤恒产：可以赖以维持生活的固定财产。如土地、田园、林木、牧畜等。

⑥放辟邪侈：指放纵邪欲违法乱纪。放，放荡；辟，同“僻”，与“邪”的意思相近，均指歪门邪道；侈，放纵挥霍。

⑦罔：同“网”，有“陷害”的意思。

⑧制：订立制度、政策。

⑨轻：轻松，容易。

⑩赡：足够，充足。

⑪奚暇：怎么顾得上。奚，疑问词，怎么、哪有；暇，余暇、空闲。

⑫盍：“何不”的合音字，为什么不。

[译文]

齐宣王说：“您可以把（后必有灾的）道理讲给我听听吗？”孟子反问道：“假如邹国人跟楚国人开战，那么大王您认为谁会得胜呢？”齐宣王回答说：“当然楚国人会得胜。”孟子说：“这样说来，小国本来就不可以抵挡大国，人数少的本来就不可以抵挡人数多的，势力弱的本来就不可以抵挡势力强的。现在天下千里见方的土地的一共只有九个，齐国的土地凑合起来也不过只占九分之一。拿九分之一的地方去征服九分之八的地方，这跟邹国去和楚国对敌又有什么两样呢？您又为什么不回到根本上去求得问题的解决呢？

“现在大王您如果发布命令，施行仁政，使天下想做官的人们都愿意在大王您的朝中做官，耕田的人都愿意在大王您的田野里种地，经商的人们都愿意到大王您的街市上做生意，旅行的人们都愿意到大王您的国土上来游历，天下那些对自己的国君不满的臣僚都愿来到大王您跟前申诉。要是真能做到这样，又有谁能跟您对敌呢？”

齐宣王说：“我的脑子不大好使了，不能施行这样的仁政了。希望先生您辅助我实现我的志向，明确地教导我。我虽然缺乏才干，请让我试试看。”

孟子说：“一个人没有一定的维持生计的产业，却能坚持一贯向善的好思想，这只有读书明理的人才做得到；至于普通老百姓，如果失去了一定的维持生计的产业，或许就会动摇一贯向善的好思想。假使真的没有了这种好思想，那就会肆意妄为，不守法纪，胡作非为，没有什么干不出来的。等到因此犯了罪，然后对他们施加刑罚，这等于设下网罗陷害人民。怎么会有仁爱的国君在位，却可以干出陷害人民的勾当呢？所以贤明的国君规定老百姓的产业，一定要使他们上面足够奉养他们的父母亲，下面足够养活他们的老婆孩子，遇上好年成终身饱暖，即使是凶年饥岁，也能不至于饿死；然后要求他们走上向善的道路，因此老百姓也就容易听从了。

“现在规定老百姓的产业，上面不够奉养父母亲，下面不够养活老婆孩子，即使年成好，也要终身困苦，遇上凶年饥岁，就更是免不了要饿死。这样就连救自家人的性命都还来不及，哪有空余时间去讲究什么礼义呢？

“大王您既然想成就统一天下的大业，那就何不回到根本上来呢：在五亩大的住宅旁，种上桑树，五十岁的人就

胆识绝伦

仓廪实而知礼节，衣食足而知荣辱。国君想要人民知道礼仪法度，首先得解决他们的温饱问题。此图描绘的是汉朝公孙弘少时家贫，他就自己养猪以供生活。

可以穿丝绵袄了。鸡和猪狗一类家畜不要耽误它们繁殖饲养的时间，上了七十岁年纪的人就可以经常吃到肉食了。一家一户所种百亩的田地能及时得到耕种，八口人吃饭的人家，就可以不挨饿了。认真地搞好学校教育，反复地阐明孝顺父母、尊敬长辈的重要意义，须发花白的老人们就不再会肩挑背负出现在道路上了。年老的人穿丝帛、吃肉食，一般老百姓不少食缺衣，这样还不能得到广大人民的拥戴，以实现王道的事，是绝对不会有的。”

梁惠王章句下

［原文］

庄暴①见孟子，曰："暴见于王②，王语(yù)暴以好(hào)乐(yuè)，暴未有以对也。"曰："好乐何如？"孟子曰："王之好乐甚，则齐国其庶几乎！"他日见于王，曰："王尝语庄子以好乐，有诸？"王变乎色，曰："寡人非能好(hào)先王之乐(yuè)也，直好世俗之乐耳。"

［注释］

①庄暴：齐国大臣。

②王：指齐宣王。

［译文］

庄暴见到孟子，说："齐王召见我，告诉我他喜欢音乐，我（一时）想不到用什么话来回答他。"（庄暴稍停一会儿，）接着问孟子道："（一个做国君的人）喜欢音乐，到底应不应该呢？"孟子说："齐王要喜欢音乐到了极点，那么，齐国差不多就可以治理好了啊！"后来有一天，孟子被齐宣王召见，说："大王您曾经告诉过庄暴您喜欢音乐，有这回事吗？"齐宣王一听，脸上都变了颜色，说："我喜欢的并不是先代帝王遗留下来的古乐，只不过是一些世俗流行的音乐罢了。"

［原文］

曰："王之好(hào)乐(yuè)甚，则齐其庶几乎！今之乐(yuè)，犹古之乐也①。"曰："可得闻与②？"曰："独乐(yuè)乐③，与人乐乐，孰乐？"曰："不若与人。"曰："与少④乐乐，与众乐乐，孰乐？"曰："不若与众。"

师旷献乐

古时君王都享受高雅音乐如阳春白雪一类，而下里巴人等俗乐则为人不齿，甚至于被看作是亡国之音。师旷是春秋时晋国的音乐大师，尤通乐理，将音乐看作是涤荡心灵、治理国家的工具。他反对君王和人民享受“靡靡之音”等不祥的音乐。故而齐宣王在得知孟子知道他喜欢郑卫等俗乐之时，惭愧不已。

[注释]

①今之乐，犹古之乐也：当代的音乐犹如古代的音乐。

②可得闻与：（这道理）可以让我听听吗？与，通“欤”。

③独乐乐：独自一人娱乐的快乐。前一个“乐”作动词用。以下几句也类似。

④少：少数人。

[译文]

孟子说：“大王您要是喜欢音乐到了极点，那么，齐国就治理得差不多了呢！时下流行的音乐和古代的音乐都一样嘛。”齐宣王说：“您可以把这个道理说给我听听吗？”孟子（没有正面回答齐宣王，却反问）道：“一个人独自享受听音乐的乐趣，和跟别人一道享受听音乐的乐趣，哪一种更令人快乐些呢？”齐宣王说：“一个人不如跟别人一道听音乐更快乐。”孟子（继续问）道：“跟少数人一道享受听音乐的乐趣和跟多数人一道享受听音乐的乐趣，哪一种更令人快乐些呢？”齐宣王说：“跟少数人不如跟多数人一起听音乐更快乐。”

[原文]

“臣请为王言乐(yuè)。今王鼓乐于此，百姓闻王钟鼓之声，管籥(yuè)①之音，举疾首蹙(cù)额②而相告曰：‘吾王之好(hào)鼓乐，夫何使我至于此极也？父子不相见，兄弟妻子离散！’今王田猎于此，百姓闻王车马之音，见羽旄(máo)③之美，举疾首蹙额而相告曰：‘吾王之好田猎，夫何使我至于此极也？父子不相见，兄弟妻子离散！’此无他，

不与民同乐也。

“今王鼓乐于此，百姓闻王钟鼓之声，管籥之音，举欣欣然有喜色而相告曰：‘吾王庶几无疾病与，何以能鼓乐也？’今王田猎于此，百姓闻王车马之音，见羽旄之美，举欣欣然有喜色而相告曰：‘吾王庶几无疾病与，何以能田猎也？’此无他，与民同乐也。今王与百姓同乐，则王(wàng)矣。”

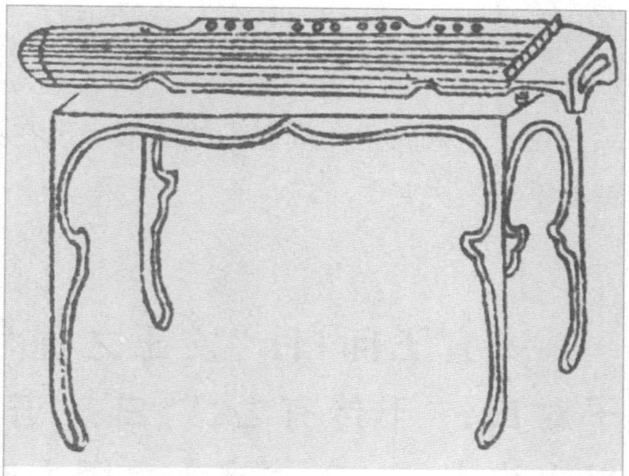

古琴

古琴是中国古老弹拨乐器之一，孔子时期就已盛行，是中国礼仪教化的重要工具。早期君王所听的平和雅正之声多由古琴弹奏出来。

[注释]

①管籥：古管乐器名。籥，似笛而短小。

②蹙頞：形容愁眉苦脸的样子。蹙，紧缩；頞，鼻梁。

③羽旄：鸟羽和旄牛尾。古人用作旗帜上的装饰，故可代指旗帜。

[译文]

孟子（紧接着）说：“请让我为您陈述一下应该怎样来享受欣赏音乐的乐趣吧。假如现在大王您在这里演奏音乐，老百姓一听到大王您钟鼓的声音和箫管吹出的曲调，大家全皱着眉头，痛苦地说：‘我们大王光顾自己听音乐，怎么把我们弄到妻离子散、父母兄弟天各一方这样困苦不堪的地步呢？’现在大王您在这里打猎，老百姓听到大王您的车子和马的声音，看见装饰得好看的旗帜，大家全皱着眉头，痛苦地说：‘我们大王光顾自己打猎开心，却把我们弄到妻离子散、父母兄弟天各一方这样困苦不堪的地步！’这没有别的原因，只是由于不与老百姓一同娱乐的缘故。

“假如现在大王您在这里奏乐，老百姓一听到您钟鼓的声音和箫管吹出的曲调，大家都喜形于色地奔走相告道：‘我们大王应该没有什么疾病吧，不然，怎么能奏乐呢？’现在大王您在这里打猎，老百姓一听到大王您车子和马的声音，看见装饰得好看的旗帜，大家都喜形于色地奔走相告：‘我们大王应该没有什么疾病吧，不然，怎么能打猎呢？’这没有别的原因，只是由于与老百姓一同娱乐的缘故。现在只要大王您能跟老百姓一同娱乐，就能够使人民归附于您，天下就会得到统一了。”

［原文］

齐宣王问曰：“文王之囿（yòu）①方七十里，有诸？”孟子对曰：“于传有之。”曰：“若是其大乎？”曰：“民犹以为小也。”曰：“寡人之囿方四十里，民犹以为大，何也？”曰：“文王之囿方七十里，刍荛（chú ráo）者往焉，雉兔者往焉，与民同之。民以为小，不亦宜乎？臣始至于境，问国之大禁，然后敢入。臣闻郊关之内有囿方四十里，杀其麋（mí）鹿者如杀人之罪，则是方四十里为阱于国中。民以为大，不亦宜乎？”

［注释］

①囿：古代畜养禽兽的园林。

［译文］

齐宣王问孟子道：“传说周文王豢养禽兽、种植花木的园子有七十里见方，有这回事吗？”孟子回答说：“在古书上是有这样的记载。”齐宣王说：“真的有这样大么？”孟子说：“老百姓还以为小了呢。”齐宣王说：“我的园子，只有四十里见方，老百姓还认为大了，这是什么原因呢？”孟子说：“周文王的园子，周围七十里见方，割草、打柴的人可以到那里去，打野鸡、兔子的人也可以到那里去，文王与老百姓一同享有园子的利益。老百姓认为小了，难道不是应该的吗？我初踏上您的边

鹿

麋鹿在中国古代是狩猎的对象，也是宗教仪式中的重要祭物。许多帝王都喜欢麋鹿，将它驯养在皇家苑囿中。

境，先打听一下齐国有哪些重大的禁令，然后才敢进入国境。我听说齐国首都的远郊，有一个四十里见方的园子，如果有人射杀园子里的麋鹿，就跟犯了杀人罪一个样，这就等于在国土上，设下了个见方四十里的大陷阱来坑害老百姓，老百姓嫌它大了，难道不是合情合理的吗？”

［原文］

齐宣王问曰：“交邻国有道乎？”孟子对曰：“有。惟仁者为能以大事小，是故汤事葛[1]，文王事昆夷[2]；惟智者为能以小事大，故太王事獯鬻（xūn yù）[3]，勾践事吴[4]。以大事小者，乐天者也；以小事大者，畏天者也。乐天者保天下，畏天者保其国。《诗》云[5]：‘畏天之威，于时保之。’”王曰：“大哉言矣！寡人有疾，寡人好勇。”对曰：“王请无好小勇。夫抚剑疾视曰：‘彼恶敢当我哉！’此匹夫之勇，敌一人者也。王请大之！”

［注释］

①汤事葛：汤，商汤，商朝的创建人。葛，葛伯，葛国的国君。葛国是商紧邻的小国，故城在今河南宁陵北十五里处。

②文王事昆夷：文王，周文王。昆夷，也写作“混夷”，周朝初年的西戎国名。

③太王事獯鬻：太王，周文王的祖父，即古公亶父。獯鬻又称獫狁，当时北方的少数民族。

④勾践：春秋时越国国君（公元前 496 年至前 465 年在位）。吴：指春秋时吴国国君夫差。

⑤《诗》云：以下引自《诗经·周颂·我将》。

［译文］

齐宣王问（孟子）道：“跟邻国打交道有一定的原则和方法吗？”孟子回答说：“有。只有以仁爱为怀的君主才能做到以大国的身份去侍奉小国，所以商汤王侍奉过葛伯，周文王侍奉过混夷；只有明智的君主才能做到以小国的身份侍奉大国，所以周太王古公亶父侍奉过强悍的獯鬻族，

越王勾践侍奉过打败了自己的吴王夫差。以大国的身份侍奉小国的，是喜爱天的美德的人；以小国身份侍奉大国的，是害怕天的威严的人。喜爱天的美德的人能够保有天下，害怕天的威严的人能够保住他们的国家。《诗·周颂》中的《我将》篇说：‘敬畏上天的威严，所以便保住了这国家的权柄。’”齐宣王说：“您的话实在说得太好了啊！（可惜）我有个毛病，我喜爱勇武，（怕是难做到您所说的）。”孟子回答道：“我恳请大王您不要喜爱小勇。有这么一个人，手按佩剑、圆睁双目说：‘他怎么敢抵挡我呢！’这只是能与一人对敌的小勇。我恳请大王您把您喜爱的勇武扩大一点吧！”

［原文］

“《诗》云①：‘王赫斯②怒，爰(yuán)整其旅，以遏徂(cú)莒(jǔ)③，以笃周祜(hù)④，以对于天下。’此文王之勇也。文王一怒而安天下之民。《书》曰⑤：‘天降下民，作之君，作之师，惟曰其助上帝宠之。四方有罪无罪惟我在，天下曷(hé)敢有越厥⑥志？’一人衡行⑦于天下，武王耻之，此武王之勇也。而武王亦一怒而安天下之民。今王亦一怒而安天下之民，民惟恐王之不好勇也。”

［注释］

①《诗》云：以下诗句引自《诗经·大雅·皇矣》。

②赫斯：发怒的样子。

③以遏徂莒：遏，止；徂，往、到；莒，古国名，在今山东莒县，公元前 431 年被楚国消灭。

④以笃周祜：笃，厚；祜，福。

⑤《书》曰：书，《尚书》，以下引文见《尚书·周书·泰誓》。

⑥厥：用法同“其”。

⑦衡行：即“横行”。

［译文］

“《诗·大雅》中的《皇矣》篇说：‘周文王对密须国人的侵暴行为勃然大怒，

于是整顿好军队，以阻击侵犯莒国的敌寇，以增加周国的福泽，并报答天下对周国的厚意。’这就是文王的大勇。文王一旦勃然大怒，便能使天下的人民得到安全。《尚书》里面说：‘上天降生下土的人民，替他们立下君主，也替他们安排好老师，派给君主和老师们的任务只是帮助上天慈爱百姓。所以，四方的人有罪或是无罪，由我来进行裁决。（有我在这里）天下谁敢超越上天的意志起来作乱呢？’只要有一个人敢在天下横行无忌，武王便认为是自己的耻辱。这就是武王的大勇。武王也是只要一生气，便能使天下的人民得到安全。现在大王您要是也能做到一旦勃然大怒，便能使天下的人民得到安全，那人民便惟恐大王您不喜爱勇武呢。”

韩信

韩信宁受胯下之辱也不愿滥用武力，是真有大勇而不是只有鲁莽的小勇者。

［原文］

齐宣王见孟子于雪宫[1]。王曰：“贤者亦有此乐乎？”

孟子对曰：“有。人不得，则非[2]其上矣。不得而非其上者，非[3]也；为民上而不与民同乐者，亦非也。乐民之乐者，民亦乐其乐；忧民之忧者，民亦忧其忧。乐以天下，忧以天下，然而不王者，未之有也。

“昔者齐景公[4]问于晏子[5]曰：‘吾欲观于转附、朝儛（wǔ）[6]，遵海而南，放于琅邪（láng yá）[7]，吾何修，而可以比于先王观也？’

［注释］

①雪宫：齐宣王的离宫（古代帝王在正宫以外临时居住的宫室，相当于今天的别墅之类）。

②非：认为……非，即非难，埋怨。

周武王选贤举能

周武王姬发任用姜尚为相，选贤举能，治理国家。武王伐纣，得天下后，地方上仍不安定，姜尚便建议武王任用贤能，仁义安民众。

③非：不对，错误。

④齐景公：春秋时代齐国国君，公元前 547 年至前 490 年在位。

⑤晏子：春秋时齐国贤相，名婴。

⑥转附、朝儛：均为山名。

⑦琅邪：山名，在今山东省诸城东南。

［译文］

齐宣王在自己的离宫——雪宫里接见孟子。宣王说："贤德的人也有这种享乐吗？"

孟子回答道："有。人们得不到这种享乐，就会埋怨他们的君主。当然，得不到这种享乐便埋怨他们的君主，这样做是不对的；作为人民的君主却不与人民一同享受这种快乐，这也是不对的。以人民的快乐为自己的快乐的人，人民也会以他的快乐为自己的快乐；以人民的忧愁为自己的忧愁的人，人民也会以他的忧愁为自己的忧愁。乐与天下人民同乐，忧与天下人民同忧，这样还不能使天下归心的事，是决不会有的。

"从前齐景公向晏婴问道：'我打算到转附和朝儛两座名山去游览一番，然后沿着海岸向南走，直达琅邪山，我应该怎样做才能比得上古代圣王的游历呢？'

［原文］

"晏子对曰：'善哉问也！天子适诸侯曰巡狩。巡狩者，巡所守也。诸侯朝于天子曰述职。述职者，述所职也。无非事者。春省耕而补不足，秋省敛而助不给。夏谚曰：'吾王不游，吾何以休？吾王不豫[1]，吾何以助？一游一豫，为诸侯度。今也不然：师行而粮食，饥者弗食，劳者弗息。睊(juàn)睊(juàn)[2]胥谗[3]，民乃作慝[4]。

方命⑤虐民，饮食若流，流连荒亡，为诸侯忧。从流下而忘反谓之流，从流上而忘反谓之连，从兽无厌谓之荒，乐酒无厌谓之亡。先王无流连之乐、荒亡之行。惟君所行也。’景公说(yuè)，大戒⑥于国，出舍于郊。于是始兴发补不足。召大(tài)师⑦曰：‘为我作君臣相说(yuè)之乐(yuè)！’盖《徵(zhǐ)招(sháo)》《角(jué)招(sháo)》⑧是也。其诗曰：‘畜⑨君何尤⑩？’畜(yuè)君者，好君也。

[注释]

①豫：义同“游”。

②睊睊：因愤恨侧目而视的样子。

③胥：皆，都。谗：毁谤，说坏话。

④慝：恶。

⑤方命：违反命令。方，反，违反。

⑥大戒：充分的准备。

⑦大师：读为“太师”，古代的乐官。

⑧《徵招》《角招》：与角是古代五音（宫、商、角、徵、羽）中的两个。招同“韶”，乐曲名。

⑨蓄：爱好，喜爱。

⑩尤：错误，过失。

[译文]

“晏婴答道：‘您这个问题问得好！天子到诸侯的国家去叫巡狩。巡狩，就是巡视诸侯所守的疆土。诸侯到天子的朝廷去朝见叫述职。述职，就是汇报诸侯自己所担负的职守的情况。（无论是天子出外巡狩，还是诸侯入朝述职，）没有不是结合着工作进行的。春天视察

游历

古人都信奉“读万卷书，行万里路”的做法，故而许多人在成年以后离家出外游历，或为求取功名，或单纯游山观水，结交贤士，增长见识。齐宣王虽贵为君王，也想出外游历，览遍人间山水风情。

周穆王八骏巡游

历代天子总会不定期出外巡狩，了解民众生活、地方治理等情况。很多时候天子巡游也会惊扰民众，给地方上带来诸多麻烦。周穆王时期国力强盛，他本人又酷爱游历，常驾车出行。不过按照孟子的要求，君王出游必须要做好充分准备，不得侵扰地方百姓和官员。

耕种，并借此补助农具、种子不足的农户；秋天视察收割，并借此救济劳力、口粮不足的农户。夏朝时的俗谚说：‘我们大王不出游，我怎能获得休息？我们大王不闲逛，我从哪里获得救助？我们大王出游或闲逛，全都可为诸侯学习的法度。现在情况就不同了，天子一出来巡游，一大伙人员要为他奔忙，一大批粮食要被他消耗，以至于饥饿的人们吃不上饭，劳苦的人们得不到休息。群众侧目而视，怨声载道，都要起来反抗了。这样放弃先王的教导，虐待老百姓，豪饮暴食，像流水般地没个穷尽。这种流连荒亡的行为，不能不使诸侯们为之深深担忧。（什么叫流连荒亡呢？）从上流放舟而下，游乐而忘返叫作流，从下流挽舟而上，游乐而忘返叫作连，打猎没有个厌倦叫作荒，酗酒没有个节制叫作亡。古代的圣王没有这种流连忘返的游乐、荒亡无节制的行为。（到底该怎么办，）就由大王您自己选择了。’景公听了很高兴，在首都做好充分的准备，然后自己到郊外去住下。于是开始行德政，打开仓库拿出粮食来赈济缺衣少食的贫苦人民。并把乐官召来说：‘替我作一首君臣同乐歌吧！’大概就是《徵招》《角招》两首歌。那歌词中说，‘制止君主的物欲又有什么过错呢？’制止君主的物欲，正是爱护君主呢。”

［原文］

齐宣王问曰：“人皆谓我毁明堂[1]，毁诸？已[2]乎？”

孟子对曰：“夫明堂者，王者之堂也。王欲行王政，则勿毁之矣。”

王曰：“王政可得闻与？”

对曰：“昔者文王之治岐[3]也，耕者九一[4]，仕者世禄，关[5]市[6]讥[7]而不征[8]，泽梁[9]无禁，罪人不孥(nú)[10]。老而无妻曰鳏(guān)，老而无夫曰寡，老而无子曰独，幼而无父曰孤：此四者，天下之穷民而无告者。文王发政施仁，必先斯四者。《诗》云[11]：‘哿(gě)[12]矣富人，哀此茕(qióng)[13]独！’”

王曰：“善哉言乎！”

曰：“王如善之，则何为不行？”

［注释］

①明堂：为天子接见诸侯而设的建筑。这里是指泰山明堂，是周天子东巡时设，至汉代还有遗址。

②已：止，不。

③岐：地名，在今陕西岐山县一带。

④耕者九一：指井田制。把耕地划成井字形，每井九百亩，周围八家各一百亩，属私田，中间一百亩属公田，由八家共同耕种，收入归公家，所以叫九一税制。

⑤关：道路上的关卡，近于现代“海关”的概念。

⑥市：集市。

⑦讥：稽查。

⑧征：征税。

⑨泽梁：在流水中拦鱼的设备。

⑩孥：本指妻子儿女，这里用作动词，不孥即指不牵连妻子儿女。

⑪《诗》云：以下引自《诗经·小雅·正月》。

⑫哿：可以。

⑬茕：孤单。

［译文］

齐宣王问（孟子）道：“人们都劝我拆掉明堂，是拆掉呢，还是不拆呢？”

孟子答道：“明堂是先代君王朝见诸侯、发布政令的殿堂。大王您要想实行王政，就不要拆掉了。”

齐宣王说：“实行王政的道理和做法您可以说给我听听吗？”

孟子回答说："当年文王做西伯治理岐周的时候，对耕田的人只抽九分之一的税，大夫以上的朝官俸禄可以子孙世代承袭，关卡和市场仅稽查语言装束不同一般的人，并不征税。池沼鱼池所在的地方不悬挂捕鱼的禁令，对犯罪的人施加刑罚只限于他本人，不连累他的妻子和儿女。年老独身或是死去妻室的男人叫鳏夫，年老死了丈夫的妇女叫寡妇，年迈膝下无儿无女的人叫独老，年龄小便失去父亲的孩子叫孤儿：这四种人，是世间最无依无靠的穷苦人民。文王发布政令施行仁政时，一定把这四种人作为优先抚恤的对象。《诗经·小雅·正月》里说：'过得称心如意的要数富人，最可哀怜的还是这些孤独者！'"

齐宣王说："您说得真好啊！"

孟子说："大王您如果认为王政好，那么，您为什么不实行呢？"

举粥供民

仁义是为政之道，中国历来注重仁义，主张体恤民众。若遇灾年，官府或者有恻隐之心的人会设置粥棚，供给饥民。或者有些鳏寡孤独没有依靠的人，国家也会特别给予照顾。

[原文]

王曰："寡人有疾，寡人好(hào)货。"

对曰："昔者公刘①好货。《诗》云②：'乃积乃仓，乃裹糇(hóu)粮③，于橐(tuó)于囊④。思戢(jí)用光⑤。弓矢斯张，干戈戚扬⑥，爰(yuán)方启行⑦。'故居者有积仓，行者有裹囊(náng)也，然后可以爰方启行。王如好货，与百姓同之，于王何有？"

王曰："寡人有疾，寡人好色。"

对曰："昔者大王好色，爱厥⑧妃。《诗》云⑨：'古

公亶(dǎn)父⑩，来朝走马，率⑪西水浒⑫，至于岐下；爰及姜女⑬，聿(yù)⑭来胥⑮宇⑯。’当是时也，内无怨女，外无旷夫⑰。王如好色，与百姓同之，于王何有？”

［注释］

①公刘：人名，后稷的后代，周朝的创业始祖。

②《诗》云：引自《诗经·大雅·公刘》。

③糇粮：干粮。

④橐、囊：都是盛物的东西，囊大橐小。有底曰囊，无底曰橐。

⑤思戢用光：思，语气词，无义；戢，同“辑”，和睦；用，因而；光，发扬光大。

⑥干戈戚扬：四种兵器。

⑦爰方启行：爰，于是；方，开始；启行，出发。

⑧厥：代词，他的，那个。

⑨《诗》云：引自《诗经·大雅·绵》。

⑩古公亶父：即周文王的祖父周太王。

⑪率：循着。

⑫浒：水边。

⑬姜女：太王的妃子，也称太姜。

⑭聿：语首词，无义。

⑮胥：动词，省视，视察。

⑯宇：屋宇。

⑰内无怨女，外无旷夫：怨女，未出嫁的老处女。旷夫，未娶妻的单身汉。古代女子居内，男子居外，所以以内外代指。

［译文］

齐宣王说：“我有个缺点，我喜爱财物。”

孟子回答道：“（这不要紧，）从前周朝王业的创始人公刘也贪图财物。《诗·大雅·公刘》篇说：‘收拾好外庾和内仓，包裹好（途中食用的）干粮，装进无底的小袋和有底的大囊。一心想安抚人民以使国运光昌。弓儿箭儿这样大施张，还有干戈并戚扬，于是才开始迈步奔前方。’因此，必须做到定居的人仓里有积谷，行人囊橐里面裹入了干粮，然后才可以出发。要是大王您贪图财物，与百姓一同享用，对于实行王政又有什么影响呢。”

齐宣王又说：“我还有个缺点，就是好女色。”

孟子回答说：“（这也不要紧，）从前周朝王业的奠基人之一的大王（古公亶父）也好女色，宠爱他的妃子太姜。《诗经·大雅·绵》里说：‘古公亶父为立家，一大清早跨骏马，沿着西方水边走，一直来到岐山下，同来还有姜氏女，一心要把房基察。’在这个时候，真正做到了国内没有因为找不到丈夫或丈夫长期在外而埋怨的女子，也没有娶不到妻子或妻子长期分居的光棍。大王您要是好女色，也能注意广泛满足老百姓在这方面的需要，实行王政又有什么不行呢？”

［原文］

孟子谓齐宣王曰：“王之臣，有托其妻子于其友，而之楚游者，比①其反②也，则③冻馁其妻子，则如之何？”王曰：“弃④之。”曰：“士师⑤不能治士，则如之何？”王曰：“已⑥之。”曰：“四境之内不治，则如之何？”王顾左右而言他。

［注释］

①比：及，至，等到。

②反：同“返”。

③则：这里的用法是表示事情的结果。

④弃：断绝交情。

⑤士师：司法官。

⑥已：罢免。

［译文］

孟子对齐宣王说：“您的臣子中，有个把妻室儿女托付给他的朋友照看而自己到楚国去游学的人，等到他回来时，结果他的妻子儿女受冻挨饿，那么，应该怎样对待（他那个朋友）呢？”齐宣王说：“和他断绝交情。”孟子（进一步）问道：“司法官假如不能管理他下面的属官，那该怎么办呢？”齐宣王说：“罢免他。”孟子（再进一步）问道：“一个国家假如没有治理好，那又该怎么办呢？”齐宣王（无话可说），只好回过头去望着左右臣下谈别的问题。

［原文］

孟子谓齐宣王，曰：“所谓故国①者，非谓有乔木②之谓也，有世臣③之谓也。王无亲臣矣，昔者所进④，今日不知其亡⑤也。”

王曰：“吾何以识其不才而舍之？”

曰：“国君进贤，如不得已，将使卑逾(yú)尊，疏逾戚，可不慎与？左右皆曰贤，未可也；诸大夫皆曰贤，未可也；国人皆曰贤，然后察之。见贤焉，然后用之。左右皆曰不可，勿听；诸大夫皆曰不可，勿听；国人皆曰不可，然后察之。见不可焉，然后去之。左右皆曰可杀，勿听；诸大夫皆曰可杀，勿听；国人皆曰可杀，然后察之。见可杀焉，然后杀之。故曰，国人杀之也。如此，然后可以为民父母。”

［注释］

①故国：指历史悠久的国家。

②乔木：高大的树木。

③世臣：世代建立功勋的大臣。

④进：进用。

⑤亡：去位，去职。

［译文］

孟子谒见齐宣王时说：“我们平常所说的历史悠久的国家，不是说它有年代久远的高大树木的意思，而是说有历代功业旧臣、与国家同休戚共命运的贤臣的意思。大王您现在没有亲信的臣子了，过去您所任用的人，到今天不知不觉地都丢掉了职位。”

齐宣王说：“（可是）我怎么样才能识别他无用而舍弃他呢？”

武王伐纣

商纣王荒淫无道，杀害忠臣，国中民不聊生，沸反盈天。周武王为了天下百姓，起兵讨商，杀掉纣王，为民除害，这是正义之举，并不是弑君的做法。

孟子说："国君选用贤才，如果万不得已要选拔新秀，那就将有可能使地位低下的人超过地位高的人，关系疏的人超过关系密的人，这样的事能不慎重对待吗？（因此，国君用人时）左右的人都说这个人贤能，不足凭信；朝里的官员们都说他贤能，还是不足凭信；全国的人都说他贤能，然后对他进行调查了解。发现他确是贤能，再行起用他。左右的人都说这个人不行，先别听；朝里的官员们都说他不行，也别听；全国的人都说他不行，然后对他进行调查了解。发现他确是不行，再抛开他。左右的人都说这个人有可杀之罪，先别听；朝里的官员们都说他有可杀之罪，也别听；全国的人都说他有可杀之罪，然后对他进行调查了解。发现他确实有可杀之罪，然后杀掉他。所以说，他是全国人杀掉的人。能够做到这样，才可以真正做人民的父母。"

［原文］

齐宣王问曰："汤放桀(jié)①，武王伐纣②，有诸？"孟子对曰："于传有之。"曰："臣弑(shì)其君，可乎？"曰："贼仁者谓之'贼'，贼义者谓之'残'。残贼之人谓之'一夫'。闻诛一夫纣矣，未闻弑君也。"

［注释］

①汤放桀：桀，夏朝最后一个君主，暴虐无道。传说商汤灭夏后，把桀流放到南巢（据传在今安徽巢湖一带）。

②武王伐纣：纣，商朝最后一个君主，昏乱残暴。周武王起兵讨伐，灭掉商朝，纣自焚而死。

［译文］

齐宣王问（孟子）道："商汤王流放夏桀王，周武王攻打商纣王，有这个事吗？"孟子回答说："在古代的史书上是载有这些事的。"齐宣王说："为臣的人杀掉他的君主可以吗？"孟子答道："损害仁爱、暴虐无道的人叫作'贼'，损害正义、颠倒是非的人叫作'残'，残贼的人，叫作'一夫'，我只听说（周武王）杀了个'一夫'纣王，没有听说过他杀了君主。"

［原文］

孟子见齐宣王曰："为巨室，则必使工师①求大木。工师得大木，则王喜，以为能胜其任也。匠人斫（zhuó）而小之，则王怒，以为不胜其任矣。夫人幼而学之，壮而欲行之，王曰'姑舍女所学而从我'，则何如？今有璞玉②于此，虽万镒（yì）③，必使玉人雕琢之。至于治国家，则曰'姑舍女所学而从我'，则何以异于教玉人雕琢玉哉？"

［注释］

①工师：管理各种工匠的官员。

②璞玉：未雕琢加工过的玉。

③镒：古代重量单位，二十两（一说二十四两）为一镒。

［译文］

孟子谒见齐宣王时说："您要建造大宫室，就一定要打发主管百工的官吏去寻求大木料。如果他找到了大木料，大王您就高兴，认为他能称职。一旦工匠把木料砍小了，大王您便要发怒，认为他不称职。一个人从小学习先王治天下的方术，希望长大成人后能够拿去实行，如果大王您说，'暂且抛开你所学的东西，听从我的话去做'，那又怎么样呢？

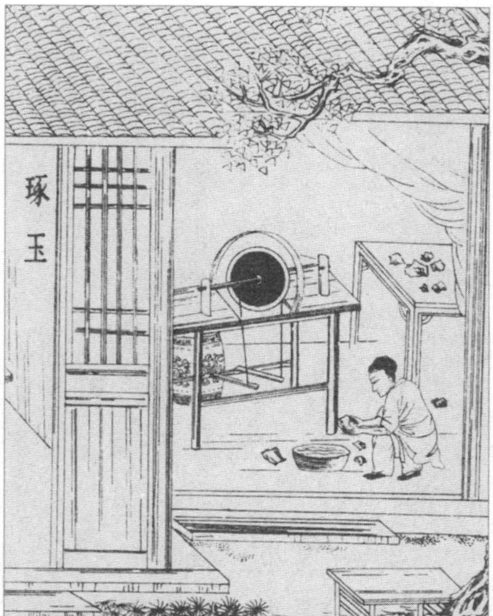

琢玉

玉本出于石，如要求得美玉，需先琢磨切磋。玉石琢磨是中国自古已有的工艺劳作，后世常用琢磨来喻其他，如为学治国等。

现在这里有块没有经过雕琢的璞玉，虽然价值很昂贵，也一定要请玉匠雕琢加工。至于治理国家，却说：‘暂且丢下你所学的那一套照我说的办吧！’那跟要玉匠按照您的吩咐去雕刻玉石又有什么区别呢？”

[原文]

齐人伐燕①，胜之。宣王问曰：“或谓寡人勿取，或谓寡人取之。以万乘（shèng）之国伐万乘之国，五旬而举之②，人力不至于此，不取，必有天殃③。取之，何如？”

孟子对曰：“取之而燕民悦，则取之。古之人有行之者，武王是也④。取之而燕民不悦，则勿取。古之人有行之者，文王是也⑤。以万乘之国伐万乘之国，箪（dān）食壶浆⑥以迎王师，岂有他哉？避水火也。如水益深，如火益热，亦运⑦而已矣。”

[注释]

①齐人伐燕：公元前315年（齐宣王五年），由于燕王哙将燕国让给他的相国子之，国人不服气，将军市被和太子平进攻子之，子之反攻，杀死了市被和太子平，国内一片混乱。齐宣王趁机进攻燕国，很快就取得了胜利。

②五旬而举之：据《战国策·燕策》记载，当齐国的军队攻打燕国时，燕国“士卒不战，城门不闭”，因此齐国军队五十天就攻进了燕国的首都，杀死了燕王哙和子之。

③不取，必有天殃：因齐宣王认为他攻打燕国太顺利，“人力不至于此”，是天意，所以，如果不占领它就是违背天意，必有灾殃。这是当时人流行的观念。

④武王是也：指武王灭纣。

⑤文王是也：指周文王在三分天下有其二时，仍然服事商纣王的事。

⑥箪食壶浆：用箪装着食物，用壶装着酒浆。箪，古代盛饭的圆形竹器。

⑦运：转换。

[译文]

齐国人进攻燕国，战胜了它。齐宣王问孟子道：“有的人叫我不要吞并它，有的人却劝我吞并它。若一个有万辆兵车的大国去攻打另一个有万辆兵车的大国，只五十天便攻下了它，（如果不是天意，）人力是做不到这样的。看来，不吞并它，一定会有天灾降临。您觉得吞并它会有什么结果呢？”

孟子回答说：“如果吞并它，燕国的人民高兴，就吞并它。古代的周武王便是这样做的。要是吞并它，燕国的人民不高兴，就不要吞并它。古代的周文王便是这样做的。一个有万辆兵车的大国去攻打另一个有万辆兵车的大国，老百姓携着饭筐和酒壶来迎接大王您的军队，难道有别的用意吗？只是想避免再过那种水深火热生活啊。如果燕国被吞并后，老百姓蒙受的灾难更加深重，那他们也就只好躲避到别的地方了。”

［原文］

齐人伐燕，取之。诸侯将谋救燕。宣王曰：“诸侯多谋伐寡人者，何以待之？”

孟子对曰：“臣闻七十里为政于天下者，汤是也，未闻以千里畏人者也。《书》曰：‘汤一征，自葛始[1]。’天下信之。东面而征，西夷怨；南面而征，北狄怨，曰：‘奚为后我？’民望之，若大旱之望云霓[2]也。归市者[3]不止，耕者不变，诛其君而吊[4]其民，若时雨降，民大悦。《书》曰：‘徯[5]我后[6]，后来其苏[7]。’

［注释］

①汤一征，自葛始：《尚书》逸文。

②云霓：霓，虹霓。虹霓在清晨出现于西方是下雨的征兆。

③归市者：指做生意的人。

④吊：这里是安抚、慰问的意思。

⑤徯：等待。

⑥后：王，君主。

⑦后来其苏：君王来了就

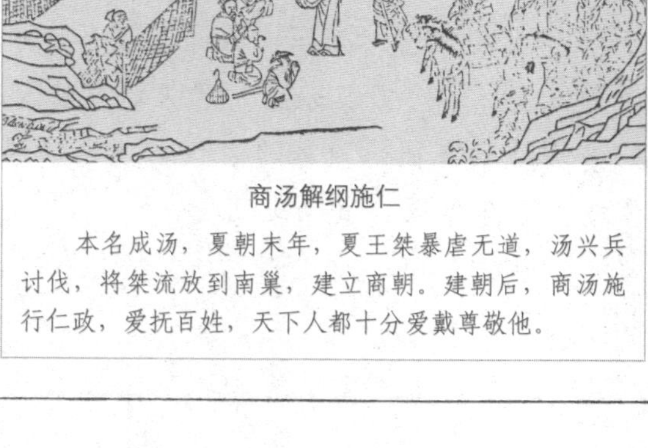

商汤解纲施仁

本名成汤，夏朝末年，夏王桀暴虐无道，汤兴兵讨伐，将桀流放到南巢，建立商朝。建朝后，商汤施行仁政，爱抚百姓，天下人都十分爱戴尊敬他。

会有起色。苏，恢复、苏醒、复活。

[译文]

齐国人攻打燕国，占领了它。一些别的诸侯准备商讨援救燕国。齐宣王（问孟子）说："诸侯们打算来攻打我，该用什么办法去对付他们呢？"

孟子回答道："我只听说以区区七十里地统一天下的，汤便是。没有听说（像您齐王那样）拥有国土千里的人反而会畏惧人的。《尚书》中说：'商汤王当初出征时，是从讨伐葛伯开始的。'天下的人对他非常信赖。当他东向出兵的时候，居住在西面的夷人就埋怨他；当他南向出兵的时候，居住在北面的狄人也埋怨他，他们都说：'为什么把我们摆在后面呢？'老百姓盼望他，就像大旱年岁盼望天空出现预示天将降雨的虹霓一样。（他的军队所到之处，）做生意的人不停止营业，种田的人照常下田劳动，仅仅诛杀残害人民的暴君，对老百姓却能安抚慰问，使他们感到汤的到来，有如旱天及时降落的雨水，老百姓心里十分高兴。《尚书》里面说：'盼望我们的君主啊，君主一到，我们就可以生存下去了哪！

[原文]

"今燕虐其民，王往而征之，民以为将拯己于水火之中也，箪（dān）食壶浆以迎王师。若杀其兄父，系累①其子弟，毁其宗庙②，迁其重器③，如之何其可也？天下固畏齐之强也，今又倍地而不行仁政，是动天下之兵也。王速出令，反其旄倪（mào ní）④，止其重器，谋于燕众，置君而后去之，则犹可及止也。"

[注释]

①系累：束缚，捆绑。

②毁其宗庙：宗庙，天子、诸侯祭祀祖先的地方。国家保存，宗庙就得以保存。故"毁其宗庙"意味着灭其国家。

③迁其重器：重器，古代君王所铸造的作为传国宝器的鼎之类。迁其重器，意味着灭亡其国家。

④旄倪：旄，通"耄"，八九十岁的人叫作耄，这里通指老年人；倪，指小孩子。

［译文］

“现在燕王虐待他的老百姓，大王您发兵去讨伐他，老百姓以为您将要把他们从水深火热中拯救出来，所以纷纷提着饭筐和酒壶来欢迎犒劳大王您的军队。如果您杀死他们的父兄，俘虏他们的子弟，拆毁他们的祖庙宗祠，抢走他们的传国宝器，那怎么行呢？天下的诸侯们本来就害怕齐国的强大，现在您土地又扩大了一倍却不行仁政，这就必然要挑动天下的军队（一起来对付您）了。大王您现在要赶快发布命令，把俘虏的老人和小孩送回去，停止运走燕国的宝器，跟燕国的大众共同商议，拥立新的燕王，然后撤出军队，那就还来得及阻止各国兴兵。”

［原文］

邹与鲁閧①。穆公②问曰：“吾有司死者三十三人，而民莫之死③也。诛之，则不可胜诛；不诛，则疾④视其长上之死而不救。如之何则可也？”

孟子对曰：“凶年饥岁，君之民，老弱转⑤乎沟壑(hè)、壮者散而之四方者，几(jī)⑥千人矣；而君之仓廪(lǐn)实，府库充。有司莫以告，是上慢而残下也。曾子⑦曰：‘戒之戒之！出乎尔者，反乎尔者也。’夫民今而后得反之也。君无尤⑧焉。君行仁政，斯民亲其上，死其长矣。”

［注释］

①邹与鲁閧：邹国与鲁国交战。閧，争吵、冲突、交战。

②穆公：即邹穆公。孟子是邹国人，所以穆公问他。

③莫之死：即“莫死之”的倒装，之指“有司”。意思是“没有人为他们而死。”

④疾：憎恨。

⑤转：弃尸的意思。

⑥几：将近，几乎。

⑦曾子：即曾参，字子舆，孔子弟子。

⑧尤：动词，责备、归罪。

[译文]

邹国跟鲁国打仗。邹穆公问孟子道："(在这次战争中)被打死的官吏达三十三人之多，可是，老百姓却没有一个为他们而死的。要是杀掉这些人吧，杀也杀不尽；要是不杀吧，那他们就还是会仇视他们的长官，任官吏被打死而不加援救，您看要怎么办才好呢？"

孟子回答说："在灾荒的年岁里，您的老百姓年老体弱的大批大批地死亡，连埋葬都成问题，只好把遗骸辗转抛弃到山沟里去的，和壮年人四处逃荒的，快将近千人了；而大王您粮仓饱满，国库充足。管钱粮的官员们也不把这种严重的情况汇报给您，他们简直是高高在上，不仅不关心人民的疾苦，而且还残害人民。曾子说过：'要警惕啊！要警惕啊！你怎样对待人家，人家便会怎样对待你。'(过去邹国的官吏是那样残酷无情地对待老百姓，)从今以后老百姓只要一有机会，就会用同样的手段来回敬那些官吏了。您别责怪他们。只要大王您真的施行德政，那么，老百姓便会敬爱君主和长官，并愿意为他们献出自己的生命了。"

[原文]

滕(téng)文公①问曰："滕，小国也，间(jiàn)②于齐楚，事齐乎？事楚乎？"

孟子对曰："是谋，非吾所能及也；无已，则有一焉：凿斯池③也，筑斯城也，与民守之，效④死而民弗去，则是可为也。"

文帝露台惜费

仁义施与民众，福荫泽被后世。汉文帝当政之时，广施仁义，教民耕种。此后汉景帝也继承文帝做法，休养生息。到汉武帝时，国力强盛，才有实力去征伐边疆。

[注释]

①滕文公：滕国国君。滕国，古国名，西周分封的诸侯国，姬姓，开国国君是周文王的儿子错叔绣。在今山东滕州西南。公元前414年被越国

灭，不久复国，又被宋国灭亡。

②间：处。

③池：城池，也就是护城河。

④效：献，致。

［译文］

滕文公问孟子道："滕国是个弱小的国家，处于齐、楚二大国之间。侍奉齐国好呢，还是侍奉楚国好？"

孟子答道："决定这样重大的国策，不是我的力量所能办到的。如果万不得已要我谈，那就只有这么一个办法：加深这条护城河，加固这座城墙，与老百姓一条心，共同捍卫它，老百姓哪怕献出生命也不愿离开它，这样就还是有办法的。"

［原文］

滕文公问曰："齐人将筑薛[1]，吾甚恐，如之何则可？"

孟子对曰："昔者大王居邠（bīn）[2]，狄人侵之，去之岐山[3]之下居焉。非择而取之，不得已也。苟为善，后世子孙必有王者矣。君子创业垂统，为可继也。若夫成功，则天也。君如彼何哉？强为善而已矣。"

［注释］

①薛：国名，其地在今山东滕州东南，战国初期为齐所灭，后成为齐权臣田婴、田文的封邑。

②邠：地名，在今陕西郴县。

③岐山：在今陕西省岐山县东北。

［译文］

滕文公问孟子道："齐国人正打算加固薛城（以威胁滕国），我感到很害怕，您看怎么办才好？"

孟子回答说："从前周的祖先太王居住在邠地，狄人去侵犯他，他便迁离了邠地到岐山下定居。他并不是选择好那块地方才拿来作为自己定居之所，实在是（由于强敌的威逼）不得已而为之啊。如果一个国君肯行善，（他

本身也许来不及直接受到好处，）可他后世的子孙一定会有创立王业的。品德高尚、目光远大的君子创立事业，并传给后代，正是为了可以流芳百世。至于成功与否，那就要看天意如何了。现在您又能拿强大的齐国怎么样呢？那也只好勉强行善政罢了。”

［原文］

滕(téng)文公问曰：“滕，小国也，竭力以事大国，则不得免焉，如之何则可？”

孟子对曰：“昔者大王居邠(bīn)，狄人侵之。事之以皮币①，不得免焉；事之以犬马，不得免焉；事之以珠玉，不得免焉。乃属其耆老而告之曰：‘狄人之所欲者，吾土地也。吾闻之也：君子不以其所以养人者害人。二三子②何患乎无君？我将去之。’去邠，逾梁山，邑于岐山之下居焉。邠人曰：‘仁人也，不可失也。’从之者如归市。

“或曰：‘世守也，非身之所能为也。效死勿去。’

“君请择于斯二者。”

［注释］

①币：帛类织物。古代曾以帛为货币，今人才有“钱币”的名称。

②二三子：你们这些人。

［译文］

滕文公问孟子道：“滕国是个小国，即使尽自己的力量去侍奉周围的大国，也还是逃不了被大国侵犯，请问要怎么办才行呢？”

孟子答道：“从前古公亶父居住在邠地，狄人来侵扰它。古公拿皮袄丝绢去侍奉他们，他们不肯放过他；拿猎犬好马去侍奉他们，还是不肯放过他；拿珠玉珍宝去侍奉他们，他们仍然不肯放过他。于是只得召集国里的父老们告诉他们说：‘狄人所索求的，无非是我的土地。我听前辈人说过：一个有道德的人决不愿拿他用来养活老百姓的东西去害老百姓。诸位又何必担心没有君主呢？我打算离开这里了。’所以离开了邠地，越过梁山，在岐山下面筑城定居下来。邠地的老百姓说：‘（古公亶父）真是个以仁爱为怀的人呀，我们万万不可以失去这样的好君主啊。’那些自愿随他的人就像赶集市一样众多而又踊跃。

“但也有的人说：‘国土是祖先传下来应该由子孙世代保守住的基业，不是可以由我个人擅自做出处理的。就算牺牲生命也不能放弃它。’

“请大王您在上述二者中任择其一吧。”

[原文]

鲁平公①将(jiāng)出，嬖(bì)人臧(zāng)仓者请曰：“他日君出，则必命有司所之。今乘舆(yú)已驾矣，有司未知所之，敢请。”

公曰：“将见孟子。”

曰：“何哉，君所为轻身以先于匹夫者？以为贤乎？礼义由贤者出，而孟子之后丧逾(yú)前丧。君无见焉！”

公曰：“诺。”

乐正子②入见，曰：“君奚为不见孟轲也？”

曰：“或告寡人曰：‘孟子之后丧逾前丧’，是以不往见也。”

[注释]

①鲁平公：战国时鲁国国君姬叔，公元前 323 年至公元前 303 年在位。

②乐正子：即乐正克，孟子弟子，当时在鲁国做官。

[译文]

鲁平公正打算出门，他那个名叫臧仓的宠臣请示道：“以前大王您将要外出，就一定要把您所去的地方告知管事的臣下。现在您的车都已经套好了马，可管事的臣下还不知道您所要去的地方，我斗胆向您请示一下。”

平公说：“我将要去见孟子。”

臧仓说：“您为着什么要降低身份先去拜访一个普普通通的人呢？您认为孟子贤德吗？可贤德的人是应该执行礼义的，而孟子呢，他办母亲的丧事的礼仪超过先前办父亲的丧事，（这是不合乎礼义的。）您就别会见他了。”

平公说："好吧。"

（孟子的学生）乐正子进宫谒见鲁平公，说："您为什么不会见孟轲呢？"

平公说："有人告诉我说：'孟子办母亲的丧事的礼仪超过先前办父亲的丧事'，就为了这个原因，我才没有去见他。"

［原文］

曰："何哉，君所谓逾(yú)者？前以士，后以大夫；前以三鼎，而后以五鼎与？"曰："否，谓棺椁(guǒ)①衣衾②之美也。"曰："非所谓逾也，贫富不同也。"乐正子见孟子，曰："克告于君，君为来见也。嬖(bì)人有臧(zāng)仓者沮君，君是以不果来也。"曰："行，或使之；止，或尼③之。行止，非人所能也。吾之不遇鲁侯，天也。臧氏之子焉能使予不遇哉？"

孟母断机教子

孟子三岁死了父亲，靠母亲抚养成人。孟母教子十分严格，为了给孩子提供良好的教育环境，曾三次迁居。后来有一次孟子逃学回家，孟母问他学习的目的，他说是为了自己。孟母非常气愤，用剪刀剪断布匹，说："你荒废学业，就像我剪断这将要织成的布匹一样。"

［注释］

①椁：外棺。

②衣衾：这里指死者入殓时所用的衣服被褥。

③尼：阻止。

［译文］

乐正子说："您所说的'后丧超过前丧'，指的是什么呢？是说前面用士的礼仪葬父，后面用大夫的礼仪葬母；还是说前面用三鼎礼祭父、后面用五鼎礼祭母么？"平公说："不是，我说的是装殓死者的棺椁衣衾的精美程度（后者超过前者）。"乐正子说："这不能说是'后丧超过前丧'，而是因为前后家境贫富不一样嘛。”乐正子见了孟子，说:“我把您推荐给了鲁君，鲁君本来将要来拜访您了。可是，有个名叫臧仓的宠臣阻止鲁君，鲁君就因为这个原因没能来。”孟子说:“一个人干某件事时，无形中也许有一种力量在促使他这样做；他不干这件事时，又像是有一种力量在阻止他这样做。干这件事或不干这件事，不是人力所能决定的。我不能与鲁君相遇，是出于天命的支配。臧仓那个小人，又怎么能使我不与鲁君相遇呢？”

公孙丑章句上

［原文］

公孙丑[1]问曰：“夫子当路[2]于齐，管仲[3]、晏子之功，可复许[4]乎？”

孟子曰：“子诚齐人也，知管仲晏子而已矣。或问乎曾西[5]曰：‘吾子[6]与子路[7]孰贤？’曾西蹴(cù)然[8]，曰：‘吾先子[9]之所畏也。’曰：‘然则吾子与管仲孰贤？’曾西艴(fú)然[10]不悦，曰：‘尔何曾[11]比予于管仲？管仲得君，如彼其专也；行乎国政，如彼其久也；功烈，如彼其卑也。尔何曾比予于是！’”曰：“管仲，曾西之所不为也，而子为[12]我愿之乎？”

曰：“管仲以其君霸，晏子以其君显。管仲、晏子，犹不足为与？”

曰：“以齐王，由[13]反手也。”

［注释］

①公孙丑：姓公孙，名丑，孟子弟子，齐国人。

②当路：当权，当政。

③管仲：名夷吾，字仲，春秋初期政治家，曾任齐桓公的相，在齐国进行许多改革，增强了齐国的国力，辅佐齐桓公，使之成为春秋时第一个霸主。

④许：兴盛，复兴。

⑤曾西：字子照，鲁国人，曾参之孙。

⑥吾子：对友人的尊称，相当于“吾兄”“老兄”之类。

⑦子路：姓仲，名由，字子路，孔子弟子。

⑧蹴然：不安的样子。

⑨先子：指已逝世的长辈。这里指曾西的祖父曾参。

⑩艴然：恼怒的样子。

⑪曾：竟然，居然。

⑫为：同"谓"，认为。

⑬由：同"犹"，好像。

［译文］

公孙丑问孟子说："先生您要是在齐国掌了权，渴望重建管仲、晏婴那样的功业么？"

孟子答道："你到底是个齐国人，仅仅知道管仲、晏婴罢了。曾经有个人问曾西道：'我的先生啊，您跟子路相比，哪个更强些呢？'曾西肃然起敬地回答说：'（子路是）我先祖父所尊敬的人啊。'那个人又继续问道：'那么，您跟管仲相比，哪个又更强些呢？'曾西生气之色溢于言表，说：'你竟拿管仲来和我相比？管仲得到他的君主的信任是那样的专一，行使国家政权的时间又是那样的长，可是，成就的功业却是那样的微不足道，你怎么拿他来和我相比呢！'"孟子（稍微停顿了一下）又接下去说："管仲那样的人，连曾西都不愿意和他相比，你说我愿意学他的样吗？"

晏子

晏子即晏婴，字仲，谥平，春秋时齐国大夫，是继管仲后齐国的名相，为人计谋权变，能言善辩。但后世人都对他比较不屑，认为他没有成就出众的功业。

公孙丑说："管仲辅佐齐桓公建立了霸主之业，晏婴辅佐齐景公，使他名扬天下。难道管仲、晏婴这样的人都不值得您效法吗？"

孟子答道："拿齐国这样有条件的大国去实行王政，统一天下，那就像把手掌翻转一样容易。"

［原文］

曰："若是，则弟子之惑滋甚。且以文王之德，百年而后崩①，犹未洽于天下；武王、周公②继之，然后大行。今言王若易然，则文王不足法与？"

曰："文王何可当也！由汤至于武丁③，贤圣之君六七作④，天下归殷久矣，久则难变也。武丁朝诸侯，有天下，犹运之掌也。纣之去武丁未久也，其故家遗俗、流风善政，犹有存者；又有微子⑤、微仲⑥、王子比干⑦、箕子⑧、胶鬲(gé)⑨，皆贤人也，相与⑩辅相⑪之，故久而后失之也。尺地，莫非其有也；一民，莫非其臣也，然而文王犹方百里起，是以难也。"

[注释]

①百年而后崩：相传周文王活了九十七岁。百年，泛指寿命很长。

②周公：姓姬，名旦，周武王之弟，因采邑在周（今陕西岐山北），称为周公。曾辅佐武王伐纣灭商，统一天下；后又辅佐成王，巩固了周初的统治，是鲁国的始祖。

③武丁：商代帝王，后被称为高宗。

④作：相当于"起"。

⑤微子：商纣王的庶兄，名启。

⑥微仲：微启的弟弟。

⑦王子比干：纣王叔父，因多次劝谏，被纣王剖心而死。

⑧箕子：纣王叔父。

⑨胶鬲：纣王之臣。

⑩相与：共同。

⑪辅相：辅助。

[译文]

公孙丑说："像您这样说，那学生我的疑惑就更大了。连文王这样德高望重的人，又活了近百岁才死，都还没有使天下融洽；武王、周公继承遗志努力了很久，然后才使王政大行，教化广被。现在您把实行王政，统一天下说得那么容易，难道文王还不够做榜样吗？"

孟子说："我们怎么可以跟文王相比呢？（在商代）从汤王到武丁，这中间有六七个圣贤的君主兴起，天下的人归向殷商已经很久了，时间久了，要变动就难了。武丁朝见诸侯，统一天下，就像把一样东西放在手心里转动一样容易。商纣虽然不好，但是他离武丁没多久，那些有旧勋的世家、上代流传下来的良好习俗、君主的好作风、好政教，当时还是存在着；又有微子、微仲、王子比干、箕子和胶鬲这些贤良的人，一同来辅佐他，所以过了很久才失掉天下。那时没有哪一尺土地不是殷朝的土地，没有哪一个老百姓不是殷朝的臣民，可文王那时刚从见方百里的地方起家，因此这时要夺取天下就比较难了。”

［原文］

“齐人有言曰：‘虽有智慧，不如乘势；虽有镃(zī)基[1]，不如待时。’今时则易然也：夏后、殷、周之盛，地未有过千里者也，而齐有其地矣；鸡鸣狗吠相闻，而达乎四境，而齐有其民矣；地不改辟矣，民不改聚矣，行仁政而王，莫之能御也。且王者之不作，未有疏于此时者也；民之憔悴于虐政，未有甚于此时者也。饥者易为食，渴者易为饮。孔子曰：‘德之流行，速于置邮[2]而传命。’当今之时，万乘(shèng)之国行仁政，民之悦之，犹解倒悬也。故事半古之人，功必倍之，惟此时为然。”

［注释］

①镃基：农具，类似今天的锄头。

②置邮：驿站。

［译文］

“齐国人有句俗话说：‘纵然有才智，不如顺应形势；纵然有大锄，不如等待农时。’现在就是容易行王政统一天下的大好时机：夏、商、周三代极

周文王仁义泽及枯骨

文王有一次在野外行走，见到一些枯骨散落于田野间，未被掩埋，便叫左右随行人员去把枯骨埋掉。随行人员颇不以为然。文王说国君是国家之主，枯骨在周国境内，自然应该由自己来负责。随行人员赶紧将枯骨掩埋了。后来天下人听说此事，都感慨文王仁义宽广，恩德施及死人。

盛的时期，政令所直接达到的区域从没有超过见方千里的，而齐国却有了它们那么宽广的辖地了；（三代极盛时期，人烟稠密，）鸡犬鸣叫的声音，从首都一直到四方国境，互相可以听到，而齐国也有了那么多的人民了；（在齐国目前这样的条件下，）土地不必再改变扩张了，人民也不必再变动增多了，如果推行仁政以统一天下，那是没有谁能抵挡得住的。况且统一天下的贤圣之君未出现，没有比现在更久的了；暴政对老百姓的迫害，没有比现在更厉害的了。一个饥饿的人对食物是不加挑剔的，一个口渴的人对饮料也是很少选择的。孔夫子说过：‘仁政的推行，比驿站邮亭传递上级的政令还要迅速。’现在这个时候，如果一个万乘大国出来实行德政，那老百姓心里的高兴，就会跟一个倒挂着的人被解救下来差不多。因此只要做古人一半多的事，就可以获得比古人多一倍的成功，这也只有现在这个时候才做得到。”

［原文］

公孙丑问曰：“夫子加齐之卿相，得行道焉，虽由此霸王，不异矣。如此，则动心否乎？”

孟子曰：“否。我四十不动心。”

曰：“若是，则夫子过孟贲(bēn)①远矣。”

曰：“是不难，告子②先我不动心。”

曰：“不动心有道乎？”

［注释］

①孟贲：古代著名勇士。

②告子：战国时人，名不详。

［译文］

公孙丑问道：“老师您要是官居齐国卿相的高位，能有机会实现您的抱负，哪怕从此成就帝王的大业，也不足为怪了。如果这样，您会动心吗？”

孟子说：“不。我四十岁时就已做到不动心了。”

公孙丑说：“照这样说来，那老师您远远地超过孟贲了。”

孟子说：“做到这个并不难，告子的不动心便比我还要早。”

公孙丑又问："做到不动心有诀窍吗？"

［原文］

曰："有。北宫黝(yǒu)①之养勇也：不肤挠，不目逃，思以一豪挫于人，若挞(tà)之于市朝。不受于褐宽博，亦不受于万乘(shèng)之君。视刺万乘之君，若刺褐夫；无严诸侯，恶声至，必反之。孟施舍②之所养勇也，曰：'视不胜，犹胜也。量敌而后进，虑胜而后会，是畏三军者也。舍岂能为必胜哉？能无惧而已矣。'孟施舍似曾子，北宫黝(yǒu)似子夏③。夫二子之勇，未知其孰贤。然而孟施舍守约也。昔者曾子谓子襄④曰：'子好(hào)勇乎？吾尝闻大勇于夫子矣：自反而不缩，虽褐宽博，吾不惴(zhuì)焉；自反而缩，虽千万人，吾往矣。'孟施舍之守气，又不如曾子之守约也。"

［注释］

①北宫黝：姓北宫，名黝，齐国人，事迹不详。

②孟施舍：姓孟，名施舍；一说姓孟施，名舍。事迹不详。

③子夏：姓卜，名商，字子夏，孔子弟子。

④子襄：曾参弟子。

［译文］

孟子说："有。北宫黝培养勇气的方法是：人家刺他的皮肤他一动也不动，刺他的眼睛他一眨也不眨，人家给了他一根毫毛似的侮辱，他便把它看作是像在大街上被人鞭打一样的奇耻大辱。他不愿受普通平民的折辱，也不愿受大国君主的折辱。在他看来，刺杀大国的君主，就像刺杀一般平民一样；在他心目中，没有什么国君值得他敬畏，谁骂了他一句，他就一定要回敬一句。另一个叫孟施舍的，他培养勇气的方法又不同于北宫黝，他说'我对待不能战胜的敌人和对待能够战胜的敌人没有两样。估计敌人势力的强弱然后进兵，考虑有必胜的把握然后与敌人会战，这种人是被军

队的数量所吓倒的人，不是真正的勇士。我孟施舍难道能够稳操胜券吗？我只是能够无所畏惧罢了。’孟施舍的培养勇气的方法有点像曾子，北宫黝却有点像子夏。两个人的培养勇气的方法到底谁比谁强，我也说不准。可是，我认为孟施舍能够抓住培养勇气的要领（即一往无前，无所畏惧）。从前，曾子对他的学生子襄说：‘你爱好勇敢吗？我曾经从老师孔子那里听到过关于什么是大勇的论述：自己反躬自问，自己不在理上，哪怕对方是个普通平民，我也不能让人家害怕我；我自己反躬自问，正义在我这一边，哪怕面对千军万马，我也将勇往直前。’孟施舍虽说有点像曾子，但他所守的是无所畏惧的勇气，到赶不上曾子守着一切都要占个理这一更为重大的要领。”

［原文］

曰：“敢问夫子之不动心与告子之不动心，可得闻与？”

“告子曰：‘不得于言，勿求于心；不得于心，勿求于气。’不得于心，勿求于气，可；不得于言，勿求于心，不可。夫志，气之帅也；气，体之充也。夫志至①焉，气次焉。故曰：‘持其志，无暴②其气。’”

“既曰，‘志至焉，气次焉。’又曰，‘持其志，无暴其气’者，何也？”

［注释］

①至：密，周到。

②暴：糟蹋，损害。

［译文］

公孙丑说：“我斗胆问一声，老师您不动心和告子不动心的异同，可以讲给我听听吗？”

孟子立即回答道：“告子说：‘对于对方语言的意思有不明白的地方，便应当抛开他的话，不必在自己心上琢磨他的话是不是有道理；对于一件事的道理心里没有弄清楚，就应当抑制自己的心，千万别再为这而动气。’（这便是告子能做到不动心比我早的原因）。对于一件事的道理心里未弄清楚，就应当抑制自己的心，千万别再因此动气，这样还是勉勉强强说得过去的；如果对于对方语言的意思有不明白的地方，便应当抛开他的话，不必在自己心上去琢磨他的话有没有道理，那就不对了。思想意志是气的将帅，气是充满人的身体的兵卒。思想意志到了哪里，气也就随之而出现在哪里。所以说：‘一个人应该谨守自己的思想意志，(保持其正确，合乎义理，)不要随便意气感情用事，(加喜怒于人。)’”

公孙丑又问道：“您既然说‘思想意志到了哪里，气也就随之而出现在哪里。’又说‘一个人应该谨守自己的思想意志，(保持其正确，合乎义理，)不要随便意气感情用事，(加喜怒于人。)’这又是为什么呢？”

荆轲入秦行刺

真正有勇气的人，在危急的情况下也能面不改色。就像荆轲朝见秦始皇时，丝毫不动容。反而是跟随他去的号称勇士的秦舞阳，吓得大汗淋漓，站立不稳。

[原文]

曰：“志[1]壹[2]则动气，气壹则动志也，今夫蹶(jué)[3]者趋[4]者，是气也，而反动其心。”

“敢问夫子恶乎长[5]？”

曰：“我知言，我善养吾浩然[6]之气。”

“敢问何谓浩然之气？”

[注释]

①志：思想，意志。

②壹：专注于某个方面。

③蹶：摔倒。

④趋：奔跑。

⑤长：擅长。

⑥浩然：盛大而流动的样子。

［译文］

孟子回答说：“这是因为一个人思想意志专注于某一个方面，他的意气感情也会受到影响从那个方面表现出来。相反，一个人的意气感情专注于某一个方面，他的思想意志也会受到影响被牵引到那个方面来。现在我们看看那些摔倒和奔跑的人，这只是体气在支配着他们的行动，然而却反转来影响他们的思想，动荡的他们的意志。”

公孙丑紧接着问道：“我大胆地请问老师您擅长什么？”

孟子说：“我善于分析研究别人的话，而识别它们的是非得失，并探寻出形成它们是非得失的原因，我善于培养我自己的浩然之气。”

公孙丑接过话茬又问道：“我再斗胆请问一句，什么叫作浩然之气？”

［原文］

曰：“难言也，其为气也，至大至刚，以直养而无害，则塞于天地之间。其为气也，配义与道，无是，馁也。是集义所生者，非义袭而取之也。行有不慊(qiè)①于心，则馁矣。我故曰，告子未尝知义，以其外之也。必有事焉而勿正②，心勿忘，勿助长也。无若宋人然：宋人有闵③其苗之不长而揠(yà)④之者，芒芒然⑤归，谓其人⑥曰：‘今日病⑦矣！予助苗长矣！’其子趋而往视之，苗则槁矣。天下之不助苗长者寡矣。以为无益而舍之者，不耘⑧苗者也；助之长者，揠苗者也——非徒无益，而又害之。”

［注释］

①慊：满足，满意。

②正：止。“而勿正”即“而勿止”。

③闵：担心，忧愁。

④揠：拔。

⑤芒芒然：疲倦的样子。

⑥其人：指他家里的人。

⑦病：疲倦，劳累。

⑧耘：除草。

[译文]

孟子说："这个很难说清楚，它作为一种气，是最伟大、最刚劲的，如果用正道去培养而不伤害它的话，它就会充塞于天地之间，无所不在。它作为一种气，在性能上必须跟正义和道理紧密配合，不然，就要显得软弱乏力。这是由于一个人平日行事，事事合于义理，日积月累，然后自然产生出来的，不是只靠一时装出行为合乎义理的样子从外面获得的。只要你行为中有一件事自己心里感到欠缺时，那你马上就会变得毫无气力了。我所以说告子从来不懂得什么是义，就因为他把义看成是可以从身外获取的东西。（要培养这种浩然之气）一定要在平日有所作为时自然合乎道义，而不要故意做作，从外表上装出合于道义的样子，每时每刻都不要忘记养气的事，但也不要不按它成长的规律去帮助它成长。千万不可像那个宋国人那样：宋国有个担心他的禾苗长不快而把苗拔高的人，拖着疲惫不堪的身子回到家中，对家里的人说：'今天简直累死了呀！我帮助禾苗长高了呢！'他的儿子赶快跑去一看，禾苗却干枯了。世上不帮助禾苗生长的人实在很少。认为培养工作没有好处而抛弃它的人，那就等于是不除草的懒汉；那些不按照规律生硬地去帮助它生长的人，那是拔苗助长的人——不但没有好处，而且还害了它。"

罗威饲牛

中国人相信世间有浩然正气，不是一时的表现，而是在日常生活中随时随地显露出来，显露的方式多种多样，不一而足。汉朝时罗威就是这样的人。邻居家的牛经常到他田里吃秧苗，他于是每日偷偷割一些禾苗放在邻家门口，不让邻居知晓。

[原文]

“何谓知言？”

曰：“诐（bì）辞①知其所蔽，淫辞②知其所陷，邪辞③知其所离，遁辞④知其所穷。生于其心，害于其政；发于其政，害于其事。圣人复起，必从吾言矣。”“宰我、子贡⑤善为说辞，冉牛、闵子、颜渊⑥善言德行。孔子兼之，曰：‘我于辞命，则不能也。’然则夫子既圣矣乎？”

[注释]

①诐辞：偏颇的言辞。

②淫辞：夸张、过分的言辞。

③邪辞：乖戾的话。

④遁辞：躲闪的言辞。

⑤宰我、子贡：都是孔子弟子。宰我，姓宰，名予，字子我。子贡，姓端木，名赐，字子贡。

⑥冉牛、闵子、颜渊：都是孔子弟子。冉牛，姓冉，名耕，字伯牛。闵子，姓闵，名损，字子骞。颜渊，姓颜，名回，字子渊。

伊尹

伊尹，商初重臣之一，早年以耕地为生，地位虽卑，而心忧天下。他认为唯有商汤能当天下大任，决定投奔。当时汤娶有莘氏女儿为妃，伊尹自愿作陪嫁之臣，随同到商。他背负鼎俎为汤烹炊，以烹调、五味为引子，分析天下大势与为政之道，劝汤承担灭夏大任。商汤发现此人有奇才，于是委以重任。

[译文]

公孙丑又接上去问道：“什么叫作知言呢？”

孟子说：“听了偏颇不正的话，便知道说话人哪里被遮蔽；听了夸张的话，便知道他所沉溺于什么；听了乖戾的话，便知道他违背了什么道理；听了躲躲闪闪的话，便知道他在哪里理屈词穷。这四种言辞上的病根如果是从他心里（思想上）产生出来了，便要在政治上产生危害；如果这些病根从政治措施方面体现了出来，便要妨害国家的各项具体工作。现在或将来如果能有圣人再度出现，也必然赞成我所说的这些话的。”公孙丑又问道：“宰我、子贡长于言辞，冉牛、闵子和颜渊以德行见称。孔子则兼有他们的长处，但他还是说，‘我对于辞令，就并不擅长’。老师您（既知言，又善养浩然之气，）不是已经成了圣人了吗？”

[原文]

曰：“恶(wū)！是何言也？昔者子贡问于孔子曰：‘夫子圣矣乎？’孔子曰：‘圣则吾不能，我学而不厌，而教不倦也。’子贡曰：‘学不厌，智也；教不倦，仁也。仁且智，夫子既圣矣乎。’夫圣，孔子不居——是何言也？”

“昔者窃闻之：子夏、子游、子张[①]皆有圣人之一体，冉牛、闵子、颜渊则具体而微，敢问所安。”

曰：“姑舍是。”

曰：“伯夷[②]、伊尹[③]何如？”

[注释]

①子游、子张：都是孔子弟子。子游，姓言，名偃，字子游。子张，姓颛孙，名师，字子张。

②伯夷：商末孤竹国君的长子。起初孤竹君以次子叔齐为继承人；其父死后，叔齐让位给伯夷，伯夷不受，后两人都投奔到周。周武王伐纣时，伯夷兄弟两人拦马谏阻武王；周灭商后，两人隐居首阳山，不食周粟而死。

③伊尹：商汤之相，曾辅汤灭夏。

竹林七贤

穷则独善其身，达则兼济天下，这是中国文人的一贯做法。孔子虽然提倡积极入世，但仍会在世道不济的时候抽身而退，不会违背自己的准则和道义。竹林七贤中的嵇康、阮籍、刘伶等也感于当时社会昏暗，纵情山水，不问世事。后嵇康因抨击当权而被杀。

[译文]

孟子不禁惊诧地说：“哎！你

这是什么话呢？从前子贡向孔子问道：‘老师您已经成了圣人吗？’孔子说：‘圣人，我还不能做到，我能做到的，不过是学习不感厌倦、教诲别人不知疲劳罢了。’子贡说：‘学习不厌倦，这是智的表现；教诲别人不知疲劳，这是仁的表现。具备了仁和智这两种高尚的品德，老师您已经称得上是圣人了啊。’圣人，孔子都不敢当——你这是什么话呢？”

公孙丑又问道：“从前我听说过，子夏、子游和子张，都学得了孔圣人一方面的特长，冉牛、闵子和颜渊大体上具备孔子的才德，但比不上他的博大。请问老师，您与上面这些人中哪一个更接近呢？”

孟子说：“暂且放下这些吧。”

公孙丑又问：“伯夷和伊尹怎么样呢？”

[原文]

曰：“不同道。非其君不事，非其民不使，治则进，乱则退，伯夷也；何(kě)①事非君，何使非民，治亦进，乱亦进，伊尹也；可以仕则仕，可以止则止，可以久则久，可以速则速，孔子也。皆古圣人也，吾未能有行焉。乃所愿，则学孔子也。”“伯夷、伊尹于孔子，若是班乎？”曰：“否。自有生民以来，未有孔子也。”曰：“然则有同与？”

[注释]

①何：通“可”。

[译文]

孟子说：“他们处世之道与孔子不相同。不是他认可的君主不侍奉，不是他认可的人民不役使，天下太平就进到朝廷去做官，天下不太平便退而隐居在野，这就是伯夷处世的态度；什么君主都可以侍奉，什么人民都可以役使，天下太平也做官，天下不太平也做官，这就是伊尹的处世态度；可以做官就做官，可以退居在家就退居在家，可以长干下去就长干下去，可以赶快离开就赶快离开，这就是孔子的处世态度。他们都是古代的圣人，我没能做到他们那样。至于我个人的愿望，便是要学习孔子。”公孙丑又问：

“伯夷、伊尹对于孔子来说，是同等的吗？”孟子答道：“不。自有人类以来，就没出现过孔子这样伟大的人物。”公孙丑问：“那么他们有相同的地方吗？”

［原文］

曰：“有。得百里之地而君之，皆能以朝诸侯，有天下；行一不义，杀一不辜，而得天下，皆不为也。是则同。”

曰：“敢问其所以异。”

曰：“宰我、子贡、有若①，智足以知圣人，污不至阿(ē)其所好(hào)。宰我曰：‘以予观于夫子，贤于尧舜②远矣。’子贡曰：‘见其礼而知其政，闻其乐而知其德。由百世之后，等百世之王，莫之能违也。自生民以来，未有夫子也。’有若曰：‘岂惟民哉？麒麟之于走兽，凤凰之于飞鸟，泰山之于丘垤，河海之于行(háng)潦，类也。圣人之于民，亦类也。出于其类，拔乎其萃，自生民以来，未有盛于孔子也。’”

［注释］

①有若：姓有，名若，孔子弟子。

②尧舜：传说中父系氏族社会后期部落联盟的两个首领，儒家推崇他们是古代的圣君。

麒麟玉书

麒麟是古代传说中的仁兽、瑞兽，被称为圣兽王，认为它是神的坐骑。帝王认为麒麟是吉祥的征兆，百姓则认为麒麟可以带来丰年、福禄、长寿。

［译文］

孟子说：“有。如果他们得到见方百里的土地而又被人们拥立为君主，他们都能使诸侯来朝，统一天下。要他们做一件不合道理的事，杀一个无辜的人，因而得到天下，他们都不会干。这就是他们一致的地方。”

公孙丑问道：“请问他们的不同在什么地方？”

孟子说：“宰我、子贡和有若，他们的智慧足以了解孔子，即使夸张一点，也不至对所喜爱的人怀着私情，虚加赞扬。宰我说：‘依我宰予对老师的看法，他比尧舜高明得多。’子贡说：‘一般说来，见到一个国家的礼制，就可以了解这个国家的政治；听了人家的乐曲，便可以了解这个人的道德。哪怕从百世以后，用同等标准按次去评价百世列国的君主，没有一个能背离孔氏之道的。自有人类社会以来，没有出过一个像孔子这样伟大的人物。’有若说：‘难道只有人民有高下之分么？麒麟对于走兽，凤凰对于飞鸟，泰山对于小土堆，河和海对于路上横流的那些无源之水，是同类。圣人对于人民，也是同类。孔子却大大地超过了他的同类，在他的那一群中超拔出类。自有人类社会以来，没有哪一个人能像孔子那样伟大。’”

[原文]

孟子曰：“以力假①仁者霸，霸必有大国；以德行仁者王，王不待②大。汤以七十里，文王以百里。以力服人者，非心服也，力不赡(shàn)③也；以德服人者，中心悦而诚服也，如七十子④之服孔子也。《诗》云⑤：‘自西自东，自南自北，无思⑥不服。’此之谓也。”

[注释]

①假：借，凭借。

②待：等待，引申为依靠。

③赡：充足。

④七十子：孔子办学多年，传说有弟子三千，其中优秀者七十二人，这里是举其整数。

⑤《诗》云：引自《诗经·大雅·文王有声》。

⑥思：助词，无义。

[译文]

孟子说：“凭着自己的实力，假托仁义之名去攻打别人的，可以称霸于诸侯，这种称霸的人一定要有个实力雄厚的大国作为他的基础；凭着自己高尚的道德，推行仁政的人，可以实行王道，使天下归附于自己，实行王道就不一定要国家大、力量强。商汤王和周文王实行王道，前者凭借的是纵横七十里的地方，后者凭借的也只是见方百里的小国。倚仗势力征服别人的，别人并不是打从心里服从他，而是出于力量不足的原因；凭借德行使别人归附自己的，别人心悦诚服，完全出于自愿，就像孔子门下七十二贤人拜服孔子一样。《诗经》里说：‘从西到东，从南到北，无不佩服得五体投地。’说的正是这层意思。”

成汤

成汤，商朝的开创者，故而也被称作商汤。成汤仁义泽被天下，是后世人的典范。

[原文]

孟子曰：“仁则荣，不仁则辱；今恶辱而居不仁，是犹恶湿而居下也。如恶之，莫如贵德而尊士，贤者在位，能者在职，国家闲暇[1]，及是时，明其政刑，虽大国，必畏之矣。《诗》云[2]：‘迨(dài)[3]天之未阴雨，彻[4]彼桑土[5]，绸(móu)缪[6]牖(yǒu)[7]户。今此下民[8]，或敢侮予？’孔子曰：‘为此诗者，其知道乎！能治其国家，谁敢侮之？’今国家闲暇，及是时，般(pán)乐怠敖[9]，是自求祸也。祸福无不自己求之者。《诗》云[10]：‘永言配命，自求多福。’《太甲》[11]曰：‘天作孽，犹可违[12]；自作孽，不可活[13]。’此之谓也。”

[注释]

①闲暇：指国家安定无内忧外患。

②《诗》云：引自《诗经·豳风·鸱鸮》。

③迨：趁着。

④彻：剥取。

⑤桑土：桑树根。土，同“杜”，东齐方言说“根”为“杜”。

⑥绸缪：缠结。

⑦牖：窗子。

⑧下民：民，意同“人”。这里的诗句是以鸱鸮的口吻所言，其巢在上，所以称人为“下民”。

⑨般：乐。怠：怠惰。敖：同“遨”，指出游。

⑩《诗》云：引自《诗经·大雅·文王》。

⑪《太甲》：《尚书》中的一篇，已失传；现在《尚书》中的《太甲》，系晋人伪作。

⑫违：避。

⑬活：“逭”的借字，“逃”的意思。

［译文］

孟子说：“国君只要施行仁政，就能（国泰民安，）身享荣乐；不施行仁政，就将（国破民残，）身遭屈辱。现在既然讨厌屈辱，可是仍然安于不仁的现状（即不愿施行仁政），这就好像讨厌潮湿却甘心居住在低下的地方一样。如果讨厌它，就不如重视德行（而加强自我道德修养），尊敬贤能的人（而起用他们，）使道德高尚的贤人在位，才华出众的能人任职。国家安定了，（没有内忧外患的干扰，）趁着这个大好的时机，使政教修明，法纪严明，就算是大国，也一定要感到恐惧了。《诗经》里说过：‘趁着天还没下雨，剥取桑根的皮儿，把那巢口修理好。那住在下面的人们，又有谁敢来欺侮我呢？’孔子说：‘作这首诗的人，真是懂得治国的道理啊！一个国君能治理好他的国家，谁敢欺侮他呢？’现在国家安定，如果国君趁着这个时候，纵情游乐，懈怠政事，这简直是自取祸害。一个人的祸福没有不是自己找来的。《诗》中曾有过这样的句子：‘人们应该常常念念不忘和天命配合，为自己多寻求些幸福。’《太甲》说：‘天降祸害，还可以逃得掉；自己造成的祸害，逃也没法逃脱。’就是这个意思。”

［原文］

孟子曰：“尊贤使能，俊杰在位，则天下之士皆悦，

而愿立于其朝矣；市，廛(chán)[1]而不征[2]，法而不廛[3]，则天下之商皆悦，而愿藏于其市矣；关，讥而不征[4]，则天下之旅皆悦，而愿出于其路矣；耕者，助而不税[5]，则天下之农皆悦，而愿耕于其野矣；廛[6]，无夫里之布[7]，则天下之民皆悦，而愿为之氓[8]矣。信能行此五者，则邻国之民仰之若父母矣。率其子弟，攻其父母，自生民以来未有能济者也。如此，则无敌于天下。无敌于天下者，天吏[9]也，然而不王者，未之有也。”

［注释］

①廛：市中储藏、堆放货物的场所。

②征：征税。

③法而不廛：指官方依据法规收购长期积压于货栈的货物，以保证商人的利益。

④讥而不征：只稽查不征税。讥，查问。

⑤助而不税：助，指助耕公田。相传殷周时代实行一种叫“井田制”的土地制度。一里见方的土地划作“井”字形，成九块，每块百亩，其中一块作为公田，其余八块分给八家，八家同养公田。“助而不税”指“耕者九一”的井田制只帮助种公田而不再收税。

⑥廛：这里指民居，与“廛而不征”的“廛”所指不同。

⑦夫里之布：古代的一种税收名称，即“夫布”、“里布”，大致相当于后世的土地税、劳役税。布，古代的一种货币。

⑧氓：指从别处移居来的移民。

⑨天吏：顺从上天旨意的执政者。

桑林祷雨

中国是农业社会，耕种土地，栽植桑麻，是老百姓安居乐业的表征。百姓常在屋旁种植桑树，由此桑林十分常见。商汤时期，有一次久旱不雨，商汤便到桑林里祈祷求雨。

这里的“吏”不是指小官，而指执行者。

［译文］

孟子说：“尊重贤士，使用能者，让才德出众的人各在其位，那么天下的士子们，都会感到衷心喜悦而愿意到那个朝廷里来做官了；在市场上，提供储藏货物的货栈而不征收货物税，遇上货物滞销，便由国家按法规征购，不让它们长期积压在货栈中，那么天下的商人，都会感到衷心喜悦而愿意把货物藏在那个市场上了；关卡上，仅仅稽查语言装束不同一般的人，并不征税，那么天下的旅客，都会感到衷心喜悦而愿意取道于那个国家了；耕田的人，只需帮着耕种井田制中的公田而不用再另交租税，那么天下的农民，都会感到衷心喜悦而愿意到那里去种地了；里弄的居民们，不管在什么情况下（即使无正当职业或不在屋旁种桑麻），都豁免附加的雇役钱和地税，那么天下各国的百姓们，都会感到衷心喜悦而愿意到那里去做寄居的百姓了。要是真的能做到上面五点，那么邻国的老百姓，便会对那里的国君像对父母般的仰望爱慕了。（别国的国君如果妄图进犯这样的国家，就好像是）率领儿女们去攻打他们自己的父母，从有人类以来，从没有能够获得成功的。这样，在天下就找不到敌手了。天下无敌的人，就是上天派遣到下界来的使者。要是做到了这样却还不能统一天下的，那是没有的事。”

［原文］

孟子曰：“人皆有不忍人之心[1]。先王有不忍人之心，斯有不忍人之政矣。以不忍人之心，行不忍人之政，治天下可运之掌上。所以谓人皆有不忍人之心者，今人乍[2]见孺子将入于井，皆有怵(chù)惕(tì)[3]恻隐[4]之心——非所以内交[5]于孺子之父母也，非所以要誉[6]于乡党朋友也，非恶其声而然也。由是观之，无恻隐之心，非人也；无羞恶之心，非人也；无辞让之心；非人也；无是非之心，非人也。恻隐之心，仁之端[7]也；羞恶之心，义之端也；辞让之心，礼之端也；是非之心，智

之端也。人之有是四端也，犹其有四体也。有是四端而自谓不能者，自贼者也；谓其君不能者，贼其君者也。凡有四端于我⑧者，知皆扩而充之矣，若火之始然⑨，泉之始达。苟能充之，足以保⑩四海；苟不充之，不足以事父母。”

［注释］

①不忍人之心：怜悯心，同情心。

②乍：突然，忽然。

③怵惕：惊惧。

④恻隐：哀痛，同情。

⑤内交：即结交。内同“纳”。

⑥要誉：博取名誉。要，同“邀”，求。

⑦端：开端，起源，源头。

⑧我：同“己”。

⑨然：同“燃”。

⑩保：定，安定。

［译文］

孟子说：“人们都有一颗怜悯的心。古代帝王由于有这种怜悯别人的心，这样才有了怜悯下面百姓的仁政。拿这种怜悯别人的好心，去施行怜悯下面百姓的仁政，治理天下就可以像把一件小东西放在手掌上翻转那么容易了。我所以说每个人都有一颗怜悯的心的缘故，譬如人们突然看见无知的小孩将要跌到井里去，都会立即产生一种惊恐、伤痛不忍的心情——这不是为了想跟这孩子的父母攀交情，不是为了要在邻里朋友中获得个好名声，也不是由于不喜欢孩子

赈贷贫民

文王询问姜尚治理国家的要义，姜尚陈述说国君要重仁义德行而轻财富。德行是治政的根本，财富是治政的末节。由此，文王重视推广德行，实行仁政，体恤民众疾苦，并把关怀抚恤鳏寡当作仁政的要务。

的啼哭声才这样做的。从这件事看起来，（任何一个人，）要是没有同情别人的心，就称不上是人；没有羞耻的心，也算不了人；没有礼让的心，算不了人；没有是非之心，也算不了人。同情人的心，是仁的开端；羞耻的心，是义的开端；礼让的心，是礼的开端；是非的心，是智的开端。一个人有这四端，就好像他的身体有四肢一样，（这是他本身固有的。）有这四个开端却自认无所作为的人，是自己害自己的人；说他的君主无所作为的人，是陷害他的君主的人。凡是自己本身具有这四个开端的人，要是知道把它们都扩大开去，那就会像火刚开始点着，泉水刚开始流出，（它的前景是无可限量的。）（一个从事政治的人，）假使能够扩大这四端，就可以保护天下的人民，使他们安居乐业；假使不去扩大的话，那就连自身的爹娘也无法奉养了。”

［原文］

孟子曰：“矢人[1]岂不仁于函人[2]哉？矢人惟恐不伤人，函人惟恐伤人。巫[3]匠[4]亦然。故术[5]不可不慎也。孔子曰：‘里仁为美。择不处仁，焉得智？’夫仁，天之尊爵也，人之安宅也。莫之御[6]而不仁，是不智也。不仁、不智，无礼、无义，人役也。人役而耻为役，由[7]弓人而耻为弓，矢人而耻为矢也。如耻之，莫如为仁。仁者如射，射者正己而后发；发而不中，不怨胜己者，反求诸己而已矣。”

［注释］

①矢人：造箭的人。

②函人：造铠甲的人。

③巫：巫医。

④匠：匠人，这里特指做棺材的木匠。

⑤术：这里指选择谋生之术，也就是选择职业。

⑥御：阻挡。

⑦由：同“犹”，好像。

[译文]

由基射猿

养由基是春秋时楚国大将，有名的神箭手，据说可以百步穿杨。养由基不只箭术了得，为人也十分谦逊低调。

孟子说："造箭的人难道比制甲的人更不仁爱吗？造箭的人惟恐自己造的箭不能射伤人，而制甲的人却又惟恐自己制的甲不坚固让人受了伤。（他们这些截然不同的思想都是由他们各自的职业决定的。）专为人求福的巫医和专为人制棺材的匠人也是这样。所以，一个人选择职业不可不持审慎的态度。孔子说过：'里弄中有仁厚的风俗，人们便认为这个里弄好。选择住处而不知选定有仁厚风俗的里弄，这哪里能说是聪明呢？'仁，可以说是天赐的最崇高的爵，是人们最安全的住宅。分明没有谁阻拦，却不仁爱，这便是人们不明智的地方，一个人不仁、不智、无礼、无义，那就只配当供人使唤的仆役。当了仆役却又以供人役使为可耻，那就像造弓的人以造弓为可耻，造箭的人以造箭为可耻一样。要是觉得可耻，就不如仁爱。仁爱的人与射箭一样：一般射箭的人都是先加强自己射箭技术的修养，端正自己射箭的姿势，然后把箭射出去，假如射不中，不去埋怨胜过自己的同行，只是从自己本身去找原因罢了。"

[原文]

孟子曰："子路，人告之以有过，则喜。禹闻善言，则拜。大舜有（you）①大焉，善与人同②，舍己从人，乐取于人以为善。自耕稼、陶、渔以至为帝，无非取于人者。取诸人以为善，是与人为善③者也。故君子莫大乎与人为善。"

[注释]

①有：同"又"。

②善与人同：与人共同做善事。与，偕同。

泰山问政

仲由，字子路，孔子的得意门生，十分注意自己的道德修养，听到有人指出他的过失就十分高兴。他除学诗、礼外，还为孔子赶车，做侍卫，跟随孔子周游列国，深得器重。

③与人为善：帮助别人培养品德。与，帮助、赞许。

［译文］

孟子说："子路这个人，一听到人家告诉他有过错，便感到高兴；夏禹王听了有益的话，便向人拜谢。大舜比他两个更伟大，他愿意跟别人一同行善，抛弃自己不对的，听从人家对的，乐意吸取别人的好处来行善，（一点也不勉强）。从他在民间种田、烧制陶器、打鱼到被推举为领袖，他身上所表现出来的许多优点，没有不是从别人那里虚心学习来的。吸取别人的优点来行善，其实，这也是帮助、鼓励别人行善的好作风。所以君子的所作所为没有比跟别人一同行善更伟大的了。"

［原文］

孟子曰："伯夷，非其君不事，非其友不友；不立于恶人之朝，不与恶人言。立于恶人之朝，与恶人言，如以朝衣朝冠坐于涂炭。推恶恶之心，思与乡人立，其冠不正，望望然去之，若将浼(měi)焉。是故诸侯虽有善其辞命而至者，不受也。不受也者，是亦不屑就已。柳下惠[1]不羞污君，不卑小官；进不隐贤，必以其道；遗佚(yì)而不怨，厄(è)穷而不悯。故曰：'尔为尔，我为我，虽袒裼(tǎn xī)裸裎(chéng)[2]于我侧，尔焉能浼我哉？'故由由然与之偕而不自失焉，援而止之而止。援而止之而止者，是亦不屑去已。"孟子曰："伯夷隘，柳下惠不恭。隘与不恭，君子不由也。"

[注释]

①柳下惠：春秋时鲁国大夫，姓展，名获，字子禽；因封邑在柳下（地名），谥号“惠”，故称为柳下惠。

②袒裼裸裎：袒裼，肉体袒露；裸裎，露身。

[译文]

孟子说：“伯夷这个人嘛，不是那样的君主就不肯侍奉，不是那样的朋友就不肯结交；不在恶人的朝廷里做官，不跟恶人讲话。（在他看来，）在恶人的朝廷里做官，跟恶人讲话，就像穿着礼服、戴着礼帽坐在污泥和炭灰上。把这种憎恶坏人的心思推广开去，他感到要是跟一个乡下人在一起，乡下人的帽子又歪歪斜斜地戴在头上，他便要撇下乡下人不理睬，径自走开去，好像自己要被这个乡下人玷污了似的。所以当时各国的国君尽管用好言好语来聘请他去做官，他却不接受。他不接受的原因，也是由于他认为那些国君不干不净，不适合接近的缘故。柳下惠却完全两样，他不以侍奉不好的君主为羞耻，也不嫌弃做个小官；进到朝廷并不隐瞒自己的才干，但一定要根据原则；不被朝廷任用也毫无怨言，处境极端困难也并不感到忧伤。所以他说：‘你是你，我是我，哪怕你在我旁边赤身露体，无礼到了极点，你又怎么能玷污我呢？’因此他怡然自得地与他们这些人在一起，却并不会丧失自我，别人挽留他叫他留住，他便留住。他之所以一被挽留即便留住，这也是因为他认为贸然离去并不算是洁身自好的缘故。”孟子说：“伯夷胸襟过于狭隘，柳下惠的态度又太不恭敬。狭隘和不恭敬，贤德的君子是不会这样做的。”

公孙丑章句下

[原文]

孟子曰："天时不如地利，地利不如人和。三里之城，七里之郭①，环而攻之而不胜。夫环而攻之，必有得天时者矣，然而不胜者，是天时不如地利也。城非不高也，池②非不深也，兵③革④非不坚利也，米粟非不多也，委⑤而去之，是地利不如人和也。故曰：域民⑥不以封疆之界，固国不以山溪之险，威天下不以兵革之利。得道者多助，失道者寡助。寡助之至，亲戚畔⑦之；多助之至，天下顺之。以天下之所顺，攻亲戚之所畔，故君子有⑧不战，战必胜矣。"

诸葛亮隆中决策

刘备三顾茅庐，请诸葛亮出山辅佐。诸葛亮在隆中与刘备分析天下形势，指出天时地利人和是成大事的重要条件。

[注释]

①三里之城，七里之郭：内城叫"城"，外城叫"郭"。内外城比例一般是三里之城，七里之郭。

②池：即护城河。

③兵：武器，指戈矛刀箭等攻击性武器。

④革：皮革，指甲胄。古代甲胄有用皮革做的，也有用铜铁做的。

⑤委：弃。

⑥域民：限制人民。域，界限。

⑦畔：同"叛"。

⑧有：或，要么。

［译文］

孟子说："得天时不如得地利好，得地利又不及得人和好。譬如这里有座内城只有三里、外城只有七里的城邑，敌人包围攻打却无法取胜。敌人既来围攻，一定是挑选过天时的了，然而却无法取胜，这正说明得天时不如得地利好。又譬如这里有另一座城邑，它的城墙筑得并不是不高，护城壕挖得并不是不深，士卒们的兵器和盔甲并不是不锐利、坚固，粮食也并不是不多，可是，（当敌人一来进犯，）守兵们便弃城而逃，这正足以说明得地利又不及得人和好。因此说：限制人民不必靠国家的疆界，巩固国防不必凭借山河的险要，威慑天下不必凭借武力的强大。得到正义的人帮助他的人就会多，失掉正义的人帮助他的人就会少。帮助他的人少到了极点时，连自己的亲人朋友都会背叛他；帮助他的人多到了极点时，普天下的人都愿意顺从他。让天下都顺从他的人去攻打连亲戚也背叛他的人，因此，那些正义的君主要么不去攻打，只要攻打一定会获得胜利。"

［原文］

孟子将朝王[1]，王使人来曰："寡人如[2]就见者也，有寒疾，不可以风；朝将视朝，不识[3]可使寡人得见乎？"

对曰："不幸而有疾，不能造[4]朝。"

明日，出吊于东郭氏[5]。公孙丑曰："昔者辞以病，今日吊，或者不可乎？"

曰："昔者疾，今日愈，如之何不吊？"

王使人问疾，医来。

孟仲子[6]对曰："昔者有王命，有采薪（xīn）[7]之忧，不能造朝。今病小愈，趋造于朝，我不识能至否乎？"使数人要（yāo）[8]于路，曰："请必无归，而造于朝！"

不得已而之景丑氏[9]宿焉。景子曰："内则父子，外则君臣，人之大伦也。父子主恩，君臣主敬。丑见王之敬子也，未见所以敬王也。"

曰："恶（wū）！是何言也！齐人无以仁义与王言者，岂

以仁义为不美也？其心曰，'是何足与言仁义也'云尔，则不敬莫大乎是。我非尧舜之道，不敢以陈于王前，故齐人莫如我敬王也。"

[注释]

①王：指齐王。

②如：宜，当，应当。

③不识：不知。

④造：到，上。

⑤东郭氏：齐国的一个姓东郭的大夫。

⑥孟仲子：孟子的堂兄弟，跟随孟子学习。

⑦采薪之忧：本意是说有病不能去打柴，引申为自称生病的代词。薪，柴草。

⑧要：拦截。

⑨景丑氏：齐国的大夫景丑。

[译文]

孟子正准备去朝见齐王，却碰上齐王打发人来传话道："本来我是将要来看望您的，无奈得了感冒，不能吹风，明早我将临朝视事，不知道可不可以让我有幸见到您？"

孟子回答说："我也不幸得了点病，不能上朝来。"

第二天，（孟子）到齐国的大夫东郭氏家去吊丧。公孙丑说："昨天刚托病不上朝，今天却又出门去吊丧，（这样做）也许不大合适吧？"

孟子答道："昨天有病，今天病好了，怎么不去吊丧呢？"

齐王派人来探望孟子的病，医生也一起来了。

孟仲子只得应付来人说："昨天王命召见，恰好（先生）病了，不能上朝来。今天病稍好了点，已上朝去了，我不知道他有没有到达朝中？"于是打发几个人到路上拦住孟子说："请您一定别回家，上朝去走一趟吧！"

（孟子）没有办法，只得绕道上较为相好的朋友景丑氏家借住一晚。景丑（知道这种情况后）便提出异议道："在家庭内就得讲父子之亲，在家庭外就得讲君臣之义，这是人们相互之间重大的伦常关系。父子之间以恩情为主，君臣之间以尊敬为主，我只看到齐王对你的尊敬，却没有看到你用来尊敬齐王的任何表示。”

孟子说：“哎！你这是什么话！你们齐国人没有一个拿仁义之道去跟齐王谈的，难道真的是认为仁义不好吗！他们心里无疑是这样想的：‘这样一个君主哪配跟他谈论什么仁义之道呢？’我看，再没有什么行为比这种态度更不尊敬齐王了。我没有尧舜这样治天下的最好方术，不敢拿到齐王前面去陈说，因此齐国人对齐王的尊敬，是谁也比不上我的。”

[原文]

景子曰：“否，非此之谓也。《礼》曰：‘父召，无诺[1]；君命召，不俟(sì)驾[2]。’固将朝也，闻王命而遂不果，宜[3]与夫《礼》若不相似然。”

曰：“岂谓是与？曾子曰：‘晋、楚之富，不可及也。彼以其富，我以吾仁；彼以其爵，我以吾义，吾何慊(qiàn)[4]乎哉？’夫岂不义而曾子言之？是或一道也。天下有达尊三：爵一，齿一，德一。朝廷莫如爵，乡党莫如齿，辅世长民莫如德。恶得有其一以慢其二哉？故将大有为之君，必有所不召之臣，欲有谋焉，则就之。其尊德乐道，不如是，不足与有为也。故汤之于伊尹，学焉而后臣之，故不劳而王；桓公之于管仲，学焉而后臣之，故不劳而霸。

魏徵

魏徵屡次直言强谏，连唐太宗都对他敬畏不已。魏徵这样做不是藐视太宗的权威，相反，这正是他对太宗尊敬的表现。因为他每次进谏都是为了天下苍生和太宗的地位稳固。

今天下地丑⑤德齐，莫能相尚，无他，好(hào)臣其所教，而不好臣其所受教。汤之于伊尹，桓公之于管仲，则不敢召。管仲且犹不可召，而况不为管仲者乎！”

[注释]

①父召，无诺：出自《礼记·曲礼》：“父召无诺，先生召无诺，唯而起。”“唯”和“诺”都是表示应答，急时用“唯”，缓时用“诺”。父召无诺的意思是说，听到父亲叫，不等说“诺”就要起身。

②不俟驾：不等到车马备好就起身。

③宜：意同“殆”，大概，恐怕。

④慊：憾，少。

⑤丑：类似，相近，同。

[译文]

景丑说：“不，我说的不是这个。《礼》书中说：‘父亲召唤儿子时，答应一声“唯”，便立即起身，绝对不可以慢条斯理地说声“诺”；君主下令召臣子，应该立即动身，不能等待驾好车子再走。你本来准备上朝，听到齐王召唤反而不去了，也许跟《礼》书上说的不大相符合吧。”

孟子说：“难道你说的是这个吗？曾子说过：‘晋国和楚国的豪富，是人家不能相比的。不过，他们凭的是财富，我行的是仁；他们仗的是爵位，我守的是仁义，（和他们比起来，）我心里又有什么遗憾呢！’曾子讲这个话难道有什么不对么？这中间也许是有道理的。天下有三个为人们普遍尊敬的东西：一个是爵位，一个是年龄，一个是德行。（这三个东西的被重视的程度因地而异，）在朝廷里没有什么比得上爵位的，在乡里没有比得上年龄的，在辅佐君主抚养

李世民

水能载舟，亦能覆舟。故而明君都会礼贤下士，虚心听取臣子的意见，稳固自己的统治。唐太宗李世民作为一代明君，在这一点上自然是不输他人了。他对自己的臣子都礼让有加，虚心听取魏徵、房玄龄等人的意见。臣子生病，太宗也亲自前去探望。

百姓方面就没有比得上德行的。又怎能仗着自己占着一面（爵位）却去怠慢占着两面（年龄与德行）的人呢！所以将要大有作为的君主，一定有他不敢召唤的臣子，要是有重大国事必须得商议，就亲自去他家里请教。他（国君）重视德行、乐于行仁政，认为不这样做，就不能与贤德的臣下共同有所建树。所以，商汤王对于伊尹，先向他学习，然后用他为臣子，所以，能够做到不劳而行王道于天下；桓公对于管仲，也是先向他学习，然后再用他为臣，因此，能够做到不劳而成立霸主的事业。现在天下的大国，土地大小都差不多，君主们的思想行为也不相上下，谁也没能超过谁，这没有别的原因，就是他们喜欢用听从他们教导的人做臣子，而不喜欢用有能力教导他们的人做臣子。商汤王对于伊尹，齐桓公对于管仲，就不敢召唤。管仲这样的人都不可以召唤，何况不屑做管仲的人呢！”

［原文］

陈臻(zhēn)①问曰："前日于齐，王馈兼金②一百③而不受；于宋，馈七十镒(yì)而受；于薛④，馈五十镒(yì)而受。前日之不受是，则今日之受非也；今日之受是，则前日之不受非也。夫子必居一于此矣。"

孟子曰："皆是也。当在宋也，予将有远行，行者必以赆(jìn)⑤；辞曰'馈赆。'予何为不受？当在薛也，予有戒心⑥；辞曰'闻戒，故为兵馈之。'予何为不受？若于齐，则未有处⑦也。无处而馈之，是货⑧之也。焉有君子而可以货取乎？"

［注释］

①陈臻：孟子的学生。

②兼金：好金。因其价格双倍于普通金，所以称为"兼金"。古代所说的金，多是指黄铜。

③一百：即一百镒。镒为古代计量单位，一镒为二十两。

④薛：春秋时有薛国，但在孟子的时代已被齐国所灭，所以，这里的薛是指齐国靖郭君田婴的封地，在今山东滕州东南。

廉平不苛

孟子的不受无名之财为后世人所称道，并成为他们效仿的典范。历朝历代都有许多清正廉洁者，他们不受无名之财，行忠直之事，无愧于天地。东汉李恂就是这样的一位廉吏。他在担任兖州刺史期间清正廉洁，以身作则教导部下。出使西域后各国官商都赠给他美女、名马、金银等物，他一无所受。

⑤赆：给远行的人送路费或礼物。

⑥戒心：戒备意外发生。根据赵岐的注释，当时有恶人要害孟子，所以孟子有所戒备。

⑦未有处：没有出处，引申为没有理由。

⑧货：收买，贿赂。

[译文]

陈臻问道："前些日子在齐国，齐王赠送给您质好价高的黄金一百镒您却不接受；近来在宋国，（宋君）赠送七十镒黄金您接受了；在薛地，（薛君）赠送五十镒黄金您也接受了。如果前些日子的不接受是对的，那么，今天的接受就不对了；如果今天的接受是对的，那么，前些日子的不接受就不对了。先生在这两个截然相反的做法中，一定有一个是做错了的。"

孟子说："都是对的。当在宋国的时候，我将要远出旅行，（按照惯例）对出门旅行的人一定要送点盘缠，宋君当时说是送盘缠，我为什么不接受呢？当在薛地时，（听说有人想暗害我，）我得有所戒备，薛君当时听说我要作戒备，因此送点钱给我购置武器，我又怎么不接受呢？至于在齐国，就没有说明是什么用途，不说明用途却要（无缘无故地）送钱给我，这无异是想收买我。哪有贤德君子可以用钱财收买的呢？"

[原文]

孟子之平陆①，谓其大夫②曰："子之持戟（jǐ）之士，一日而三失伍，则去之否乎？"曰："不待三。""然则子之失伍也亦多矣。凶年饥岁，子之民，老羸（léi）转于沟壑（hè），壮者

散而之四方者，几千人矣。”曰：“此非距心之所得为也。”曰：“今有受人之牛羊而为之牧之者，则必为之求牧与刍矣。求牧与刍而不得，则反诸其人乎？抑亦立而视其死与？”曰：“此则距心之罪也。”他日见于王，曰：“王之为都者，臣知五人焉。知其罪者，惟孔距心。”为王诵之。王曰：“此则寡人之罪也。”

诸葛亮

诸葛亮不仅是智者，在为人正己方面也值得景仰。据说晋武帝司马炎曾向蜀汉旧臣樊建询问诸葛亮的治国之策。樊建说：“诸葛亮知错必改，毫不隐瞒自己的过失；他赏罚有信，足以感动神明。”因此司马炎对诸葛亮钦佩不已。

［注释］

①平陆：齐国边境的邑，在今山东汶上北。

②大夫：这里指地方上的行政长官。

［译文］

孟子到平陆，对那里的邑令说：“你城里守卫边疆的战士，假如一天之内三次擅离职守，这样，是不是要将他开除呢？”邑令说：“没必要等到三次（才开除）。”孟子紧接上去说：“可是，你失职的地方也已经不少了。在饥荒年岁，你管治的老百姓们，老弱病残辗转抛尸到山沟中的，体力较强些的青壮年散走四方的，几乎近千人了。”邑令说：“这不是我孔距心所能办到的事。”孟子说：“现在如果有个人接受了替人牧放牛羊的任务，他就一定要替人家找牧地和草料。万一找不到牧地和草料，那么，是把牛羊送还给人家呢，还是站在那里眼看着牛羊饿死呢？”邑令说：“这就是我孔距心的罪过了。”后来，孟子朝见齐王说：“大王您的邑令，我结识了五个，其中能认识失职的罪过的，只有孔距心一人。”于是把自己跟孔距心的谈话对齐王说了一遍。齐王听后说：“这也是我的罪过啊。”

［原文］

孟子谓蚳(chí)蛙①曰：“子之辞灵丘②而请士师③，似也，为其可以言也。今既数月矣，未可以言与？”蚳蛙谏于王而不用，致为臣而去。齐人曰：“所以为蚳蛙则善矣，所以自为，则吾不知也。”公都子④以告。曰：“吾闻之也：有官守者，不得其职则去；有言责者，不得其言则去。我无官守，我无言责也，则吾进退，岂不绰绰然有余裕哉？”

［注释］

①蚳蛙：齐国大夫。

②灵丘：齐国边境邑名。

③士师：官名，掌禁令、狱讼、刑罚，为古代法官之通称。

④公都子：孟子的学生。

［译文］

孟子对蚳蛙说：“你辞掉灵丘邑令不当，却要求去做治狱官，这件事做得似乎有点道理，因为（做了治狱官）可以向主上进言了。现在（你当治狱官）已经几个月了，难道还不可以进言么？”蚳蛙向齐王进了言却没有被采纳，便辞职离去了。齐国有人（议论这件事）道：“（孟子）替蚳蛙打算的还是好的，可为自己打算的怎样，我就不知道了。”公都子把这些话告诉了孟子。孟子说：“我听说过：有官职的人，不能履行他的职责就只有辞职不干；有进言责任的人，他进了言，执政的人不采纳，就也得辞职不干。我既没有官职，也没有进言的责任，那我的出处进退，岂不是宽宽绰绰，有更多的自由吗？”

［原文］

孟子为卿于齐，出吊于滕（téng），王使盖①大夫王驩（huān）②为辅行。王驩朝暮见，反齐滕之路，未尝与之言行事也。公孙丑曰：“齐卿之位，不为小矣；齐滕之路，不为近矣，反之而未尝与言行事，何也？”曰：“夫既或治之，予何言哉？”

[注释]

①盖：齐国邑名，在今山东沂水县西北。

②王驩：盖邑的地方长官，齐王的宠臣。

[译文]

孟子在齐国为卿，奉命出使滕国去吊唁，齐王还另派了盖邑的邑令王驩做副使。王驩早晚同孟子在一块，往返于齐滕的道路上，孟子却从未和他商量过怎样行事。公孙丑不禁发问道：“齐卿的位置，不算小了；从齐到滕的路，也不算近了，来回一整趟您却从不曾和（王驩）商量怎样行事，这是为什么呢？”孟子说：“既然有人去办理那些事了，我还说什么呢？”

萧何

孟子虽和王驩来回相处，但却不曾进一言，这是他谨言慎行的表现。萧何追随刘邦，劳苦功高，被封为相。刘邦称帝后，诛杀功臣，唯独萧何因为立身行事十分小心，所以可得善终。

[原文]

孟子自齐葬于鲁①，反于齐，止于嬴②。充虞③请曰：“前日不知虞之不肖，使虞敦④匠事。严⑤，虞不敢请。今愿窃有请也：木若以⑥美然。”曰：“古者棺椁(guǒ)无度⑦，中古⑧棺七寸，椁称之。自天子达于庶人，非直为观美也，然后尽于人心。不得⑨，不可以为⑩悦；无财，不可以为悦。得之为有财，古之人皆用之，吾何为独不然？且比⑪化者⑫无使土亲肤，于人心，独无恔(xiào)⑬乎？吾闻之也：君子不以天下俭其亲。”

[注释]

①自齐葬于鲁：孟子在齐国时，随行的母亲去世，孟子从齐国把母亲遗体送回国安葬。

②嬴：地名，故城在今山东莱芜西北。

③充虞：孟子的学生。

④敦：治，管。

⑤严：急，忙。

⑥以：太。

⑦棺椁无度：古代棺材分内外两层，内层叫棺，外层的套棺叫椁。棺椁无度是说棺与椁都没有尺寸规定。

⑧中古：指周公治礼以后的时代。

⑨不得：指礼制规定所不允许。

⑩为：这里是“与”的意思。

⑪比：为了。

⑫化者：死者。

⑬恔：快，快慰，满足。

［译文］

孟子从齐国将母亲归葬到鲁国后，重新返回齐国，在嬴邑停留下来。充虞请问道：“早先您不知道我的能力差，承蒙派遣我去监督备办棺木。当时事忙，我不敢请示。现在我想（趁机）请教一下：（我觉得）棺木似乎有点过于华美了。”孟子说：“上古时候人们用的内棺和外棺尺寸的厚薄，没有什么规定，中古时候规定内棺厚七寸，外棺的厚薄必须与它相称。上起天子，下至百姓，（对棺椁都得讲究，）不止是为了好看，（大家认为只有这样做了，）然后才算是尽了孝心。（受到礼法限制，）不得用好棺木，当然不能令人称心如意；限于财力，不可能购用好棺木，同样也难以做到称心如意。只要礼法允许而又财力能办到，古代人都会用好棺木，我为什么就不能

孝感动天

古时尤为推崇孝义，孝子的事迹都被人广为传诵。最早的孝子，莫过于舜了。他母亲早死，父亲再婚，并伙同后母和弟弟百般陷害他。舜仍对他们关爱如常。后来舜登天子之位后，仍恭敬奉养父亲和后母，对弟弟也十分照顾。

这样做呢？而且为了让死者的遗体不沾着泥土，（这样做）人子的心不是可以感到慰藉而不再有什么遗憾吗？我听说过：一个懂得孝道的君子，决不因为要为天下人节约物资而在埋葬父母的大事上省钱。”

［原文］

沈同[1]以其私问曰：“燕可伐与？”孟子曰：“可。子哙(kuài)不得与人燕，子之不得受燕于子哙。有仕[2]于此，而子悦之，不告于王而私与之吾子之禄爵；夫士也，亦无王命而私受之于子，则可乎？何以异于是？”齐人伐燕。或问曰：“劝齐伐燕，有诸？”曰：“未也。沈同问‘燕可伐与’，吾应之曰，‘可’，彼然而伐之也。彼如曰‘孰可以伐之’，则将应之曰，‘为天吏，则可以伐之’。今有杀人者，或问之曰，‘人可杀与’，则将应之曰，‘可’。彼如曰，‘孰可以杀之’？则将应之曰，‘为士师，则可以杀之’。今以燕伐燕，何为劝之哉？”

［注释］

①沈同：齐国大臣。

②仕：同“士”。

［译文］

沈同以他个人的身份问孟子道：“我们可以讨伐燕国吗？”孟子说：“可以。（没有天子的命令，）子哙无权擅自把燕国让给人家，子之也不得擅自从子哙那里接受燕国。如果这里有个谋求官职的人，你对他很喜欢，也不向齐王报告，便把自己的俸禄和官爵都暗地里让给他；而那个人呢，也没有得到齐王的命令便从你那里私自接受你的俸禄和官爵，你说这样做可以吗？子哙和子之私相授受燕国的事跟这个又有什么不同呢？”齐国人出兵讨伐燕国。有人问孟子道：“听说您曾劝齐国讨伐燕国，有这回事吗？”孟子说：“没有这回事。沈同问过，‘燕国可以讨伐吗’？我回答他说‘可以’，他便真的认为是这样而使齐国出兵去讨伐了燕国。他假如进一步问，‘谁可

以去讨伐燕国'？那我就会回答他道，'只有上得天意的天吏才可以去讨伐它。假如现在有个杀人的人，有人问道，'这个杀人犯可以杀掉吗'？那么被问的人就会回答他说，'可以'。他如果说，'谁可以杀他呢？'那就将回答道，'做治狱官，就可以杀他'。现在以一个跟无道燕国不相上下的国家去讨伐燕国，我怎么能劝他们这样做呢？"

［原文］

燕人畔①。王曰："吾甚惭于孟子。"陈贾②曰："王无患焉。王自以为与周公孰仁且智？"王曰："恶（wū）！是何言也？"曰："周公使管叔监殷，管叔以殷畔③。知而使之，是不仁也；不知而使之，是不智也。仁智，周公未之尽也，而况于王乎？贾请见而解之。"见孟子，问曰："周公何人也？"曰："古圣人也。"曰："使管叔监殷，管叔以殷畔也，有诸？"曰："然。"曰："周公知其将畔而使之与？"曰："不知也。""然则圣人且有过与？"曰："周公，弟也；管叔，兄也。周公之过，不亦宜乎？且古之君子，过则改之；今之君子，过则顺之。古之君子，其过也，如日月之食，民皆见之，及其更也，民皆仰之；今之君子，岂徒顺之，又从为之辞。"

［注释］

①燕人畔：齐国占领燕国时，孟子曾向齐宣王提出，为燕立一君主而后撤离，齐王不听。两年内，燕人不服。赵国等诸侯国也反对齐吞并燕，怕齐国因此而变得更强大，于是立燕昭王，燕人拥护，迫使齐军败退撤回。

②陈贾：齐国大夫。

③周公使管叔监殷，管叔以殷畔：周武王灭商后，封纣王之子武庚于其旧都，派其弟管叔、蔡叔、霍叔去监视殷的遗民。武王死后，成王幼，周公执政，管叔等和武庚反叛，后周公平定了叛乱。

[译文]

汉武帝

君王是统帅天下之人，也会犯错。犯错之后，许多君王都是找借口掩饰或者转嫁自己的过失。但是汉武帝却敢于承认自己的错误。汉武帝连年用兵，弄得国库空虚。又一度笃信巫术，宫中女巫出入，甚至于因此害死太子。晚年时终发现自己所为失误，于是下诏罪己。

燕国人不归附齐国。齐王说："我对孟子感到很惭愧。"陈贾说："大王别为这个难过。您觉得您跟周公相比，哪一个更仁爱而又聪明些呢？"齐王（不太高兴地）道："哎！你这是什么话？"陈贾说："周公派遣管叔去监督殷国，管叔却带领殷国一起反叛周朝。如果周公知道管叔会叛变却要派遣他，这就对自己兄弟太不仁爱了；如果不知道而派遣他，这便是他不聪明的地方。仁和智，周公尚且没有完全做到，何况大王您呢？请让我陈贾去见孟子做些解释。"陈贾见到孟子问道："周公是个什么样的人呢？"孟子："是古代的圣人。"陈贾："周公派遣管叔监督殷国，管叔率领殷国一道反叛周朝，有这件事吗？"孟子说："不错。"陈贾说："周公是事先知道他将会反叛却仍派遣他的么？"孟子说："不知道。"（陈贾紧接上去又问道：）"那么，圣人尚且会有过错么？"孟子答道："周公是弟弟，管叔是哥哥。周公的过错，不也是合乎情理的事么？况且古代品德高尚的君子，有过就改；现在身居高位的君子，明知错了，却将错就错。古代的君子，他们犯的过错，像天上发生的日食月食一样，老百姓都可以看到，当他们改正错误时，老百姓也都能抬头看见；现在的君子，不但一错再错，而且还要千方百计找借口来为自己的错误作辩护。"

[原文]

孟子致为臣而归①。王就见孟子，曰："前日愿见而不可得，得侍同朝，甚喜。今又弃寡人而归，不识可以继此而得见乎？"对曰："不敢请耳，固所愿也。"他日，王谓时子②曰："我欲中国③而授孟子室，养弟子以万钟④，使诸大夫国人皆有所矜式⑤，子盍(hé)为我言之！"时子因

陈子而以告孟子，陈子⑥以时子之言告孟子。孟子曰："然，夫时子恶知其不可也？如使予欲富，辞十万而受万，是为欲富乎？季孙⑦曰：'异哉子叔疑⑧！使己为政，不用，则亦已矣，又使其子弟为卿。人亦孰不欲富贵？而独于富贵之中，有私龙断⑨焉。'古之为市也，以其所有易其所无者，有司者治之耳。有贱丈夫焉，必求龙断而登之，以左右望，而罔市利。人皆以为贱，故从而征之。征商，自此贱丈夫⑩始矣。"

三顾茅庐

求贤必须要明确地表现出自己的诚意，让人能够感觉到。孟子要走时齐王才派人来挽留，平时也未见得有多恭敬，故而孟子不肯留下。刘备去请诸葛亮出山，三顾茅庐，终于用诚意感动了诸葛亮，辅佐刘备打天下。之后，刘备一直对诸葛亮恭敬有加，凡事都先向他请教，诸葛亮也为蜀国鞠躬尽瘁，死而后已。

[注释]

①致为臣而归：指孟子辞去齐宣王的客卿而归故乡。致，在古代有"致仕""致禄""致政"等多种说法，其中的"致"都是"归还"的意思。

②时子：齐王的臣子。

③中国：在国都中，指临淄城。"中"在这里是介词，"国"即国都。

④万钟：钟，古代量器。齐国量器有豆、区、釜、钟四种。每豆四升，每区四斗，每釜四区，每钟十釜。六石四斗为一钟，十斗一石。万钟为六万四千石。

⑤矜式：敬重效法。

⑥陈子：即陈臻，孟子弟子。

⑦季孙：人名，事迹不详。

⑧子叔疑：人名，事迹不可考。

⑨龙断：即“垄断”。原意指高而不相连属的土墩子，后逐渐引申为把持、独占。

⑩丈夫：对成年男子的通称。

[译文]

孟子想辞职回家。齐王登门见到孟子说：“以前（您还没有来齐时）我期望见到您都不可能，后来有幸能和您同朝共事，我感到十分高兴。现在您丢下我要回乡去了，不知从今以后，我们还有见面的机会吗？”孟子答道：“我只是不敢（非分地）提出这样的要求罢了，（其实，）这本是我的愿望呢。”在另一天，齐王对时子说：“我想在首都的中心地带建一座房子供孟子住，送给他万钟粮粟作为弟子们的生活费用，使朝廷内外的官民都有所取法，你为什么不替我向孟子说说我这种打算！”时子托陈子转告孟子，陈子将时子的话告诉了孟子。孟子说：“哦！那位时子又怎么知道这种事情（万万）不可以做呢？假如我想发财，辞去十万钟的禄米不要却去接受万钟的赐粮，这是为了想发财吗？季孙说过：‘子叔疑这个人真奇怪！自己被任命做官，没有取得信任，也就算了吧，却又要（活动）让他的子弟去做卿。人们又有谁不想获取厚禄高官？而只有他却独独想在升官发财之中垄断一切。’（什么叫垄断呢？）古代的集市贸易，人们都是拿他们自己所有的东西，去跟人家交换自己所没有的东西，（这些事情）不过由有关部门去管理罢了。后来有一个被人瞧不起的贪得无厌的汉子，一定要找一个唯一突出的高丘爬上去，以便四面张望，把集市上贸易的赢利一齐捞过来。人们都鄙视他这种行为，因此就向他征税。向商人征税的制度是从这个卑鄙的汉子开始的。”

[原文]

孟子去齐，宿于昼①。有欲为王留行者，坐而言。不应，隐几而卧。客不悦曰：“弟子齐②宿而后敢言，夫子卧而不听，请勿复敢见矣。”曰：“坐！我明语(yù)子。昔者鲁缪公③无人乎子思之侧，则不能安子思④；泄(yì)柳、申详⑤无人乎缪公之侧，则不能安其身。子为长者虑，而不及子思，子绝长者乎？长者绝子乎？”

［注释］

①昼：齐国邑名，在今山东临淄附近。

②齐：同“斋”，斋戒。古人在有重大事情前，沐浴更衣，不饮酒，不吃荤，以示诚敬，称斋戒。

③鲁缪公：鲁国国君，名显，公元前 409 年至公元前 377 年在位。

④子思：名孔伋，孔子之孙。鲁缪公尊敬子思，常派人在子思身边伺候致意，使子思安心。

⑤泄柳、申详：同为鲁缪公时贤人。泄柳亦称子柳；申详，孔子弟子子张之子。他们二人认为，如果没有贤者在左右维护君主，自身就感到不安。

［译文］

孟子离开齐国，住在昼邑。有个来替齐王挽留孟子的人，跪坐着跟孟子说话。孟子没有回答他，靠在小桌子上打盹。客人不高兴地说：“学生先一天斋戒致敬然后才敢前来进言，先生却睡大觉，连听也不听，这我就不再敢求见您了。”孟子说：“坐下来！我清楚地告诉你。从前鲁缪公要不是经常派人留在子思旁边（表达自己对子思的诚意），就不能把子思留下来；泄柳和申详要是知道没有人经常在鲁缪公旁边（维持），他们也就不能安下身来。你替长辈打算，赶不上子思时的贤者为子思着想的，（却来劝我留下，）到底是你跟长辈决绝呢，还是长辈跟你决绝呢？”

［原文］

孟子去齐。尹士①语（yù）人曰：“不识王之不可以为汤武，则是不明也；识其不可，然且至，则是干②泽也。千里而见王，不遇故去，三宿而后出昼，是何濡（rú）滞也？士则兹不悦。”高子③以告。曰：“夫尹士恶知予哉？千里而见王，是予所欲也；不遇故去，岂予所欲哉？予不得已也。予三宿而出昼，于予心犹以为速，王庶几改之！王如改诸，则必反予。夫出昼，而王不予追也，予然后浩然有归志。予虽然，岂舍王哉！王由足用为善。王如用予，则岂徒齐民安，天下之民举安。王庶几改之！予日

望之！予岂若是小丈夫然哉？谏于其君而不受，则怒，悻(xìng)悻然见于其面，去则穷日之力而后宿哉？”尹士闻之，曰：“士诚小人也。”

[注释]

①尹士：齐国人。

②干：求。

③高子：齐国人，孟子弟子。

[译文]

孟子离开齐国而去。尹士对别人说：“不知道齐王成不了商汤王、周武王那样的人，那就是（孟子）缺乏眼力的地方；知道不行，可还是来到了齐国，那就是贪图富贵了。跑了千里路来见齐王，因为意见不合所以离去，住了三晚才出了昼县，这到底又是为了什么这样慢腾腾的呢？我就对这一点不高兴。”高子把这些话告诉了孟子。孟子说：“那个尹士又怎么了解我呢？跑了千里路来见齐王，这是我的愿望；因为意见不相合所以离去，难道是我的愿望么？我是不得已啊。我住了三晚才走出昼县，在我的心里还认为快了点，（当时我心想，）齐王也许会改变原来的态度吧！齐王如果改变态度，就一定会把我召回去。我走出了昼县，齐王却不来追我（回去），然后我才有了难以抑制的回乡打算。我尽管这样，难道（愿意）舍弃齐王吗？（我认为）齐王还是有条件办好政事的。齐王如果用了我，那何止是齐国人民能安居乐业，天下的人民也全都能安居乐业。齐王也许会改变态度，我天天盼望他能如此！我难道会像那种心地狭窄的人的样子吗？向他的国君进谏没有采纳就发脾气，怒容满面，离开那个国家时就竭尽全力跑够一天的路程然后住宿吗？”尹士听到这些话后说：“我的确是个（目光短浅的）小人啊。”

[原文]

孟子去齐，充虞[1]路问曰：“夫子若有不豫[2]色然。前日虞闻诸夫子曰：‘君子不怨天，不尤人[3]。’”曰：“彼一时，此一时也。五百年必有王者兴，其间必有名世

者[4]。由周而来，七百有余岁矣。以其数，则过矣；以其时考之，则可矣。夫天未欲平治天下也，如欲平治天下，当今之世，舍我其谁也？吾何为不豫哉？”

[注释]

①充虞：孟子弟子。

②豫：快乐，愉快。

③不怨天，不尤人：这是孔子的话，见《论语·宪问》。尤，责怪，抱怨。

④名世者：有名望而辅佐君王的人。

[译文]

孟子离开齐国，充虞在路上问他道：“先生您好像有点不满意的样子。以前我听见先生您说过：‘一个道德修养高的君子是不会怨天尤人的。’（对吗？）”孟子说：“那时是那时，现在是现在，（情况不同了嘛！）（从历史的进程来看，我发现）每隔五百年就一定会有一位推行王道的圣君降生，这中间一定也还会有一些以才德闻名于时的人才出现。从周朝开国以来，到现在已有七百多年了。拿时数来说，就超过了（五百年）；拿时势来考察一下，就该有诞生圣君贤相的可能了。上天要是不想让天下太平，（那就没有什么说的了）；上天要是想使天下获致太平，那当今的世上，除了我还有谁能担当这份重任呢？我为什么不满意呢？”

[原文]

孟子去齐，居休[1]。公孙丑问曰：“仕而不受禄，古之道乎？”曰：“非也。于崇[2]，吾得见王，退而有去志，不欲变，故不受也。继而有师命，不可以请。久于齐，非我志也。”

[注释]

①休：地名，在今山东滕县北，距孟子家约百里。

②崇：地名，不可考。

[译文]

孟子离开齐国，在休地住下。公孙丑问道:“做官却不接受俸禄，这是古代传下来的法规吗？”孟子说:“不是。(当日)在崇地，我有机会见到齐王，(因为他这个人不愿行仁政，所以我)回来后便起了离开的念头，(我)不想改变这种念头，所以不接受俸禄。接着齐国又发生了战事，不适于请求离去。留在齐国的时间过长，并不是我的志愿。”

滕文公章句上

［原文］

滕文公为世子①，将之楚，过宋而见孟子。孟子道性善，言必称尧舜。世子自楚反，复见孟子。孟子曰：“世子疑吾言乎？夫道一而已矣。成眴(xián)②谓齐景公曰：‘彼，丈夫也；我，丈夫也；吾何畏彼哉？’颜渊曰：‘舜，何人也？予，何人也？有为者亦若是。’公明仪③曰：‘文王，我师也；周公岂欺我哉？’今滕(téng)，绝长补短，将五十里也，犹可以为善国。《书》曰：‘若药不瞑(miàn)眩④，厥(jué)疾不瘳(chōu)⑤。’”

［注释］

①世子：即太子。“世”和“太”古音相同，古书常通用。

②成眴：齐国的勇士。

③公明仪：人名，复姓公明，名仪，鲁国贤人，曾子学生。

④瞑眩：眼睛昏花看不清楚。

⑤瘳：病愈。

［译文］

滕文公做太子时，将要出使到楚国去，路过宋国，便特地去看望孟子。孟子跟他讲了人性善的观点，开口不离尧舜。太子从楚国回来时，又会见了孟子。孟子说：“太子怀疑我的话吗？道理只有一个罢了。成眴对齐景公说：‘他是男子大丈夫，我也是男子大丈夫，我干嘛要怕他呢？’颜渊说过：‘舜是什么样的人呢？我是什么样的人呢？有作为的人也应该像他一个样子。’公明仪曾经说：‘文王是我的老师，周公难道会骗我吗？’现在滕国（虽小），如果将土地截长补短（进行丈量），也将有五十里见方大，还是可以建设成一个好国家。《尚书》说：‘如果一种药服了后不使人产生头晕目眩的感觉，那个病是不会治好的。’”

[原文]

滕定公[1]薨(hōng)[2]，世子谓然友[3]曰：“昔者孟子尝与我言于宋，于心终不忘。今也不幸至于大故[4]，吾欲使子问于孟子，然后行事。”然友之邹，问于孟子。孟子曰：“不亦善乎！亲丧，固所自尽[5]也。曾子曰：‘生，事之以礼；死，葬之以礼，祭之以礼，可谓孝矣。’诸侯之礼，吾未之学也。虽然，吾尝闻之矣。三年之丧[6]，齐疏之服[7]，饘(zhān)粥[8]之食，自天子达于庶人，三代共之。”然友反命，定为三年之丧。父兄百官皆不欲，曰：“吾宗国[9]鲁先君莫之行，吾先君亦莫之行也，至于子之身而反之，不可。且《志》[10]曰：‘丧祭从先祖。’曰，‘吾有所受之也。’”

德修怀感

程公许，南宋人，少年时代，以孝敬出名，其母侯氏有病，他闭门谢客几个月，侍奉母亲饮食。

[注释]

①滕定公：滕文公的父亲。

②薨：死。古代称侯王死，唐代以后用于指二品以上官员死。

③然友：人名，太子的老师。

④大故：重大的事故，指大丧、凶灾之类。

⑤自尽：尽自己最大的心力。

⑥三年之丧：指子女为父母、臣下为君主守孝三年。

⑦齐疏之服：用粗布做的缝边的丧服。齐，指衣服缝边。古代丧服叫

作衰，不缝衣边的叫“斩衰”，缝衣边的叫“齐衰”。

⑧馇粥：稠粥。

⑨宗国：鲁国的始封祖和滕国的始封祖是兄弟，按照宗法制度，滕国尊称鲁国为宗国。

⑩《志》：记国家世系等的书。

[译文]

滕定公死了，太子对师傅然友说：“前些时孟子在宋国曾经跟我谈过一些话，我心里始终不能忘记。现在不幸遭到了大变故，我打算请你去向孟子请教，然后再举办丧事。”然友到邹国向孟子请教。孟子说：“（太子能够问及这样的事，）（这）不也好得很吗！办理父母的丧事，本是做孝子的人所应全力以赴的。曾子说过：‘父母在世时，按礼仪的规定去侍奉；父母去世时，按礼仪的规定去安葬、去祭祀，这就称得上是尽孝了。’有关诸侯丧葬的礼仪，我没有学习过。但是，我曾经听说过。（父母去世后，孝子）守孝三年，穿缝了边的粗布孝服，喝着稀饭，上从天子下到老百姓，夏、商、周三代都没有例外。”然友回去汇报了孟子的话，所以定为守孝三年。公族的父兄和朝里的百官都不愿意，说：“我们的宗国鲁国的先代君主都没有行过（三年之丧），我们的先代君主也没有行过，到您手里却要在这方面一反祖先的所为，这事不能做。何况《志》书里说过：‘丧葬和祭祀要照祖先的成规办事。’这样我们就可以说：‘我们（这样做）是上有继承的。’”

闻雷泣墓

对父母尽孝是人们推崇的美德，父母死后子女一定披麻戴孝，甚至于在坟前搭棚守孝。魏晋时期的王裒就是至孝的典型。父亲被司马昭杀害，他就终身不做晋臣。其母在世时怕雷，死后埋在林中。每当风雨天，听到雷声，他就在母亲坟前跪拜，告知母亲不用害怕。

[原文]

谓然友曰：“吾他日未尝学问，好驰马试剑。今也父

兄百官不我足也，恐其不能尽于大事，子为我问孟子！”

然友复之邹，问孟子。孟子曰：“然，不可以他求者也。孔子曰：‘君薨(hōng)，听于冢(zhǒng)宰[①]，歠(chuò)[②]粥，面深墨，即位而哭，百官有司莫敢不哀，先之也。’上有好者，下必有甚焉者矣。君子之德，风也；小人之德，草也。草尚之风，必偃[③]。是在世子。”然友反命。世子曰：“然，是诚在我。”五月居庐[④]，未有命戒。百官族人可，谓曰知。及至葬，四方来观之，颜色之戚，哭泣之哀，吊者大悦。

［注释］

①冢宰：官名。原是辅佐天子的官，百官之长，相当于后世的宰相。

②歠：饮。

③君子之德……必偃：出自《论语·颜渊》篇。“尚”与“上”同；偃，倒下。

④五月居庐：居住在丧庐中五个月。

［译文］

（于是太子）对然友说：“我以前不曾好好研究学问，只对跑马击剑感兴趣。现在父兄官吏们都不满意我的做法，我真担心我对这次丧礼不能做到竭诚尽力，请你再替我去向孟子请教一下。”

然友又一次到邹国去向孟子请教。孟子说：“对，这件事是不能向外人求救的。孔子说过：‘君主去世，（太子）将一切政事全委托给冢宰去料理，喝稀饭，（哀伤得）面目黝黑，一临孝子之位便痛哭，（这样）下属的官吏便没有敢不悲哀的，由于太子带了头。’在上位的人有所爱好，下面的人一定便会（对这个）爱好得更厉害。君子的德像风，小人的德像草，风吹到草上面，草便一定会随着风向而倒伏。这件事办得好坏完全取决于太子。”然友回去（向太子）复命。太子说：“对，这件事的确取决于我。”（于是）太子住在丧庐里整整五个月之久，不曾发号施令。朝中百官和公族都表示满意，说（太子）懂礼。等到定公被安葬时，四面八方的人都

来观看葬仪，（太子）容色的悲伤，哭泣的哀痛，使来吊唁的客人们看了都感到十分满意。

［原文］

滕文公问为国。

孟子曰："民事不可缓也。《诗》云①：'昼尔于茅，宵尔索绹(táo)；亟(jí)其乘屋，其始播百谷。'民之为道也，有恒产者有恒心，无恒产者无恒心。苟无恒心，放辟邪侈(chǐ)，无不为已。及陷乎罪，然后从而刑之，是罔民也。焉有仁人在位，罔民而可为也？是故贤君必恭俭礼下，取于民有制。阳虎②曰：'为富不仁矣，为仁不富矣。'夏后氏五十而贡，殷人七十而助，周人百亩而彻，其实皆什一也。彻者，彻也；助者，藉也③。龙子④曰：'治地莫善于助，莫不善于贡。'贡者，挍(jiào)数岁之中以为常。乐岁，粒米狼戾，多取之而不为虐，则寡取之；凶年，粪⑤其田而不足，则必取盈焉。为民父母，使民盻盻(xì xì)然，将终岁勤动，不得以养其父母，又称贷而益之，使老稚转乎沟壑(hè)，恶在其为民父母也？夫世禄，滕(téng)固行之矣。《诗》云⑥：'雨我公田，遂及我私。'惟助为有公田。由此观之，虽周亦助也。

［注释］

①《诗》云：出自《诗经·豳风·七月》。

②阳虎：又作阳货，春秋末鲁国大夫季氏的家臣。

③彻者，彻也：彻，通。是说这种税制在周代是天下通行的税制。助者，藉也：藉，借。意思是借助民力来耕种公田。

④龙子：古代贤人。

⑤粪：扫除。

⑥《诗》云：出自《诗经·小雅·大田》。

[译文]

湿田击稻图

滕文公(向孟子)询问治国的方法。

孟子说:“老百姓生产的事是刻不容缓的。《诗》里说过:‘白天赶紧割茅草,晚上要把绳索搓好;赶紧修缮旧房舍,耕田播种的时间很快就到。’老百姓的一般情况是这样,有固定的产业(或收入)的人便有稳定的思想,没有固定的产业(或收入)的人便没有稳定的思想。如果(老百姓)没有稳定的思想,那么什么无法无天的事,没有干不出来的。等到犯了罪,然后再加刑罚,这就无异于布下罗网陷害老百姓。哪有仁爱的君主在位却干出陷害老百姓的事来的呢?所以贤良的君主务必做到处事恭谨,生活俭朴,礼贤下士,向老百姓征收赋税有定规。阳虎说过:‘要发财就别讲仁爱,要讲仁爱就别想发财了。’夏朝每家授田五十亩,赋税行的是贡法;商朝每家授田七十亩,赋税行的是助法;周朝每家授田百亩,赋税行的是彻法,实际上征的税率都是十分之一。彻有通的意思,助有借的意思。龙子说:‘经营土地的税制没有比助法更好的,没有比贡法更不好的。’所谓贡法就是计量、比较几年中的收成而定出一个税收的定数(即不管丰年、歉年都得按这个定数征税)。丰收年景粮食到处抛撒,多征收一点也不算苛暴,却征得少;凶年饥岁,田里的收获连购买来年的肥料都不够,却一定要征足这个定数。号称老百姓父母的国君使老百姓整年地辛勤劳动,却没法子养活自己的生身父母,还得借高利贷来凑足纳税的数字,以致使老弱辗转流亡,饥寒交迫,抛尸于水沟荒野之中,为民父母的实际意义又在哪里呢?对做大官的人赐予土地,使他们的子孙世代享有田租收入的“世禄”制度,滕国本来就实行了。(但有利于老百姓的税制——助法却始终没有被采用,以至老百姓如此穷困。滕国既然能实行世禄制照顾做官的人的利益,也应该考虑考虑老百姓的痛苦而改行助法。)《诗经》里面说:‘(希望)上天首先降雨到公田,然后再把私田湿润。’只有实行助法才会有公田,从这篇周诗看来,即使是周朝,也是实行助法的。

［原文］

“设为庠（xiáng）序学校以教之。庠者，养也；校者，教也；序者，射也。夏曰校，殷曰序，周曰庠；学则三代共之，皆所以明人伦也。人伦明于上，小民亲于下。有王者起，必来取法，是为王者师也。《诗》云[①]：‘周虽旧邦，其命维新。’文王之谓也。子力行之，亦以新子之国！”

使毕战[②]问井地[③]。

辅君泽民

宋朝郴州人杜唐卿开办学校，树立了许多政绩，百姓对他称颂不已。

［注释］

①《诗》云：出自《诗经·大雅·文王》。

②毕战：滕国的臣子。

③井地：即井田，相传为古代奴隶社会的一种土地制度。以方九百亩的地为一个单位，划成九区，中间为一百亩公田，周围八家均私田百亩，同养公田。因形如井字，故名。

［译文］

“（基本上解决老百姓的生产生活问题后，还要）设立‘庠’‘序’‘学’‘校’等来教育他们。所谓‘庠’，含有教养的意思；所谓‘校’，含有教育的意思；所谓‘序’，含有习射的意思。乡学（即地方学校）的名称，夏朝叫校，殷朝叫序，周朝叫庠；至于国家办的学校（也就是大学），三代都共用了‘学’这个名称，（无论乡学和大学，）都是用来向学生阐明‘父子有亲、君臣有义、夫妇有别、长幼有序、朋友有信’这五种社会伦常观念的。在上面的诸侯、卿大夫、士明确并承认组成社会的这五种人与人之间的伦常关系，百姓们在下面自然也就亲密无间了。只要有愿意行王道的人出现，便一定要来向您模仿学习的，这样您就做了行王道的人的老师了。《诗经》里说过：‘岐周虽是历经夏商两朝的古老之国，天命却有意使它来一番革新’，这是就文王创建帝业而说的。您努力干下去，也可以使您的国家焕然一新的。”

（滕文公）又打发毕战来（向孟子）询问有关井田制的问题。

[原文]

孟子曰：“子之君将行仁政，选择而使子，子必勉之！夫仁政，必自经界始。经界不正，井地不钧①，谷禄②不平，是故暴君污吏必慢③其经界。经界既正，分田制禄可坐而定也。

“夫滕（téng），壤地褊（biǎn）小，将为④君子焉，将为野人焉。无君子，莫治野人；无野人，莫养君子。请野九一而助，国中什一使自赋。卿以下必有圭田⑤，圭田五十亩；余夫二十五亩。死徙（xǐ）无出乡，乡田同井，出入相友，守⑥望⑦相助，疾病相扶持，则百姓亲睦。方里而井，井九百亩，其中为公田。八家皆私百亩，同养公田；公事毕，然后敢治私事，所以别野人也。此其大略也，若夫润泽⑧之，则在君与子矣。”

[注释]

①钧：同“均”。

②谷禄：俸禄。

③慢：通“漫”。

④为：有。

⑤圭田：供祭祀用的田地。

⑥守：防守。

⑦望：察。

⑧润泽：润色，修饰。引申为充实，完善。

[译文]

孟子说："你的国君将要实行仁政，经过精心选择才派遣你来问我，你必须努力完成使命！实行德政，必须从划分和理清田界入手。如果田界没有划分理清，井地的大小就不能做到均衡一律，做大官的人从封地里所得到的作为俸禄的田租就不能做到合理公平。所以那些暴君和贪官总是要（千方百计）把正确的田界搞乱。田界既然已经划分理清了，分田地给老百姓和给做官的人制定俸禄这两件事，便可以不费吹灰之力就可以把它们决定下来了。"

肃清教化

土地是人民生存之根，国家立足之本，无论在何时，土地建设都是十分重要的。历代各地方官若是在田亩上有成，政绩也会相应增加。唐朝时，江南西道观察使韦丹教百姓用陶土制瓦，所得盈利却分文不收全用来筑堤护江，引水灌溉农田造福百姓，为此百姓为他立碑歌颂他。

"滕国，国土狭窄，但也有官吏，也有老百姓。没有官吏，便不能治理老百姓；没有老百姓，便不能养活官吏。我希望你们在郊野实行九分抽一的助法，在城邑（按照贡法的规定）使人们自行缴纳十分之一的赋税。卿以下的官吏每人分给他们供祭祀用费的圭田，圭田规定为五十亩；对于那些被称为'余夫'的剩余劳动力，就每人另分给田二十五亩。（这样）埋葬或搬家都不用背井离乡，在家乡同耕一井的田地，平日出入相亲相爱，防守盗贼互助互帮，如果一家有病人，八家一起来照顾，做到真正的亲爱团结了。（井田制：）在每一平方里的土地上划为一个井田单位，一个井田单位共有田九百亩，中间的百亩是公田。八户人家各耕私田一百亩，八家须得共同耕种好公田；公田里的农活完毕了，然后大家才敢去干私田的活，这样做就是为了使老百姓跟官吏有所区别。这里所说的只是井田制的大概情况，至于怎样搞得更完善、更理想一些，那就得靠你们的君主和你了。"

［原文］

有为神农之言①者许行②，自楚之滕，踵(zhǒng)门③而告文公曰：“远方之人闻君行仁政，愿受一廛(chán)④而为氓(méng)⑤。”文公与之处。其徒数十人，皆衣(yì)褐，捆屦(jù)、织席以为食⑥。陈良⑦之徒陈相与其弟辛负耒耜(lěi sì)⑧而自宋之滕(téng)，曰：“闻君行圣人之政，是亦圣人也，愿为圣人氓。”陈相见许行而大悦，尽弃其学而学焉。陈相见孟子，道许行之言曰：“滕君则诚贤君也，虽然，未闻道也。贤者与民并耕而食，饔飧(yōng sūn)⑨而治。今也滕有仓廪(lǐn)府库，则是厉⑩民而以自养也，恶得贤？”

［注释］

①神农之言：神农氏的学说。神农是上古传说中的人物，常与伏羲氏、燧人氏一道被称为“三皇”。神农氏主要的功绩是教人从事农业生产，所以叫“神农”。春秋战国时期诸子百家多托古圣贤之名而标榜自己的学说。“农家”就假托为“神农之言”。

②许行：农家代表人物之一，生平不详。

③踵：至，到。

④廛：住房。

⑤氓：子民。

⑥衣褐，捆屦，织席以为食：穿粗麻衣，靠编草鞋，织草席谋生。衣，穿；褐，粗麻短衣；屦，草鞋。

⑦陈良：楚国的儒者。陈相、陈辛都是陈良的学生。

⑧耒耜：古代一种像犁的农具，木

击麻

桑麻自古以来就有。桑蚕的成品是丝，光滑润泽，并且成本极高。相对来说，麻就要廉价许多，穿着也不舒适，一般只有穷苦百姓才穿麻。但是许行及其门徒都与普通百姓一样，穿麻编席，生活清苦，可以成为世人的表率。

柄叫“耒”，犁头叫“耜”。

⑨饔飧：饔，早餐；飧，晚餐。

⑩厉：病。

[译文]

有位学习神农学说的学者名叫许行的，从楚国来到了滕国，登门告诉文公说：“远方的人听说您实行仁政，愿意接受一个住所做您的老百姓。”文公给了他住所。他的门徒有几十个，都穿着粗麻布衣，靠编草鞋、织麻席过活。儒者陈良的门徒陈相和他的弟弟陈辛一起背着农具从宋国走到滕国，（见了文公）说：“听说您实行圣人的仁政，这样说来您也是圣人了，（我们）愿意做圣人的老百姓。”陈相见到许行后十分高兴，全部抛弃他原来所学的东西，转而向许行学习。陈相去见孟子，转述许行的话说：“滕君的确是个贤君，不过，还不懂得（做贤君的）道理。贤君应该跟老百姓一同种地获取口粮，自己弄饭吃，还要兼理国事。现在滕国有的是粮仓、财库，那就是损害老百姓来养肥自己了，滕君又怎么称得上贤德呢？”

[原文]

孟子曰：“许子必种粟而后食乎？”曰：“然。”“许子必织布而后衣乎？”曰：“否，许子衣(yì)褐。”“许子冠乎？”曰：“冠。”曰：“奚冠？”曰：“冠素。”曰：“自织之与？”曰：“否，以粟易之。”“许子奚为不自织？”曰：“害于耕。”曰：“许子以釜(fǔ)[1]甑(zèng)[2]爨(cuàn)[3]，以铁[4]耕乎？”曰：“然。”“自为之与？”曰：“否，以粟易之。”“以粟易械

水田耕作

器者，不为厉陶冶；陶冶亦以其械器易粟者，岂为厉农夫哉？且许子何不为陶冶，舍⑤皆取诸其宫中⑥而用之？何为纷纷然与百工交易？何许子之不惮烦？”

［注释］

①釜：金属制的锅。

②甑：古代做饭用的一种陶器。

③爨：烧火做饭。

④铁：指用铁做的农具。

⑤舍：止，不肯。

⑥宫中：家中。古代住宅无论贵贱都可以叫“宫”，秦汉以后才专指帝王所居为宫。

［译文］

孟子说：“许子一定要自己种庄稼然后才吃饭么？”（陈相）说：“是这样。”“许子一定要织布然后才穿衣服么？”（陈相）说：“不，许子穿粗麻布衣。”“许子戴帽子么？”（陈相）说：“戴帽子。”（孟子）说：“戴什么帽子？”（陈相）说：“戴白绢帽子。”（孟子）说：“是自己织的吗？”（陈相）说：“不，用粮食换来的。”（孟子）说：“许子为什么不自己织呢？”（陈相）说：“那会妨碍庄稼活。”（孟子）说：“许子用锅做饭，用铁器种地么？”（陈相）说：“对。”“（这些炊具和农具）是自己制造的么？”（陈相）说：“不是，是用粮食换来的。”“（农夫）用粮食换炊具和农具，不能算是损害泥瓦工和冶铁工；泥瓦工和冶铁工也用他们的炊具和农具换粮食，怎么能说是损害了农夫呢？而且许子为什么不自己烧窑炼铁，什么东西都从家中取来用呢？为什么要这样忙碌地跟各种工匠去交换？为什么许子这样不怕麻烦呢？”

［原文］

曰：“百工之事固不可耕且为也。”

“然则治天下独可耕且为与？有大人①之事，有小人之事。且一人之身，而百工之所为备，如必自为而后用之，是率天下而路②也。故曰，或劳心，或劳力。劳

心者治人，劳力者治于人；治于人者食人，治人者食于人，天下之通义也。

“当尧之时，天下犹未平，洪水横流，泛滥于天下，草木畅茂，禽兽繁殖，五谷不登，禽兽偪人，兽蹄鸟迹之道，交于中国。尧独忧之，举舜而敷③治焉。舜使益④掌火，益烈山泽而焚之，禽兽逃匿。禹疏九河，瀹(yuè)济⑤、漯(luò)⑤而注诸海，决汝、汉，排淮、泗(sì)而注之江，然后中国可得而食也。当是时也，禹八年于外，三过其门而不入，虽欲耕，得乎？

［注释］

①大人：这里指有地位的人，与下文“小人”相对。

②路：指奔波、劳累。

③敷：遍。

④益：舜的臣子。

⑤瀹济、漯：瀹，疏导；济、漯，济水和漯水。

［译文］

（陈相）说：“各种工匠的活儿本来就不可能在种地的同时干。”

（孟子说：）“那么治理天下的事难道独独可以在种地的同时干么？做官的有做官的应做的事情，当百姓的有当百姓的应做的事情。况且一个人身上（所需用的东西），是所有工匠给做的，假如一定要是自己制造的东西才去用，这简直是率领普天下的人全都奔忙于路途之上，永无停息了。所以：有的人动脑筋，有的人卖力气，动脑筋的人统治别人，卖力气的人受别人统治；受人统治的人得养活别人，统治人的人受别人供养，这是天下通行的法则。

“当唐尧在位的时候，天下还没有整治好，洪水乱流，到处泛滥成灾，草木生长茂盛，禽兽成倍地增长，谷物没有收成，恶禽猛兽危害人们，它们的足迹遍布于中原各地。尧独自对这种情况感到忧虑，因此就选拔舜来分管治理工作。舜又派伯益充任火正官，伯益放火焚烧山林和草泽地带，禽兽（无地藏身），只得往四处奔逃躲避。（舜又派）禹疏浚（徒骇、太史等）九条河的河道，疏通济水、漯水，让河水流入海中，开凿汝、汉、淮、泗

等水的河道，把积水从适当的出口处排放出来，一并注入江中，然后中原地带的人们才有可能种上庄稼，得到饭吃。当这个时候，禹在外面奔忙了八年，三次经过家门都没空回去，（在这种情况下，）就算他想耕种，又哪能成呢？

［原文］

“后稷①教民稼穑，树艺②五谷，五谷孰而民人育。人之有道也，饱食、暖衣、逸居而无教，则近于禽兽。圣人有忧之，使契③为司徒，教以人伦——父子有亲，君臣有义，夫妇有别，长幼有序，朋友有信。放勋④曰：‘劳之来之⑤，匡之直之，辅之翼之，使自得之，又从而振德之。’圣人之忧民如此，而暇耕乎？

“尧以不得舜为己忧，舜以不得禹、皋陶⑥为己忧。夫以百亩之不易为己忧者，农夫也。分人以财谓之惠，教人以善谓之忠，为天下得人者谓之仁。是故以天下与人易⑦，为天下得人难。孔子曰：‘大哉尧之为君！惟天为大，惟尧则之，荡荡乎民无能名焉！君哉舜也！巍巍乎有天下而不与焉！’尧舜之治天下，岂无所用其心哉？亦不用于耕耳。

［注释］

①后稷：相传为周的始祖，名弃。善于种植各种粮食作物，曾在尧、舜时代做农官，教民耕种。

②树艺：种植。

③契：人名，传说中商的始祖，姓子。曾任舜的司徒，掌管教化。

④放勋：尧的称号，原本是史官的赞誉之辞，后来成为尧的称号。

⑤劳之来之：劳、来都读为去声，劝勉，慰劳。

⑥皋陶：人名，相传为虞舜时掌管刑法的官。

⑦易：治。

耙田

耙田也是耕作的一种传统方式，传说最早于后稷教民耕作时出现，后来随着铁器冶炼技术的成熟，耕作水平也提高不少。

[译文]

“后稷教导老百姓耕种收割，栽培粮食作物；粮食作物成熟了，百姓也就得到了养育。人类的生活规律（往往是这样），吃得饱、穿得暖、住得舒适，要是没有教育，那（他们的生活情趣）就会接近于禽兽。圣人对此又深感忧虑，便派契做（掌管教育的）司徒官，教给人们以人与人之间的道德关系——父子之间要亲爱，君臣之间要有礼义，夫妇之间必须有内外之别，长幼之间必须有尊卑次序，朋友之间得有信用。放勋（尧）说：‘对广大百姓要天天慰劳他们，纠正他们，帮助他们，使他们各得其所，（遇到困难，）又援救他们，对他们施以恩德。’圣人这样（辛勤地为百姓操劳，）还有多余时间去耕田吗？

“尧把得不到舜（这样有力的助手）看作是自己心中忧虑的大事，舜也把得不到禹和皋陶（这样有力的助手）看作是自己心中忧虑的大事。那些把分管的百亩田地没有耕种好看作是自己忧虑的大事的，是农民。把财物分送给人只能算是小惠，教导别人行善可说是一片忠心，（但毕竟受益面不广，时间也有限，）只有为天下找到杰出的人才，才真正称得上是恩德广被的仁。所以把天下让给别人倒容易，为天下挑选到（有能力治理天下的）人才却是（天大的）难事。孔子说：‘尧作为帝王的确是伟大啊！（世上）只有天最伟大，（从古以来）只有尧能够效法天，对尧的无边圣德，百姓们简直找不到恰当的词语来形容它！了不起的帝王舜呀！他如此崇高地被拥戴登上帝位，却丝毫不以为乐呢！’尧舜治理天下，难道不要动脑筋吗？只是不把脑筋用到耕田上去罢了。

[原文]

“吾闻用夏[1]变夷[2]者，未闻变于夷者也。陈良，楚

产也，悦周公、仲尼之道，北学于中国。北方之学者，未能或之先也。彼所谓豪杰之士也。子之兄弟，事之数十年，师死而遂倍③之。昔者孔子没，三年之外，门人治任④将归，入揖于子贡，相向而哭，皆失声，然后归。子贡反，筑室于场，独居三年，然后归。他日，子夏、子张、子游，以有若似圣人，欲以所事孔子事之，强曾子。曾子曰：‘不可。江汉以濯(zhuó)之，秋阳以暴(pù)⑤之，皜皜⑥乎不可尚已！’今也南蛮鴃(jué)⑦舌之人，非先王之道，子倍子之师而学之，亦异于曾子矣。吾闻出于幽谷、迁于乔木者，未闻下乔木而入于幽谷者。《鲁颂》曰：‘戎、狄⑧是膺⑨，荆、舒⑩是惩⑪。’周公方且膺之，子是之学，亦为不善变矣。”

［注释］

①夏：指当时居住中原地区的民族。

②夷：古代对东部各族的统称，这里泛指居住于中原地区以外的部族。

③倍：同“背”，背叛。

④治任：准备行李。治，整治；任，负担。

⑤秋阳以暴：秋阳，秋天的太阳。周历比现在的农历早两个月，故“秋阳”相当于农历夏季的太阳。暴，同“曝”，晒。

⑥皜皜：光明洁白的样子。

⑦鴃：伯劳鸟。

⑧戎、狄：北方的异族。

⑨膺：击退。

⑩荆、舒：南方的异族。

⑪惩：抵御。

［译文］

“我只听说拿中国的文化习俗去同化边远落后民族的事，没有听说过（让

子贡庐冢

孔子死后，子贡在坟前搭棚，为其守孝三年方才离去。

中国人）被边远落后民族同化的。陈良，原是在楚国生长的，他喜爱周公和仲尼的学说，所以跑到北方来向中国学习。北方的学者，没有人能够超过他。他确实算得上是杰出的人物。你们兄弟俩跟他学习了几十年，可是（你们的）老师一死便立即背叛他。从前孔子去世，（守孝）三年已满，弟子们整理好行李担子将要各自回去，进去向子贡行礼告别，彼此望着号啕痛哭，声音都嘶哑了，然后才回去。子贡（跟同学们告别）回来后在墓地上建筑了一间屋子，在那里独自住了三年，这才回去。后来，子夏、子张和子游由于有若（的相貌）有点像圣人（孔子），想用侍奉孔子的礼节去侍奉他，强迫曾子同意。曾子说：‘使不得。（老师给我们的教育，）就像用江汉的水那样洗濯过我们，又像用盛夏的太阳那样曝晒过我们，（使我们志行洁白，意志坚强，）（老师那种）光明高大的境界简直没法达到。’现在（许行）这个来自南蛮满口方言的人，（居然）指责、反对我们古圣先王的法规，你们却背叛你们的老师反过来向他学习，这也就跟曾子完全不同了。我只听说鸟儿总是愿意从幽暗的山谷迁移到高树上去栖息的，却没有听说过从高树上迁下来到幽暗的山谷中去落户的。《鲁颂》说：‘要攻击戎狄，痛惩荆舒。’周公正是要攻击他们，你们却向这样的人学习，（你们）可算是不善于变通的人了。”

［原文］

“从许子之道，则市贾(jià)不贰①，国中无伪，虽使五尺②之童适市，莫之或欺。布帛长短同，则贾相若；麻缕丝絮轻重同，则贾相若；五谷多寡同，则贾相若；屦(jù)大小同，则贾相若。”

曰：“夫物之不齐，物之情也。或相倍蓰(xǐ)③，或相什百，或相千万。子比而同之，是乱天下也。巨屦小屦④同

贾(gǔ)，人岂为之哉？从许子之道，相率而为伪者也，恶能治国家？”

［注释］

①市贾不贰：贾通“价”；不贰，没有两样。

②五尺：古代尺寸短，五尺约相当于现在三尺多一点，约一米。

③倍蓰：倍，一倍；蓰，五倍。后文的什、百、千、万都是指倍数。

④巨屦小屦：粗糙的草鞋与精致的草鞋。

［译文］

陈相说：“按照许子的办法去做，就可以使市面上物价一律，国内没有弄虚作假的，就算是身高不满五尺的孩子上街去（买东西），也不会有人会欺骗他。棉布和丝绸长短一样，价钱也就大同小异；麻线和丝绵的轻重相同，价钱也就大同小异；各种谷物的多少一样，价钱也就大同小异；鞋子大小相同，价钱也就大同小异。”

孟子说：“各种货物的品种质量不一致，这是货物存在的客观情况。有的相差一倍到五倍，有的相差十倍到百倍，有的相差千倍到万倍。你把它们强拉在一起而等同起来，这是要造成天下的混乱。制作粗糙的鞋子和制作精细的鞋子卖同一价钱，人们怎么会干这样的（傻）事呢？按照许子的办法去做，简直是带着人们一同去弄虚作假，怎么能治理好国家呢？”

为亲负米

孔子的弟子子路十分孝顺，早年家中贫穷，自己采野菜做饭，却从百里之外负米回家侍奉双亲。父母死后，他做了大官，但想到双亲，心中悲哀不已，常慨叹即便是为父母负米，也不可得。

［原文］

墨者[1]夷之[2]因徐辟[3]而求见孟子。孟子曰：“吾固

愿见，今吾尚病，病愈，我且往见，夷子不来。”

他日，又求见孟子。孟子曰：“吾今则可以见矣。不直，则道不见，我且直之。吾闻夷子墨者，墨之治丧也，以薄为其道也。夷子思以易天下，岂以为非是而不贵也；然而夷子葬其亲厚，则是以所贱事亲也。”

徐子以告夷子。

夷子曰：“儒者之道，古之人若保赤子④，此言何谓也？之则以为爱无差等，施由亲始。”

徐子以告孟子。

[注释]

①墨者：墨家学派的人。墨家学派的创始人是墨翟。墨家主张“兼爱”“尚贤”“尚同”等，提倡“节用”“节葬”，反对厚葬。墨家学说反映了当时小生产者的利益。

②夷之：人名。

③徐辟：孟子弟子。

④若保赤子：见于《尚书·康诰》。

[译文]

墨家的门徒夷之通过徐辟的关系要求见孟子。孟子说：“我本来愿意见他，（无奈）现在我还在患病，病好了，我打算去看望他，夷子不必来（这里）。”

过了一些日子，（夷之）又要求谒见孟子。孟子说：“我现在就可以和他见面了。不直接地进行论辩，正确的道理就表现不出来，我准备直接地（和他）进行论辩。我听说夷子是墨家学派的信徒，墨家的办（父母）丧事，把薄葬看作是他们的正道。夷子想拿这个来移风易俗，难道会把薄葬看作不对而不加崇尚吗？可是夷子却厚葬他的父母，这就无异于是拿他们所轻贱的礼仪去对待双亲了。”

徐子把这些话告诉了夷子。

夷子说：“儒家的学说中确实有过这样的记载，古代的帝王对待老百姓就像爱抚初生的婴儿一样，这句话是什么意思呢？我就认为爱是没有差别的，但是实施这种爱却应该从自己的父母开始。”

徐子又把这些话转告了孟子。

［原文］

孟子曰：“夫夷子信以为人之亲其兄之子为若亲其邻之赤子①乎？彼有取尔也。赤子匍匐将入井，非赤子之罪也。且天之生物也，使之一本，而夷子二本故也。盖上世尝有不葬其亲者，其亲死，则举而委②之于壑(hè)。他日过之，狐狸食之，蝇蚋(ruì)③姑嘬(chuài)④之。其颡(sǎng)⑤有泚(cǐ)⑥，睨(nì)而不视。夫泚也，非为人泚，中心达于面目，盖归反虆(léi)⑦梩(lǐ)⑧而掩之。掩之诚是也，则孝子仁人之掩其亲，亦必有道矣。”

徐子以告夷子。夷子怃(wǔ)然⑨为间(jiàn)⑩曰：“命⑪之矣。”

［注释］

①赤子：婴儿。

②委：委弃，抛弃。

③蚋：蚊类小虫。

④嘬：噬，咬。

⑤颡：额头。

⑥泚：出汗的样子。

⑦虆：土筐。

⑧梩：古代一种挖土的工具。

⑨怃然：惆怅失意的样子。

⑩为间：即“有间”，过了一会儿。

⑪命：受命，领教。

董永卖身葬父

孝子对双亲侍奉至笃，尤重葬礼，东汉董永家贫，不得已卖身为奴，换取钱财来安葬父亲。

［译文］

孟子说：“那位夷子难道真的认为人们爱他哥哥的孩子和爱他邻居的婴儿是一样的么？古书中（若保赤子）的话是

用来打比方才这样说的，（那是说老百姓因为无知而犯法，就像）婴儿在地上爬着快要掉进井里去了，这并不是婴儿的罪过。（其实，平日人们爱自己的侄儿和爱邻居的婴儿还是有所不同的。）而且天生万物，使它们都只有一个根本，而夷子（却主张爱没有差别，认为爱别人的父母，等于爱自己的父母，）提出两个根本，这就是我要驳斥他的原因。大约上古时候曾经有过不埋葬父母的人，他的父母死了，就把他们的遗骸抬去抛到山沟里。后来路过那里，看见狐狸在吃他们，苍蝇、蚊子在吮叮他们。（心里难过得）额角冒汗，只是斜着眼睛瞟一下，连正视都不敢。那个人的流汗，并不是为了流给别人看的，而是出于真心难过，自然而然地在面上流露出来，大概他回去取了畚箕和铁锹掩埋了父母的遗体。这实在是做得对的，这样看来，孝子仁人埋葬他们的父母亲，一定也是有道理的。”

徐子再次把孟子的话告诉了夷子，夷子心中感到茫然若有所失，过了一会儿，说：“我衷心受教了。”

滕文公章句下

［原文］

陈代[1]曰："不见诸侯，宜若小然；今一见之，大则以王，小则以霸。且《志》曰：'枉[2]尺而直寻[3]。'宜若可为也。"

孟子曰："昔齐景公田[4]，招虞人以旌(jīng)[5]，不至，将杀之。志士不忘[6]在沟壑，勇士不忘丧其元[7]。孔子奚取焉？取非其招不往也。如不待其招而往，何哉？且夫枉尺而直寻者，以利言也。如以利，则枉寻直尺而利，亦可为与？昔者赵简子[8]使王良[9]与嬖(bì)奚[10]乘，终日而不获一禽。嬖奚反命[11]曰：'天下之贱工也。'或以告王良。良曰：'请复之。'强而后可，一朝而获十禽。嬖奚反命曰：'天下之良工也。'简子曰：'我使掌与女(rǔ)乘。'谓王良。良不可，曰：'吾为之范我驰驱[12]，终日不获一；为之诡遇[13]，一朝而获十。《诗》云[14]："不失其驰，舍矢如破。"我不贯[15]与小人乘，请辞。'御者且羞与射者比[16]，比而得禽兽，虽若丘陵，弗为也。如枉道而从彼，何也？且子过矣，枉己者，未有能直人者也。"

［注释］

①陈代：孟子的学生。

②枉：屈。

③寻：八尺为一寻。

④田：打猎。

⑤招虞人以旌：虞人，狩猎场的小官。古代君王召唤臣下，按规定要

有相应的物件作信物，旌旗是召唤大夫的，弓是召唤士的，若是召唤虞人，只能用皮冠。所以这个虞人不理睬齐景公用旌旗的召唤。《左传·昭公二十年》曾经载过这一件事，孔子对这个虞人有所称赞，所以下文孟子说到“孔子奚取焉”。

⑥不忘：不忘本来是常常想到的意思，虽然常常想到自己“在沟壑”和“丧其元”的结局，但并不因此而贪生怕死。所以，这里的“不忘”也可以直接理解为“不怕”。

⑦元：首，脑袋。

⑧赵简子：晋国大夫，名赵鞅。

⑨王良：春秋末年著名的善于驾车的人。

⑩嬖奚：一个名叫奚的宠臣。

⑪反命：复命。反同“返”。

⑫范我驰驱：使我的驱驰规范。范，使……规范。

⑬诡遇：不按规范驾车。

⑭《诗》云：引自《诗经·小雅·车攻》。意为按规范驾车，箭放出就能射中目标。

⑮贯：同“惯”，习惯。

⑯比：合作。

[译文]

陈代说：“不愿谒见诸侯，未免显得心地太狭小了点呢；假如现在要去谒见他们，弄得好呢，也许可以实行德政，帮助他们统一天下，即使不那么理想，也可以富国强兵，帮助他们称霸于世。况且以前的《志》书中也说过：‘受委屈不过一尺，而得伸直的却是八尺’。（相较之下，）应该说似乎是可以干的。”

孟子说：“从前齐景公去打猎，拿饰有羽毛的旗子召唤主管畋猎的小吏，小吏不来见，（景公）将要杀掉他。一个志士仁人正直不苟，不怕惨遭杀戮，尸填沟坑；一个大勇的人临危不乱，哪怕要掉脑袋，（这不是孔子当年赞颂这个管畋猎小吏的话么？）孔子赞扬他哪一点呢？就是赞扬他敢于坚守礼义，不接受不合乎礼仪的召唤。如果我不待诸侯以礼相招，便径自去谒见他们，那成什么话呢？而且那些所谓受委屈一尺，却能伸直八尺的话，只是从得到利益的观点而说的。如果单从利益的观点来考虑问题的话，那么只要能得到利益，即使委屈八尺伸直一尺的事，难道也可以干么？从前赵简子派王良替他的宠臣奚赶车（出去打猎），赶了一整天却没有打到一只鸟。奚回来向赵简子汇报道：‘（王良简直）是世上最蹩脚的赶车工。’有人把这个话告诉了王良。王良（向赵简子）说：‘请让我再给他赶一次车吧。’奚经过勉强劝说然后才答应，一个早上就打到了十只鸟。奚回来在赵简子面前夸奖王良道：‘（王良真）是世上最出色的赶车工。’简子说：‘那我就派他专门替你赶车。’（简子）把这件事跟王良说，王良不答应，说：‘我按照赶车的正当规矩替他赶着车奔驰，却整天打不到一只鸟；不按赶车的正当规矩去赶车，一个早上便打到十只鸟。（可见有问题的不是我的赶车技术，而是他的射猎本领和品德。）《诗经》里说过：“不违背赶车的正规，箭一发出便定有杀伤。”我不习惯替小人赶车子，请您同意我辞去这份差事。’一个赶车的人尚且以与一个不体面的射手合作为可耻，合作后打到的禽兽，尽管堆积如山，也不屑干。你怎么倒反劝我枉曲正道去屈从当今那些骄横无礼的诸侯呢？况且你（在下面这个问题上）弄糊涂了，凡是枉屈自己的人，没有一个能够使别人正直的。”

［原文］

景春[1]曰：“公孙衍[2]、张仪[3]岂不诚大丈夫哉？一怒而诸侯惧，安居而天下熄[4]。”

孟子曰：“是焉得为大丈夫乎？子未学礼乎？丈夫之冠也，父命之[5]；女子之嫁也，母命之，往送之门，戒之曰：‘往之女家，必敬必戒，无违夫子！’以顺为正者，妾妇之道也。居天下之广居，立天下之正位，行天下之大道；得志，与民由之，不得志，独行其道；富贵不能淫，贫贱不能移，威武不能屈，此之谓大丈夫。”

［注释］

①景春：战国时纵横家。

②公孙衍：魏国人，号犀首，著名的说客。

③张仪：魏国人，与苏秦同为纵横家的主要代表。致力于“连横”去服从秦国，与苏秦“合纵”相对。

④熄：指战火熄灭，天下太平。

⑤丈夫之冠也，父命之：古代男子到二十岁叫作成年，行加冠礼，父亲开导他。

[译文]

景春说："公孙衍、张仪这样的人难道不是真正可称之为大丈夫的么？他们如果发了怒，天下的诸侯便要为之战战兢兢，要是他们安定下来，天下便平安无事了。"

孟子说："这样的人又怎称得上是大丈夫呢！你没有学过礼吗？男子长大成人行冠礼时，由父亲主持其事，并面加教导；女儿出嫁时，母亲主持其事，将她送到门口，并警告她道：'去到你们家里，一定要恭敬，一定要遇事小心谨慎，不要违背丈夫的意志！'以婉顺为准则的，是妇人女子之道。只有住在（'仁'这个）天下最宽大的住宅里，站在（"礼"这个）天下最正确的位置上，走在（"义"这个）天下最正大的道路上；得志时跟老百姓一起循着这条道路前进，不得志时便独个儿照这个行事；厚禄高官不能扰乱我的心，家贫位卑不能改变我的行，威力相逼不能改变我的志向，这样的人才称得上是大丈夫。"

于谦

于谦是明朝的名臣，为人刚直不阿，在明英宗土木堡之变后力挽狂澜，救大明朝于水火之中。面对各种势力的威胁，他始终不动摇，力抗金兵，解救民众。于谦才是真正的"富贵不能淫，贫贱不能移，威武不能屈"的大丈夫。

[原文]

周霄[1]问曰："古之君子仕乎？"

孟子曰："仕。《传》曰：'孔子三月无君，则皇皇如也，出疆必载质。'公明仪曰：'古之人三月无君，则吊。'"

"三月无君则吊，不以急乎？"

曰："士之失位也，犹诸侯之失国家也。《礼》曰：'诸侯耕助[2]，

以供粢（zī）盛；夫人③蚕缫（sāo）④，以为衣服⑤。牺牲不成，粢盛不絜，衣服不备，不敢以祭。惟士无田，则亦不祭。’牲杀、器皿、衣服不备，不敢以祭，则不敢以宴，亦不足吊乎？”

［注释］

①周霄：战国时魏人。

②耕助：即“耕藉”。藉，藉田，帝王亲耕之田。古代每到开春，都有耕藉之礼，以示重视农业。其礼先由天子亲耕，然后三公九卿诸侯大夫等依次躬耕。

③夫人：诸侯的妻子。

④蚕缫：养蚕缫丝。

⑤衣服：这里指祭祀时所穿的衣服。

［译文］

周霄问道：“古代的君子做官吗？”

孟子说：“做官。上代的《传》里就说过：‘孔子只要三个月没有君主任命他做官，就感到心神不安，离开国境一定要随身携带进谒别的国君的见面礼。’公明仪也说：‘古代的人三个月不侍奉君主，朋友亲戚便要登门向他进行慰问。’”

周霄紧接着问：“三个月没有侍奉君主便要进行慰问，不是有点太急了吗？”

孟子说：“士人失掉职位，就像诸侯失掉了国家一样。《礼》书上说：‘诸侯带头参加藉田的耕种工作，就是为了供给祭品；诸侯夫人带头养蚕缫丝，就是为了供给祭服。祭祀用的牲畜养得不肥硕，粮食谷物不洁净，衣服不完备，不敢用来祭祀（祖先神祇）。士人要是没有供祭祀用的“圭田”，也就没有资

真宗祀鲁

古人对祭祀十分重视，孔子死后，他的弟子举办了很隆重的祭祀仪式。

格祭祀。'（祭祀用的）牲畜、器皿、衣服不完备，不敢用来祭祀，也就不敢用来摆宴席款待宾客，难道这还不该去进行慰问吗？"

［原文］

"出疆必载质，何也？"曰："士之仕也，犹农夫之耕也；农夫岂为出疆舍其耒(lěi)耜(sì)①哉？"

曰："晋国亦仕国②也，未尝闻仕如此其急。仕如此其急也，君子之难仕，何也？"曰："丈夫生而愿为之有室，女子生而愿为之有家。父母之心，人皆有之。不待父母之命、媒妁(shuò)③之言，钻穴隙相窥，逾墙相从，则父母国人皆贱之。古之人未尝不欲仕也，又恶(wù)不由其道。不由其道而往者，与钻穴隙之类也。"

［注释］

①耒耜：泛指耕地所用的农具。

②仕国：可出仕的国家。

③媒妁：妁与媒同义，均为古代的婚姻介绍人。

［译文］

周霄又问："离开国境一定要携带谒见别国君主的见面礼，这是为什么呢？"

孟子回答道："士人要做官，就跟农夫要种田一样，农夫怎么会因为背井离乡而抛下他的农具不要吗？"

周霄又说："我们魏国也是一个可以做官的国家，我从未听说过想做官竟到如此迫切的地步。想做官到了如此迫切的地步，君子却又偏偏这样难于做官，这又是为什么呢？"孟子说："男孩子一生下来（作为父母的）便愿意替他找个

乘夜逾墙

自古以来，男女逾墙相会之举都为君子所不齿，认为有伤风化，但是这种事情却时有发生。

好妻室，女孩子一生下来（作为父母的）便愿意替她找个称心如意的丈夫。当父母的这种心情，人人都会有吧！可要是（作为儿女的）不经过父母的许可、媒人的介绍，便扒墙打洞互相偷看，甚至爬过去进行幽会，那么父母和社会上的人士便都要瞧不起他们。古代的人不是不想做官，但又讨厌那种做官不择手段的行径。不经过正当门路而去做官的勾当，就跟男女扒墙打洞、偷情幽会的丑行一样为人所不齿。”

［原文］

彭更[1]问曰：“后车数十乘，从者数百人，以传食[2]于诸侯，不以泰[3]乎？”

孟子曰：“非其道，则一箪(dān)食不可受于人；如其道，则舜受尧之天下，不以为泰——子以为泰乎？”

曰：“否。士无事而食，不可也。”

曰：“子不通功易事[4]，以羡[5]补不足，则农有余粟，女有余布；子如通之，则梓(zǐ)、匠、轮、舆(yú)[6]皆得食于子。于此有人焉，入则孝，出则悌(tì)，守先王之道，以待(chí)[7]后之学者，而不得食于子。子何尊梓、匠、轮、舆，而轻为仁义者哉？”

［注释］

①彭更：孟子弟子。

②传食：指住在诸侯的驿舍（宾馆）里接受饮食。传，驿舍、宾馆。

③泰：同“太”，过分。

④通功易事：交流成果，交换物资。

⑤羡：余，多余。

⑥梓、匠、轮、舆：分别是制造木器、宫室、车轮、车厢的木匠。这里代指各类工匠。

⑦待：同“持”，扶持。

［译文］

彭更问道：“随队的车辆几十部，带领的学生几百人，辗转在诸侯的宾

先圣小像

孔子四体不勤、五谷不分，但是学识渊博，为人圣贤，守先王之道，门徒遍天下。故而虽在当时未得重用，但是被后人尊为圣人，地位之高无人能及。

馆里受到款待，这有点太过分了？”

孟子：“要是不合理，就算是一筐子饭也不可以接受别人的；要是合理的话，就是舜接受尧让给他的天下，也称不上过分，你认为过分吗？”

彭更说：“我不是这个意思。（我认为）士人不干具体工作，却接受人家的奉养，那是不可以的。”

孟子说：“你如果不实行各司其业，互换劳动产品，使各人拿自己多余的产品去补助别人的不足，那么，农民就会有剩余的粮食，妇女就会有剩余的布匹，（别人却缺衣少食）；你要是实行互通有无，那么，木匠、车工就都能从你那里得到供养。现在这里有个人，回到家里就孝顺父母，出到外面就尊敬长上，谨守古代圣王的法规，用这个来扶持、培养后来的学者，却得不到你的供养。你为什么这样尊敬木匠、车工，却瞧不起行仁义的人呢？”

［原文］

曰：“梓(zǐ)、匠、轮、舆(yú)，其志将以求食也；君子之为道也，其志亦将以求食与？”

曰：“子何以其志为哉！其有功于子，可食而食之矣。且子食志乎？食功乎？”

曰：“食志。”

曰：“有人于此，毁瓦画墁(màn)[1]，其志将以求食也，则子食之乎？”

曰：“否。”

曰：“然则子非食志也，食功也。”

［注释］

①墁：本义为粉刷墙壁的工具，这里指新粉刷过的墙壁。

［译文］

彭更说："木匠、车工（从事劳动），他们的目的在于解决吃饭问题；君子们学习、施行圣人之道，难道也是为了解决吃饭问题吗？"

孟子说："你为什么专拿他们的动机目的来说呢！他对你有功绩，你认为可受给养才给他给养。况且你是根据他的目的动机给他给养呢？还是根据他的功绩贡献才给他给养呢？"

彭更说："根据他的动机目的。"

孟子说："现在有个人在这里，打碎屋上的瓦，划破粉刷得好好的墙壁，他这样做的目的在于要饭吃，那么你给不给他饭吃呢？"

彭更说："不能给。"

孟子说："那么，你给人给养不是根据动机目的，而是根据功绩贡献啊。"

［原文］

万章[1]问曰："宋，小国也，今将行王政[2]，齐楚恶而伐之，则如之何？"

孟子曰："汤居亳(bó)[3]，与葛为邻，葛伯放而不祀。汤使人问之曰：'何为不祀？'曰：'无以供牺牲也。'汤使遗之牛羊。葛伯食之，又不以祀。汤又使人问之曰：'何为不祀？'曰：'无以供粢(zī)盛也。'汤使亳众往为之耕，老弱馈食。葛伯率其民，要其有酒食黍(shǔ)稻者夺之，不授者

轧蔗取浆图

匠人、农民等人从事劳动，目的就是为了解决生存问题。他们凭借自己的劳动结果挣得自己所需，养活自己，多劳多得，这是根据他们的功绩来得到给养。

杀之。有童子以黍肉饷，杀而夺之。《书》曰：‘葛伯仇饷。’此之谓也。为其杀是童子而征之，四海之内皆曰：‘非富天下也，为匹夫匹妇复仇也。’‘汤始征，自葛载’，十一征而无敌于天下。东面而征西夷怨，南面而征北狄怨，曰：‘奚为后我？’民之望之，若大旱之望雨也。归市者弗止，芸者不变。诛其君，吊其民，如时雨降，民大悦。《书》曰：‘徯我后，后来其无罚！’

[注释]

①万章：孟子弟子。

②王政：指宋王偃早期想实行仁政以图强兴国的事，后宋发生内乱，诸大国觊觎，宋为齐所灭。

③亳：邑名，在今河南商丘境内。

[译文]

万章问道："宋国是个小国家，现在准备要实行王政，齐楚两国却妒恨它这种善行，出兵攻打它，那该怎么办呢？"

孟子说："（当年）商汤居住在亳城，和葛国相邻，葛伯十分放肆，又不祭祀祖先神灵。汤派人去责问他：‘为什么不祭祀呢？’（葛伯）回答说：‘没有力量备办供祭祀用的牛羊。’汤便派人赠送牛羊给他，葛怕吃掉它们，并不拿去供祭祀。汤又打发人去责问他：‘为什么不祭祀呢？’回答说：‘没有力量备办供祭祀用的粮米。’汤便派遣亳地的群众去替他耕种，老弱一些的人便去（给耕田的人）送饭。葛伯却带领他的老百姓（中途）拦住那携着酒食饭菜的送饭人进行抢夺，不给的便杀掉。

脯林酒池

夏桀暴虐荒淫，做了酒池肉林，可以整日在里面嬉戏游乐。平时不理朝政，整个国家怨声载道，民不聊生。后来成汤带领民众起兵讨伐夏桀，百姓欢呼不已。

有个孩子携着饭和肉送到田间去，（他们）抢走肉饭，把他杀害了。《尚书》中说：‘葛伯跟送田饭的人为仇。’说的就是这回事。只是因为他杀死这个孩子，汤才出兵讨伐他，普天下的人都说：‘（汤的出兵，）不是想夺取天下的财富，而是为平民老百姓报仇。’（《尚书》上还说：）‘汤讨伐有罪的人，是从葛伯开始的。’一共进行了十一次征伐，普天之下没有遇到敌手。向东面出师讨伐时，西面的部族便要埋怨；向南面出师讨伐时，北面的部族便要埋怨，（他们）说：‘为什么要把我们放在后面（而不先来攻打）呢？’老百姓盼望汤的讨伐之师，就像天大旱的日子里盼望着下雨一样。（即使在战争的日子里，）做买卖的人没有闭市，除草的人没有停下他们除草的工作。惩罚那些暴虐的君主，安抚那些无辜的老百姓，就像天降下一场及时的大雨，老百姓皆大欢喜。《尚书》中说：‘（我们）恭候着我们君王的到来，君王来了我们就不再受罪了。’

[原文]

“‘有攸（yōu）不惟臣，东征，绥厥士女；篚（fěi）厥（jué）玄黄，绍我周王见休，惟臣附于大邑周。’其君子实玄黄于匪，以迎其君子；其小人箪食壶浆，以迎其小人。救民于水火之中，取其残而已矣。《大誓》曰：‘我武惟扬，侵于（hán）①之疆，则取于残，杀伐用张，于汤有光。’不行王政云尔，苟行王政，四海之内，皆举首而望之，欲以为君。齐楚虽大，何畏焉？”

[注释]

①于：即邗，古国名。下“取于残”之“于”同。

[译文]

“《尚书》中有过这样的记载：（商朝）攸国人不想臣服于周，所以武王才出师东征，去安抚那里的男女民众；（当周师东征的时候，）攸国的官吏都愿把黑色和黄色的绢绸装在竹篮里作为礼物，拿这个自我介绍觐见周王，争取周王的好感，使自己能臣服于大周国。’那些官吏们把黑色和黄色的绢绸装在竹篮里，带去迎接（周国的）官吏；那些老百姓提着饭篮和茶水去

妲己害政

商纣王是历史上有名的暴君，宠信妲己，残害大臣与黎民。百姓都对他怨恨不已，周武王带兵攻打商纣王，纣王手下的士兵全都阵前倒戈，反攻商纣。

迎接（周国的）士兵们。（可见武王出师，）为的不过是从水火中解救出老百姓，把残害他们的暴君除掉罢了。《太誓》里就说过：'发扬我们的威武，攻进邗国的疆土，除掉邗国害民的暴君，以此张大杀伐之功，那就比商汤还要更有荣光。'只怕宋（君）不肯实行王政，如果真的能实行王政，普天之下的人民都将抬起头来企望着他，想拥戴他为天下人的君主。齐国和楚国就算强大，又有什么可怕呢？"

[原文]

孟子谓戴不胜①曰："子欲子之王之②善与？我明告子。有楚大夫于此，欲其子之齐语也，则使齐人傅诸？使楚人傅诸？"

曰："使齐人傅之。"

曰："一齐人傅之，众楚人于咻（xiū）③之，虽日挞（tà）而求其齐也，不可得矣；引而置之庄、岳④之间数年，虽日挞而求其楚，亦不可得矣。子谓薛居州，善士也，使之居于王所。在于王所者，长幼卑尊皆薛居州⑤也，王谁与为不善？在王所者，长幼卑尊皆非薛居州也，王谁与为善？一薛居州，独如宋王何？"

[注释]

①戴不胜：人名，宋国大臣。

②之：向，往，到。

③咻：喧哗干扰。

④庄、岳：庄，街名；岳，里名，都在齐都城临淄城内。这里代指齐都中的闹市区。

⑤薛居州：宋国人。

［译文］

孟子对戴不胜说："你想你的君王朝好的方向走么？我明白地告诉你。如果有个楚国的大夫在这里，想使他的儿子学会讲齐国话，那么是让齐国人教他呢？还是让楚国人教他呢？"

戴不胜答道："派齐国人教他。"

孟子说："一个齐国人教他，许多个楚国人（在旁边）吵吵嚷嚷干扰他，那尽管天天鞭打他，要他学会讲齐国话，也是办不到的；要是把他领去放在齐国的庄、岳这儿的闹市住上几年，那么你就是天天鞭打他，要他恢复讲楚国话，也是办不到的。你说薛居州是个好人，推荐他住在宋王宫中。如果住在王宫中的人，无论年长、年幼、地位低、地位高的都是像薛居州一样的好人，那宋王又跟谁去干坏事呢？如果住在王宫中的人，年长、年幼、地位低、地位高的都不是像薛居州一样的好人，那宋王又跟谁去做好事呢？仅仅一个薛居州，怎么对付宋王呢？"

唐太宗面斥佞臣

环境对人的影响非常重要，所以贤明的君主都希望能够远离小人，亲近忠臣。历史上因为佞臣而祸国殃民的事情并不鲜见。唐太宗李世民因为吸取了前代的经验，所以特别注意疏远小人。宇文士及对太宗阿谀奉承，太宗毫不留情地当面斥责了他。

［原文］

公孙丑问曰："不见诸侯何义？"

孟子曰："古者不为臣不见。段干木[1]于逾（yú）垣而辟（bì）[2]之，泄（yì）柳[3]闭门而不内，是皆已甚；迫，斯可以见矣。阳货欲见孔子[4]，而恶无礼，大夫有赐于士，不得受于其家，则往拜其门。阳货瞰（kàn）孔子之亡也，而馈孔子蒸豚（tún）；孔子亦瞰[5]其亡也，而往拜之。当是时，阳货先，

岂得不见？曾子曰：‘胁肩谄(chǎn)笑，病于夏畦(qí)⑥。’子路曰：‘未同而言，观其色赧(nǎn)赧然，非由之所知也。’由是观之，则君子之所养，可知已矣。”

[注释]

①段干木：姓段干，名木，晋国人，孔子弟子子夏的弟子，清高而不屑为官。魏文侯去拜访他，他却翻墙逃走不见。

②辟：同“避”。

③泄柳：鲁缪公时的贤者。

④阳货欲见孔子：阳货想让孔子来拜见他。事见《论语·阳货》。

⑤瞰：窥视。

⑥胁肩谄笑，病于夏畦：胁肩，耸起肩头，故作恭敬的样子。胁肩谄笑形容逢迎谄媚的丑态。畦，本指菜地间划分的行列，这里指在菜地里劳动。

[译文]

公孙丑问道：“您不愿谒见诸侯是什么意思呢？”

孟子说：“古代的惯例，没有当诸侯的臣子，便不去谒见他。段干木跳墙躲避魏文侯，泄柳关起门来不接受鲁缪公的访问，这都已做得太过分了；要是对方逼着要见你，那还是可以见的。阳货想使孔子来见自己，但又怕失礼，（按当时的规定，）大夫如果赏赐东西给士，士要是正好不在家时，不能在家里亲自接受大夫的赏赐，就应该到大夫家登门拜谢。阳货打听到孔子不在家时，便赐给孔子一个蒸猪仔；孔子也窥伺到阳货不在家时，径到他家去拜谢。当这时，阳货先去赐东西给孔子，（孔子）怎么好不去回拜他呢？曾子说过：‘耸起两个肩头，（向人家）装出一副讨好的笑脸，那真比在盛夏的日子里到菜地去浇菜还要苦呢。’子路也说过：‘明明跟这个人志趣不相投，却要勉强去和人家攀谈，看看他那羞惭得满脸涨红的样子，我真不知道为什么而来。’从上面这些事例看来，一个君子应该如何来培养自己的品德和操守就可以一目了然了。”

[原文]

戴盈之①曰：“什一，去关市之征，今兹②未能，请轻之，以待来年，然后已，何如？”

孟子曰：“今有人日攘(rǎng)[3]其邻之鸡者，或告之曰：‘是非君子之道。’曰：‘请损之，月攘一鸡，以待来年，然后已。’如知其非义，斯速已矣，何待来年？”

[注释]

①戴盈之：宋国大夫。

②兹：年。

③攘：偷。

[译文]

戴盈之说：“恢复古代十分取一的税法，废除关卡和市场上对商品的征税制度，今年还不能做到，现在请先减轻一些税收，以便等到明年，再全都废除，怎么样？”

孟子说：“（譬如）现在有个每天偷邻居一只鸡的人，有人告诫他说：‘这个不是君子应有的行为。’他回答道：“请先减少一点，一个月偷一只鸡，等到明年，再洗手不干。’假如知道那件事做得不对，就该立即罢手，为什么要等到明年呢？”

严子陵

严子陵尊崇高义，不慕权贵，是后世人景仰的对象。他受到王莽的多次邀约，坚持不出。后好友刘秀做了皇帝，殷切相请，他看到官场的倾轧，便辞让不出，在富春江边隐居垂钓。

[原文]

公都子[1]曰：“外人皆称夫子好(hào)辩，敢问何也？”

孟子曰：“予岂好辩哉？予不得已也。天下之生久矣，一治一乱。当尧之时，水逆行，泛滥于中国，蛇龙居之，民无所定，下者为巢，上者为营窟。《书》曰：‘洚(jiàng)水警余。’洚水者，洪水也。使禹治之，禹掘地而注之海，驱蛇龙而放之菹。水由地中行，江、淮、河、汉是也。

险阻既远，鸟兽之害人者消，然后人得平土而居之。

“尧舜既没，圣人之道衰，暴君代作，坏宫室以为洿池，民无所安息；弃田以为园囿，使民不得衣食。邪说暴行又作，园囿、洿池、沛泽多而禽兽至。及纣之身，天下又大乱。周公相武王，诛纣伐奄②，三年讨其君，驱飞廉③于海隅而戮之，灭国者五十，驱虎、豹、犀、象而远之，天下大悦。《书》曰：‘丕显哉，文王谟！丕承哉，武王烈！佑启我后人，咸以正无缺。’

君臣惕益

舜命禹治水，禹采用疏导的方法，将洪水制服。于是天下安定，民众欣喜。舜因此封禹为司空，赐姓姒氏。后舜退位，由禹接替。

［注释］

①公都子：孟子弟子。

②奄：国名，原附属商，其地在今山东省曲阜附近。周公伐奄是周成王时的事。

③飞廉：商纣王的宠臣。

［译文］

公都子说：“外面的人都说老师您喜欢辩论，请问这是什么原因呢？”

孟子说：“我难道是喜欢辩论么？我（实在是）不得已呢。人类社会产生已经很久了，治世和乱世总是轮换着出现。当尧的时候，洪水横流，在全国泛滥，到处被龙蛇盘踞，老百姓没有地方定居，低洼地方的人只好在树上搭窝，高地的人便凿出一个连一个的窑洞。《尚书》中说：“洚水警诫了我们。”洚水就是洪水。（当时舜）派禹治水。禹挖通河道把洪水导入海中，

周公

周公是周武王的弟弟，古代有名的贤人，孔子对其尤为推崇。他辅佐武王取得天下，又用礼仪教化人民，使民知廉耻羞恶。

又把（那些为害人们的）龙蛇驱逐到草泽中去。（于是）水便被纳入河道中流，这就是长江、淮水、黄河和汉水。洪水给人们带来的危险和不方便已经没有了，为害人们的鸟兽之灾也消除了，然后人们才得以回到平地上来安居。

“尧舜去世后，圣人（治国爱民）之道就逐渐衰微了，暴虐的君主代代都产生过，（他们）拆毁民房来挖成深池，弄得老百姓无处安居；破坏农田来做园林，坏了老百姓的衣食。（于是）荒谬的学说和残暴的行为又出现了，园林、池沼、草泽多了，禽兽也就随之而来了。到了商纣的时候，天下又发生了大乱。（于是）周公辅佐武王，出兵攻打纣王，并讨伐（助纣为虐的）奄国，三年之内，诛杀了纣王，把纣王的坏臣子飞廉赶到海边上杀死了。被消灭的国家多达五十个，赶着老虎、豹子、犀牛、大象使其远逃别处，天下的老百姓（对此）十分高兴。《尚书》里说：‘多高明啊，文王的谋略！多无愧于先人啊，武王的功绩！帮助启发了我们后一辈，都能够因此正确地遵行王道，没有亏损的地方。’

[原文]

“世衰道微，邪说暴行有作，臣弑(shì)其君者有之，子弑其父者有之。孔子惧，作《春秋》[1]。《春秋》，天子之事也。是故孔子曰：‘知我者其惟《春秋》乎！罪我者其惟《春秋》乎！’

“圣王不作，诸侯放恣，处士横议，杨朱[2]、墨翟(dí)之言盈天下。天下之言不归杨，则归墨。杨氏为我，是无君也；墨氏兼爱，是无父也。无父无君，是禽兽也。公明仪曰：‘庖有肥肉，厩(jiù)有肥马；民有饥色，野有饿莩(piǎo)。此率兽而食人也。’杨墨之道不息，孔子之道不著，

是邪说诬民，充塞仁义也。仁义充塞，则率兽食人，人将相食。吾为此惧，闲先圣之道，距杨墨，放淫辞，邪说者不得作。作于其心，害于其事；作于其事，害于其政。圣人复起，不易吾言矣。

“昔者禹抑洪水而天下平，周公兼夷狄、驱猛兽而百姓宁，孔子成《春秋》而乱臣贼子惧。《诗》云：‘戎狄是膺(yīng)，荆舒是惩，则莫我敢承。’无父无君，是周公所膺也。我亦欲正人心，息邪说，距诐(bì)行，放淫辞，以承三圣者，岂好辩哉？予不得已也！能言距杨、墨者，圣人之徒也。”

[注释]

①《春秋》：春秋时期鲁国史官按年记载历史的书，孔子晚年曾对它进行删定。

②杨朱：战国初期思想家，魏国人，字子居，又称杨子、阳子或阳生。他主张“为我”“全性葆真”，不拔一毛以利天下，与墨翟的“兼爱”主张相反。

禹庙松涛

禹陵又称禹庙，位于浙江会稽山麓，是后世人为了纪念禹的功绩而建。禹治水十三年，三过家门而不入，治水成功后，来到这里的会稽山庆功，死后也葬在这里，因此后世人便建了大禹陵来纪念他。

[译文]

“（不久）世风日渐衰微，王道衰颓，荒谬的学说和残暴的行为又出现了，臣子杀害君主的事有，儿子杀害父亲的事也有。孔子（对此）深感忧惧，便编了《春秋》这部书。《春秋》（对天子、诸侯、大夫‘褒善贬恶’，）是天子权限内的事。所以孔子说：‘了解我的，怕只在《春秋》这部书吧！责怪我的，恐怕也是因《春秋》这部书吧！’

“圣明的帝王没有产生，诸侯们横行无忌，为所欲为，一些在下面的学者们乱发议论，不顾影响，杨朱、墨翟的学说盛极一时，几乎到了满天飞的地步。一般人的论调不属杨派，就属墨派。杨派一切为了自己，这是目无君主；墨派主张不分亲疏，一视同仁，这是目无父母。目无君主和父母，这是禽兽的行为。公明仪说：‘厨房里摆着肥肉，马栏里喂着肥马；（可是，）老百姓却饿得面黄肌瘦，野外到处摆着饿死者的尸体。这无异于是带领着野兽去吃人。’杨派、墨派的学说不停止流行，孔子的学说便得不到发扬光大，这简直是任从邪说坑害老百姓，阻塞仁义的道路。仁义的道路一被阻塞，这就等于是带领野兽去吃人，一定会出现人吃人的惨状。我对这个深感忧惧，（所以，挺身而出，）学习和捍卫先代圣人的学说，抨击杨派和墨派，驳斥那些乌七八糟的言论，使荒谬学说再找不到市场。（这种荒谬的学说，）从心里产生出来，便要给工作带来危害；工作受了危害，也就危害了整个政治。（我想）后世再有圣人出现，也不会改变我这些话的。

“从前，大禹治好了洪水，天下就太平了，周公征服了夷狄，赶走了猛兽，老百姓便安宁了，孔子著成了《春秋》，（褒善贬恶，）那些胡作非为的乱臣贼子便感到十分害怕。《诗经》里说：‘（我）一攻打戎狄，惩罚荆舒，就没有人敢抵挡我了。’那些目无君主父母的人，便正是周公所要惩罚的对象。我也要端正人心，根绝谬论，反对阴险的行径，驳斥无耻的谎言，来继承大禹、周公、孔子三位大圣人的业绩，我难道是喜欢辩论吗？实在是为情所逼啊。只要是能够著书立言以反对杨、墨学派的人，便不愧是圣人的门徒了。”

［原文］

匡章[1]曰：“陈仲子[2]，岂不诚廉士哉！居於陵[3]，三日不食，耳无闻，目无见也。井上有李，螬(cáo)[4]食实者过半矣，匍匐往将[5]食之；三咽，然后耳有闻，目有见。”

孟子曰：“于齐国之士，吾必以仲子为巨擘(bò)[6]焉。虽然，仲子恶能廉？充仲子之操，则蚓而后可者也。夫蚓，上食槁(gǎo)壤，下饮黄泉。仲子所居之室，伯夷[7]之所筑与？抑亦盗跖(zhí)[8]之所筑与？所食之粟，伯夷之所树与？抑亦盗跖之所树与？是未可知也。”

［注释］

①匡章：齐国名将，其言行见于《战国策·齐策》和《吕氏春秋·不屈》。

②陈仲子：齐国人，世称陈仲、田仲，又称於陵仲子。《淮南子·氾论训》说他“不入（同污）君之朝，不食乱世之食，遂饿而死”。

③於陵：地名，在今山东长山县南，距临淄约二百里。

④螬：即蛴螬，俗称“地蚕”“土蚕”，是金龟子的幼虫。

⑤将：拿，取。

⑥巨擘：大拇指，引申为在某一方面杰出的人或事物。

⑦伯夷：见《公孙丑上》第二章注。这里以伯夷代表廉洁的人。

⑧盗跖：春秋时有名的大盗，姬姓，展氏，名跖，柳下惠的兄弟。这里以盗跖代表恶人。

［译文］

匡章说：“陈仲子难道不是个廉洁的人么？（他）住在於陵，三天没有吃东西，（已经饿得）耳朵听不到声音，眼睛看不见东西了。井台上有只（从树上掉下的）李子，桃核虫咬食了它的大半果肉，（他无力地）爬上前去，捡起这个李子来就吃，（也顾不上细细咀嚼）吞咽了三口，这才恢复了耳朵的听觉和眼睛的视觉。”

孟子说：“在齐国的人士中，毫无疑问我将推仲子为首屈一指的人物。尽管如此，但仲子又怎么称得上廉洁呢？如果要彻底实现仲子的操守，那就只有变成蚯蚓然后才可以。蚯蚓这种虫，在地面上吃干巴巴的尘土，在地层深处饮清洁的黄泉。仲子所住的房子，是伯夷建造的呢？还是盗跖建造的呢？所吃的粮食，是伯夷种的呢？还是盗跖种的呢？这些都是不能知道的。”

仲子赏月

［原文］

曰：“是何伤哉？彼身织屦(jù)，妻辟纑(lú)[1]，以易之也。”

曰：“仲子，齐之

世家也；兄戴，盖[2]禄万钟。以兄之禄为不义之禄而不食也，以兄之室为不义之室而不居也，辟兄离母，处于於陵。他日归，则有馈其兄生鹅者，己频顣(cù)[3]曰：'恶用是鶃(yì)鶃[4]者为哉？'他日，其母杀是鹅也，与之食之。其兄自外至，曰：'是鶃鶃之肉也。'出而哇[5]之。以母则不食，以妻则食之；以兄之室则弗居，以於陵则居之。是尚为能充其类也乎？若仲子者，蚓而后充其操者也。"

[注释]

①辟纑：绩麻练麻。绩麻为辟，练麻为纑。

②盖：齐国地名，是陈戴的食邑。

③频顣：即颦蹙，不愉快的样子。

④鶃鶃：鹅叫声。

⑤哇：吐。

[译文]

匡章说："这打什么紧呢？他亲自编织草鞋，妻子绩麻搓线，拿去换吃的、住的。"

孟子说："仲子，出身齐国的世族家庭；他的哥哥陈戴，封地盖邑每年能收到禄米几万石。（仲子）认为他哥哥的俸禄是不义的财物，便不食用；认为哥哥的房子是不义的产业，便不居住，避开哥哥，脱离母亲，（一个人）住在於陵。后来有一天回家看望母亲，正好碰上有个送一只活鹅给他哥哥的人。（仲子）独自皱着眉头说：'要这只呃呃叫的怪东西派什么用场呢？'过了些日子，他的母亲杀了这只鹅，拿给他吃。（当他正吃的时候）他哥哥从外面进来，说：'这便是那个呃呃叫的怪东西的肉。'（仲子一听，）便跑到外面去，'哇'的一声全都吐出来了。因为是母亲的东西便不吃，因为是妻子的东西便吃了；因为是哥哥的房子便不住，因为是於陵的地方便住下。这样还能算是廉洁到顶了吗？像仲子这样的人，恐怕只有把自己变成蚯蚓然后才能把廉洁之风推向顶点吧。"

离娄章句上

[原文]

孟子曰："离娄(lóu)①之明、公输子②之巧，不以规矩，不能成方员；师旷③之聪，不以六律④，不能正五音⑤；尧舜之道，不以仁政，不能平治天下。今有仁心仁闻⑥，而民不被其泽，不可法于后世者，不行先王之道也。故曰，徒善，不足以为政；徒法，不能以自行。《诗》云⑦：'不愆(qiān)⑧不忘，率⑨由旧章。'遵先王之法而过者，未之有也。圣人既竭目力焉，继之以规矩准绳，以为方员平直，不可胜用也；既竭耳力焉，继之以六律正五音，不可胜用也；既竭心思焉，继之以不忍人之政，而仁覆天下矣。故曰，为高必因丘陵，为下必因川泽。为政不因先王之道，可谓智乎？

[注释]

①离娄：相传为黄帝时人，目力极强，能于百步之外望见秋毫之末。

②公输子：即公输班（"班"也被写成"般""盘"），鲁国人，所以又叫鲁班，古代著名的巧匠。约生活于鲁定公或者哀公的时代，年岁比孔子小，比墨子大。事迹见于《礼记·檀弓》《战国策》《墨子》等书。

③师旷：春秋时晋国的乐师，古代极有名的音乐家。事迹见于《左传》《礼记》《国语》等。

④六律：中国古代将音律分为阴吕、阳律两部分，各有六种音。六律即阳律的六音，分别是太簇、姑洗、蕤宾、夷则、无射、黄钟。

⑤五音：中国古代音阶名称，即宫、商、角、徵、羽，相当于简谱中的 1、2、3、5、6 这五音。

⑥闻：名声。

⑦《诗》云：引自《诗经·大雅·假乐》。

⑧愆：过失。

⑨率：遵循。

[译文]

孟子说："就算有离娄那样明敏的视力，公输般那样精巧的手艺，如果不用圆规和曲尺，就不能画出准确的方形和圆形；就算有师旷那样强的辨音能力，如果不用六律，就不能校正好五音；就算有尧舜那样高明的政治素养，如果不实行仁政，就不能把天下治理好。现在（一些诸侯）尽管有仁爱的心思和仁爱的声望，可是老百姓却不能蒙受他们的恩泽，也不足为后世的人所效法的原因，就是因为他们不能奉行先代圣王之道。所以说，单有善念不够凭借来办好政治，只有良法不能自动执行，（只有二者密切配合，才能做到法行政举。）《诗经》里说过：'不要犯偏差，也不要有所遗漏，一切循照旧的规章。'遵循古先圣王的法规行事而产生过失，几乎是从来没有的事。古代圣人既竭尽自己的目力进行测视，接着又用圆规、曲尺、水平仪和绳墨来造方的、圆的、平的、直的各种东西，那些东西便用之不尽了；（古代圣人）既竭尽自己的听力来辨音，接着又用六律来校正五音，这种经过校正的音调也就用之不尽了；（古代圣王）既竭尽心思来考虑政事，接着又实行了从不忍人出发的仁政，这样他的仁爱便广被天下万民了。所以说，堆高山就必须凭借原有的丘陵高地，挖深池就必须利用原有的河流沼泽。办理政治不凭借（行之有效的）古先圣王之道，能称得上是明智吗？

嬖佞戮贤

国君是一国之尊，是民众的准则，如果国君行为不正，底下纲纪也不容易实施。西汉时哀帝宠信董贤，甚至升他为大司马，也纳他的妹妹做昭仪，并让董贤与其妻一同入宫侍奉。著名的"断袖之癖"就源于此。哀帝为了董贤，不惜与大臣决裂，杀害了几名劝谏疏远董贤的官员。

[原文]

"是以惟仁者宜在高位，不仁而在高位，是播其恶于

众也。上无道揆（kuí）①也，下无法守也，朝不信道，工不信度，君子犯义，小人犯刑，国之所存者，幸也。故曰，城郭不完，兵甲不多，非国之灾也；田野不辟，货财不聚，非国之害也。上无礼，下无学，贼民兴，丧无日矣。《诗》曰：‘天之方蹶（jué），无然泄泄（yì yì）②！’泄泄，犹沓沓也。事君无义，进退无礼，言则非③先王之道者，犹沓沓也。故曰，责难于君谓之恭，陈善闭邪谓之敬，吾君不能谓之贼。”

［注释］

①揆：度量。

②《诗》曰：引自《诗经·大雅·板》。蹶：动。泄泄：多言，话多。

③非：诋毁。

［译文］

“所以只有仁爱的人才适合处在较高的统治地位上，不仁爱的人处在较高的位子上，这就等于把他的劣迹散播到群众中去。在上的国君没有掌握正确的道术用以揣测天意民心，在下的臣民没有正确的法度可供遵守，朝廷上不相信道义，下面的工匠们否认尺度，做官的人违反义理，老百姓轻犯刑法，（在这样的情况下）国家还能存在，那真是侥幸的事。所以说，城墙不坚牢，武器装备不足，不是国家的灾难；农田没有开发，财富没有收聚，不是国家的祸害。（只有）在上位的人不讲礼义，居于臣下的人又不愿意学习，造反的老百姓起来了，那亡国的日子就没有多远了。《诗经》里又说：‘老天正要降祸乱，不要多嘴多舌来附和。’‘泄泄’和‘沓沓’差不多，都是嘈杂多言随声附和的意思。事君不过问做得对不对，进退不讲究礼法，开口便诋毁先代圣王之道，这种人跟多言无义的‘沓沓’者是一路货色。所以，责求君主行他所认为难行的事——即行先王的仁政，就叫作‘恭’，向君主陈说善道，阻塞邪念，就叫作‘敬’，认为‘我的君主不能行仁政’，就叫作‘贼’（有贼害的意思）。”

[原文]

孟子曰："规矩，方员之至也；圣人，人伦之至也。欲为君，尽君道；欲为臣，尽臣道。二者皆法尧舜而已矣。不以舜之所以事尧事君，不敬其君者也；不以尧之所以治民治民，贼其民者也。孔子曰：'道二，仁与不仁而已矣。'暴其民甚，则身弑国亡；不甚，则身危国削。名之曰'幽''厉'①，虽孝子慈孙，百世不能改也。《诗》云②：'殷鉴不远，在夏后之世。'此之谓也。"

[注释]

①幽、厉：谥号名。《逸周书·谥法解》说："动祭乱常曰幽，杀戮无辜曰厉。"

②《诗》云：出自《诗经·大雅·荡》。

[译文]

孟子说："圆规和曲尺，是最方最圆无以复加的极则；（同样，）古代圣人也是做人到达尽善尽美地步的极限。想做（一个好的）君主，便要尽君主之道；想做（一个好的）臣子，便要尽臣子之道。二者都不过是要效法尧舜罢了。不用舜侍奉尧的忠诚态度侍奉自己的君主，便是不尊敬君主的人；不用尧治理百姓的挚爱心情治理自己的百姓，便是残害百姓的人。孔子说过：'治理国家的方法不外两种，也即是行仁政与不行仁政罢了。'（一个君主）残暴地虐待他的老百姓，（其后果是：）重则本身被杀，国家灭亡；轻则本身危险，国势削弱。死后蒙上'幽''厉'的恶名，后代尽管出了有作为的子孙，哪怕经过了数百代，也是更改不了这种坏名声的。

桀伐蒙山

夏桀暴虐无道，天下怨愤，成汤于是率领民众起兵讨伐他。

《诗经》里有这么两句话：‘殷商的鉴戒并不在远，就在夏的朝代。’说的就是这个意思。”

[原文]

孟子曰：“三代之得天下也以仁，其失天下也以不仁。国之所以废兴存亡者亦然。天子不仁，不保四海；诸侯不仁，不保社稷；卿大夫不仁，不保宗庙①；士庶人不仁，不保四体。今恶死亡而乐不仁，是犹恶醉而强②酒。”

[注释]

①宗庙：这里指采邑（封地），因为卿大夫先有采邑然后才有宗庙。

②强：勉强。

[译文]

孟子说：“夏商周三代的开国之君禹、汤、文武得到天下是由于仁爱，它们的末代君主桀、纣、幽厉失去天下则是因为不施行仁政。诸侯国家兴盛、衰败和生存、灭亡，这正是原因。天子要是不仁，就不能保住四海之内的土地（即天下）；诸侯要是不仁，就不能保住国家；公卿大夫要是不仁，就不能保住祖先的宗庙；士子和老百姓要是不仁，就不能保全自己的身体。现在有些人讨厌死亡，但却乐意干坏事，这就跟不喜欢喝醉酒却又偏偏要勉强去喝酒的人一样。”

[原文]

孟子曰：“爱人不亲，反其仁；治人不治，反其智；礼人不答，反其敬。行有不得者，皆反求诸己，其身正，而天下归之。《诗》云①：‘永言配命，自求多福。’”

[注释]

①《诗》云：出自《诗经·大雅·文王》。

[译文]

孟子说：“自己爱别人，别人却不爱自己，自己便需要反躬自问：‘难道是我对别人的仁爱还不够吗？’自己管理（或领导）别人，别人却不服管理（或领导），自己便应该反躬自问：‘难道是我智谋不够吗？’自己对别人很有礼貌，别人却不加理睬，自己便应该反躬自问：‘难道是我恭敬还不够吗？’凡是自己的行为没有得到预期效果的都要反过来从自己身上去找原因，自身做对了，天下的人自然而然会归向自己。《诗经》里就说过这样的话：‘永远修德配天命，多福还得自己求。’”

[原文]

孟子曰：“人有恒①言，皆曰‘天下国家。’天下之本②在国，国之本在家，家之本在身。”

[注释]

①恒：经常。

②本：根本。

[译文]

孟子说：“人们有句口头常说的话，都说是‘天下国家’。可见天下的根本在国，国的根本在家，家的根本则在于各个人本身。”

[原文]

孟子曰：“为政不难，不得罪于巨室①。巨室之所慕②，一国慕之；一国之所慕，天下慕之。故沛然③德教溢乎四海。”

[注释]

①巨室：庞大的家族，指当时具有较大政治影响力的卿大夫的家族。

曾国藩

曾国藩笃信修身齐家治国平天下的信念，时时反省自己的言行。他还以此来教导子弟，立人为本，得以屹立朝廷几十年。

②慕：倾慕、仰慕。

③沛然：声势浩大的样子。

[译文]

孟子说："办理政治并不难，（关键在于自己修身养性，）不得罪那些很有影响的贤卿大夫的家族。因为那些贤卿大夫的家族所仰慕的，一国的人便也都会争着仰慕；一国的人所仰慕的，普天下的人便同样会争着仰慕，所以你的德教便会声势浩大、不可遏抑地充溢于天下了。"

[原文]

孟子曰："天下有道，小德役大德，小贤役大贤；天下无道，小役大，弱役强。斯二者，天也。顺天者存，逆天者亡。齐景公曰：'既不能令，又不受命，是绝物也。'涕出而女于吴①。今也小国师大国而耻受命焉，是犹弟子而耻受命于先师也。如耻之，莫若师文王。师文王，大国五年，小国七年，必为政于天下矣。《诗》云：'商之孙子，其丽不亿。上帝既命，侯于周服。侯服于周，天命靡常。殷士肤敏，祼(guàn)将于京②。'孔子曰：'仁不可为众也。夫国君好仁，天下无敌。'今也欲无敌于天下而不以仁，是犹执热而不以濯(zhuó)也。《诗》云③：'谁能执热，逝不以濯？'"

[注释]

①涕出而女于吴：事见《说苑·权谋》记载。齐景公惧怕吴王阖闾伐齐，不得已把女儿嫁给阖闾。送别女儿时，哭着说："余死不汝见矣。"又说："余有齐国之固，不能以令诸侯，又不能听，是生乱也。寡人闻之，不能令，则莫若从。"

②《诗》云：出自《诗经·大雅·文王》篇。祼：宗庙祭祀的一种仪式，把郁鬯酒浇在地上以迎接鬼神。将：助。

③《诗》云：出自《诗经·大雅·柔桑》篇。

［译文］

周文王

孟子说：“天下太平、政治上了轨道的时候，道德平庸的人供道德高尚的人役使，才能一般的人供才能高超的人役使；天下不太平，政治乱了套的时候，小国被大国奴役，弱国被强国奴役。这两种情况，都是天的意志所决定的。顺从天意的就能生存，违背天意的就要灭亡。齐景公说过：‘既没有能力命令别人，又不愿接受别人的命令，这是自绝于人。’他只得流着眼泪把女儿嫁到了吴国。现在一些小国学着大国一样奢侈享乐，却又不愿意接受大国的命令，这就跟学生把接受老师的命令看作是耻辱一样。要是果真以为可耻，就不如效法文王。效法文王，大国只消五年，小国只消七年，就一定可以统治整个天下了。《诗》里说过：‘商朝的子孙，人数不下十万。上帝既已授命文王，他们也只好向周朝臣服。他们臣服于周廷，可见上天的弃和取没有恒常。殷朝的臣子壮美而又聪敏，他们将要去灌酒助祭于周京。’孔子说过：‘仁者力量的大小是不能以人数的多少来判定的。如果国君爱好仁德，他就会无敌于天下。’现在有些人一心想自己无敌于天下却又不施行仁政，这就像是想手执烫东西而又不愿用冷水浇手一样。《诗经》中说得好：‘谁能手执烫东西，却不用水来浇濯？’”

［原文］

孟子曰：“不仁者可与言哉？安其危而利其菑[1]，乐其所以亡者。不仁而可与言，则何亡国败家之有？有孺子歌曰：‘沧浪[2]之水清兮，可以濯（zhuó）我缨；沧浪之水浊兮，可以濯我足。’孔子曰：‘小子听之！清斯濯[3]缨（yīng）[4]，浊斯濯足矣，自取之也。’夫人必自侮，然后人侮之；家必自毁，而后人毁之；国必自伐，而后人伐之。《太甲》曰：‘天作孽，犹可违；自作孽，不可活。’此之谓也。”

[注释]

①菑：同“灾”。

②沧浪：前人有多种解释。或认为是水名（汉水支流），或认为是地名（湖北均县北），或认为是指水的颜色（青苍色）。

③濯：洗。

④缨：系帽子的丝带。

[译文]

孟子说：“对于那些不施仁爱的人，怎可用言词来说服他们呢？处境危险，他们却视为安全，灾祸临头，他们却视为大吉大利，分明是自取灭亡的勾当（指不施仁爱），他们却当作无上的快乐。如果不仁的人而可用言词说服的话，那世上怎么还会有什么亡国败家的惨剧发生呢？从前有个儿童唱着一首这样的歌：‘碧绿的河水清又清，可以洗我帽上的缨；碧绿的河水忽变浊，可以洗我的泥巴脚。’孔子在一旁听了说：‘后生们听呀！水清就可以洗帽缨，水浊就可以洗脚，这都是由水本身的性质决定的。’（由此可见，）人们一定是自己先有招致侮辱的言行，然后别人才敢侮辱他；一个家族一定是自己先出现了漏洞，然后别人才会来毁坏它；一个国家一定是自己先给人以讨伐的借口，然后别人才来讨伐它。《尚书·太甲篇》的‘天造的孽，人们还可以逃避；如果是自己造下孽，那就活也活不了’。正是这个意思。”

[原文]

孟子曰：“桀纣之失天下也，失其民也；失其民者，失其心也。得天下有道：得其民，斯得天下矣。得其民有道：得其心，斯得民矣。得其心有道：所欲与之聚之，所恶勿施尔也①。民之归仁也，犹水之就下、兽之走圹(kuàng)②也。故为渊驱鱼者，獭(tǎ)也；为丛驱爵(què)③者，鹯(zhān)④也；为汤、武驱民者，桀与纣也。今天下之君有好仁者，则诸侯皆为之驱矣；虽欲无王，不可得已。今之欲王者，犹七年之病求三年之艾⑤也；苟为不畜，终身不得。苟

不志于仁，终身忧辱，以陷于死亡。《诗》云[6]：‘其何能淑[7]，载胥[8]及[9]溺(nì)[10]。’此之谓也。”

唐太宗赐房玄龄

唐太宗李世民文治武功，仁义泽被天下。起初随父起事，各方征战，许多有才之士为他折服，纷纷前来投靠。房玄龄本是隋朝旧臣，但见杨广暴行无端，人民怨愤，也归顺李世民，为他出谋划策。李世民登基后，房玄龄也兢兢业业，处理大小事务，为贞观之治奠定基础。

[注释]

①尔也：如此罢了。

②圹：同“旷”，旷野。

③爵：同“雀”。

④鹯：一种像鹞鹰的猛禽。

⑤艾：即陈艾，常用于灸病，存放时间越久，疗效越好。

⑥《诗》云：引自《诗经·大雅·桑柔》。

⑦淑：善，好。

⑧胥：相。

⑨及：与。

⑩溺：落水。

[译文]

孟子说：“桀、纣两个暴君之所以会丧失天下，是由于失去了老百姓的拥护；而失去老百姓拥护的原因，又是因为失去了民心。要得到天下有它的方法：得到天下老百姓的拥护，就能得到天下。得到天下老百姓拥护有它的方法：得到天下的民心，便能得到天下老百姓的拥护。得到天下的民心有它的方法：他们所需要的，便替他们收聚起来，他们所不愿意接受的，便不要强加到他们的头上去，不过这样罢了，（难道还有别的什么窍门吗？）老百姓归向于仁政，就像水往低处流，兽朝旷野跑。所以替深渊赶来游鱼的是水獭，替森林赶来飞鸟的是猛禽，替汤王和武王赶来老百姓的是夏桀和商纣。现在天下的国君中只要有爱好仁德、施行仁政的，那么其他的诸侯便都会替他把老百姓赶到境内来；这样的好国君，就算他不想统一天下，也是办不到的。现在那些妄想统一天下的人，就好像患了七年的久病，需要谋取三年的陈艾来医治一样；如果平时不去蓄藏，那就一辈子也得不到。

（一个国君）如果对施仁政不感兴趣，那他就要一辈子处在忧愁和受凌辱之中，一直到他死亡。《诗经》里说过：‘（这样子胡作非为）又怎么能把事办好，到头来还是一块儿沉入深渊。’说的就是这种人。”

［原文］

孟子曰：“自暴[1]者，不可与有言也；自弃者，不可与有为也。言非[2]礼义，谓之自暴也；吾身不能居仁由义，谓之自弃也。仁，人之安宅也；义，人之正路也。旷安宅而弗居，舍正路而不由，哀哉！”

［注释］

①暴：损害，糟蹋。

②非：诋毁。

［译文］

孟子说：“一个自暴的人，不能跟他谈正经话；一个自弃的人，不可以跟他有所作为。一个人讲起话来诋毁礼义，叫作‘自暴’；自认为不能心怀仁德、行合正道，叫作‘自弃’。仁，是人平安居住的住宅；义，是人应走的正路。空着住宅而不居住，舍弃了正路而不走，这是多么令人悲哀的事情啊！”

［原文］

孟子曰：“道在迩(ěr)[1]而求诸远，事在易而求诸难：人人亲其亲，长其长[2]，而天下平。”

［注释］

①迩：近。

②亲其亲，长其长：亲爱自己的双亲，尊敬自己的长辈。

［译文］

孟子说：“治理天下的方法本来就在近边，却要丢下它向远处去求，（自然那方法就离人更远了，）治理天下的事本是轻而易举的，却要向难处去寻找，（事情反而更难办了。）只要人人各自亲爱自己的双亲，各自尊敬自己的长辈，那么天下自然就可以治理好了。”

［原文］

孟子曰：“居下位而不获于上[1]，民不可得而治也。获于上有道，不信于友，弗获于上矣。信于友有道，事亲弗悦，弗信于友矣。悦亲有道，反身不诚，不悦于亲矣。诚身有道，不明乎善，不诚其身矣。是故诚者，天之道也；思诚者，人之道也。至诚而不动者未之有也；不诚，未有能动者也。”

［注释］

①获于上:《礼记》《中庸》也有这几句，郑玄注云:“获，得也。”获于上，是获得上级的信任之意。

［译文］

孟子说:“身处在下级的职位却不能得到上司的信任，便不可能治理好百姓。获得上司的信任有它的方法，一个人不被朋友所信任，便得不到上司的信任了。得到朋友的信任有它的方法，一个人侍奉父母却不能得到父母的欢心，便不会得到朋友信任了。得到父母的欢心有它的方法，一个人反省自身，缺乏诚意，便得不到父母的欢心了。要使本身具备诚心有它的方法，一个人不懂得什么是善，本身也就不会具备诚心了。所以诚心善性是天所赋予人的优良本性，考虑保持和发扬这种诚心善性是人为努力。一个人做到了至诚无伪而人们却不被感动，是绝对没有的事；缺乏诚心的人是不能感动别人的。”

［原文］

孟子曰：“伯夷辟纣，居北海之滨[1]，闻文王作，兴曰：‘盍归乎来！吾闻西伯[2]善养老者。’太公[3]辟纣，居东海之滨[4]，闻文王作，兴曰：‘盍(hé)归乎来！吾闻西伯善养老者。’二老者，天下之大老也，而归之，是天下之

父归之也。天下之父归之，其子焉往？诸侯有行文王之政者，七年之内，必为政于天下矣。”

姜太公

姜尚，即太公，后世人多称其为姜子牙。本为殷商大臣，不满纣王的暴虐，逃离朝歌，到磻溪隐居垂钓。姜尚垂钓用直钩，且钩在水面上，名为垂钓，实则待王侯相约。后文王出外访贤，拜姜尚为相，辅佐天下。

[注释]

①北海之滨：其地在今濒临渤海的河北昌黎一带。

②西伯：即周文王。

③太公：即姜太公，因祖先曾封于吕地，故又姓吕，名尚，字子牙，号太公望。曾辅佐文王、武王灭商建立周朝。

④东海之滨：其地在今山东莒县东部。

[译文]

孟子说：“伯夷逃避暴君纣王的统治，隐居在北海边上，听说文王兴盛起来了，精神振奋地说：‘我为什么不归到那里去呢！我听说西伯是善于奉养老人的人。’太公姜尚逃避暴君纣王的统治，隐居在东海边上，听说文王兴盛起来了，精神振奋地说：‘我为什么不归到那里去呢！我听说西伯是善于奉养老人的人。’伯夷和太公二位老人，是天下德高望重的著名老人，而他们都归到西伯（即文王）那里去，这就等于是天下的父老归向西伯（即文王）了。天下的父老都归向他，他们的儿子一辈（不归向他）又归向谁呢？当今的诸侯们中如果有效法文王愿意实行仁政的，用不了七年时间，就一定能统一天下了。”

[原文]

孟子曰：“求也为季氏宰①，无能改于其德，而赋粟倍他日。孔子曰：‘求非我徒也，小子鸣鼓而攻之可也！’由此观之，君不行仁政而富之，皆弃于孔子者也，况于为之强战？争地以战，杀人盈野；争城以战，杀人盈城。此所谓率土地而食人肉，罪不容于死。故善

战者服上刑，连诸侯者次之，辟草莱、任土地者次之。”

［注释］

①求也为季氏宰：求，冉求，孔子弟子。季氏，指季康子，鲁国卿。

［译文］

孟子说：“冉求虽然做了鲁国公卿季康子的家臣，没有能力改变他的所作所为，却帮着他向老百姓征收比往日增加一倍的粮谷。孔子说：‘冉求，已经不是我门中的人了，弟子们可以大张旗鼓地去责数他的过错！’从这件事看来，凡是去帮助不行仁政的君主搜刮财富的人，都是被孔子所唾弃的，何况对于那些为霸主们去努力作战的人呢！为了争夺土地而进行战争，往往杀人遍野；为了争夺城池而进行战争，往往杀人满城。这就是我们所说的为了土地而吞噬人肉，这种人罪大恶极，处以死刑还不足以偿还他们的罪恶。所以那些能征惯战的人应该受到最重的刑罚，那些搞‘合纵连横’唆使诸侯们拉帮结伙互相攻战的人该受次一等的刑罚，那些迫使百姓开荒山、尽地力以增加霸主们赋税收入的人也该受到更次一等的刑罚。”

［原文］

孟子曰：“存[1]乎人者，莫良于眸子。眸子不能掩其恶。胸中正，则眸子瞭[2]焉；胸中不正，则眸子眊(mào)[3]焉。听其言也，观其眸子，人焉廋(sōu)[4]哉？”

［注释］

①存：察。

②瞭：明。

③眊：不明，蒙眊。

④廋：藏匿。

［译文］

孟子说：“观察人的方法，没有比观察人的眼睛更好了。眼睛不能掩盖人们内心的丑恶。一个人心中正直，眼睛就显得清明；心中不正直，眼睛看上去就不免昏花。听一个人的话，观察他的眼神，这个人内心的好坏又怎么能隐藏得了呢？”

杨坚

杨坚开创隋朝时，勉力维持自己的形象，安抚民众。当时房玄龄年纪尚幼，与父到都城，见到杨坚的种种作为，房玄龄当时即预言杨坚是伪善之徒，隋朝很快便会灭亡。不久以后，杨坚果被其子杨广害死，隋朝之后也覆亡。

[原文]

孟子曰："恭者不侮人，俭者不夺人。侮夺人之君，惟恐不顺[1]焉，恶得为恭俭？恭俭岂可以声音笑貌为哉？"

[注释]

①顺：顺从。

[译文]

孟子说："一个真正恭敬的人不会侮辱别人，一个真正俭朴的人不会掠夺别人。那些侮辱、掠夺别人的君主，生怕别人不顺从他的欲望，又怎么做得到恭俭呢？恭俭这两种美德难道是可以单凭悦耳的声音和讨好的笑脸做得出来的吗？"

[原文]

淳于髡(kūn)[1]曰："男女授受不亲，礼与？"

孟子曰："礼也。"

曰："嫂溺，则援之以手乎？"

曰："嫂溺不援，是豺狼也。男子授受不亲，礼也；嫂溺，援之以手者，权[2]也。"

曰："今天下溺矣，夫子之不援，何也？"

曰："天下溺，援之以道；嫂溺，援之以手。子欲手援天下乎？"

[注释]

①淳于髡：齐国著名辩士，曾在齐威王、齐宣王和梁惠王的朝廷做官。事迹见于《战国策·齐策》《史记·孟子荀卿列传》《史记·滑稽列传》等。

②权：本指秤锤，衡量轻重。引申为衡量轻重而变通处理，即变通之意。

［译文］

淳于髡问（孟子）道："男女之间不亲手递接东西，这是礼制规定的吗？"

孟子说："是礼制的规定。"

淳于髡又说："要是自己的嫂嫂掉进河里，那么，是不是要用手去援救她上岸呢？"

孟子说："自己的嫂嫂掉进河里而不用手去援救，这是豺狼的行为。男女之间不亲手递接东西，这是礼制的规定；自己的嫂嫂掉进河里，可以直接用手去拉她上岸，这是变通的办法。"

淳于髡说："现在天下像掉进了深渊，你却不救助，为什么呢？"

孟子说："现在天下的人就像掉进了深渊中，得用道去援救；自己的嫂嫂掉进了河里，要用手去拉她。难道您要用手去救援掉进深渊中的天下老百姓吗？"

［原文］

公孙丑曰："君子之不教子，何也？"

孟子曰："势①不行也。教者必以正，以正不行，继之以怒。继之以怒，则反夷②矣。'夫子教我以正，夫子未出于正也。'则是父子相夷也。父子相夷，则恶矣。古者易子而教之，父子之间不责善。责善则离，离则不祥③莫大焉。"

［注释］

①势：情势。

②夷：伤害。

③祥：好的、有福的。

［译文］

公孙丑问道："做君子的不亲自教育儿子，是什么缘故呢？"

孟子答道："这是由于情势上行不通。执教的人一定要用正道去教育学生，用正道而不发生效果，执教的人随之而来的往往是被激怒。执教的人一被激怒，就反而伤了双方的感情。（儿子心里会这样非议父亲：）"您搬出正道来一本正经地教育我，您自己的所作所为却并未合乎正道。'这就伤了父子的感情。父子失和，可就坏了。古时候人们相互交换儿子来进行教育，父子之间避免互相拿正道来责求对方。父子之间互相拿正道来责求对方，彼此就会因此产生隔膜，彼此之间有了隔膜，那是最糟糕的事。"

［原文］

孟子曰："事，孰为大？事亲为大；守，孰为大？守身为大。不失其身，而能事其亲者，吾闻之矣；失其身，而能事其亲者，吾未之闻也。孰不为事？事亲，事之本也；孰不为守？守身，守之本也。曾子①养曾皙，必有酒肉；将彻，必请所与；问有余，必曰，'有'。曾皙死，曾元养曾子，必有酒肉；将彻，不请所与；问有余，曰：'亡矣'——将以复进也。此所谓养口体者也。若曾子，则可谓养志也。事亲若曾子者，可也。"

［注释］

①曾子：即曾参，春秋时鲁国人，与他的父亲曾皙同为孔子的弟子。

［译文］

孟子说："侍奉谁最为重要呢？侍奉父母最为重要；保持什么最为重要呢？保持一个人自身（使它不陷于不义）最为重要。不让自身陷于不义而又能侍奉好他的父母的人，我听说过；本身陷于不义，却能侍奉好父母的人，我没有听说过。什么长者不应该侍奉呢？可侍奉父母却是最根本的；什么正义的事不应该坚持呢？可坚持本身使其不陷于不义却是最根本的。曾子奉养他父亲曾皙，每顿饭一定要备办酒肉；用完餐将要撤去杯盘时，一定得请示父亲，余下的酒肉给谁吃；父亲要是问还有没有剩余，一定回答说有。曾皙死后，曾元奉养曾子，每顿饭也还是有酒肉，但用完膳将要撤席时，却不请示剩余的酒菜给谁吃；碰到父亲问还有没有剩余，就回答说没有了——为的是好将剩余的酒菜下餐再送上给父亲吃。这就是所谓养口腹的。像曾子，就称得上说是顺从亲意（不单是养口腹而已）。侍奉双亲能做到像曾子那样，就算行了。”

孝感动天

［原文］

孟子曰：“人不足与适[1]也，政不足间也，唯大人为能格君心之非。君仁，莫不仁；君义，莫不义；君正，莫不正。一正君而国定矣。”

［注释］

①适：同“谪”，谴责，指责。

［译文］

孟子说：“对那些当权的小人不值得去指摘，对他们的政治也不值得去非议，只有大德的人才能纠正君主思想上的错误。（在一个国家内，君主起决定作用：）君主存心仁爱，下面便没有不存心仁爱的；君主行事合宜，下面便没有不行事合宜的；君主作风正派，下面便没有不正派的。君主品行端正，整个国家便自己安定了。”

［原文］

孟子曰：“有不虞[1]之誉，有求全之毁。”

［注释］

①虞：预料。

［译文］

孟子说：“有出乎意料的赞誉，也有本求无过而偏遭诋毁的事。”

［原文］

孟子曰：“人之易[1]其言[2]也，无责[3]耳矣。”

［注释］

①易：轻易。

②言：发表言论。

③责：责任。

［译文］

孟子说："人们之所以轻易发表言论，不过是因为他没有必要负什么责任罢了。"

［原文］

孟子曰："人之患[1]在好(hào)[2]为人师。"

［注释］

①患：毛病、缺点。

②好：喜欢、爱好。

［译文］

孟子说："人们的毛病，在于（缺乏自知之明）遇事喜欢充当人家的老师。"

［原文］

乐正子从于子敖之齐。

乐正子见孟子。孟子曰："子亦来见我乎？"

曰："先生何为出此言也？"

曰："子来几日矣？"

曰："昔者[1]。"

曰："昔者，则我出此言也，不亦宜乎？"

曰："舍馆[2]未定。"

曰："子闻之也，舍馆定，

苏武牧羊

平民发表的言论和君主的言论不能同日而语，君主一言九鼎，一句话就能取人性命，使得人民流离失所。汉武帝派苏武出使匈奴，苏武被匈奴羁留塞北十九年。汉武帝晚年对自己的作为比较后悔，但是事情已经无可挽回。

然后求见长者乎？”

曰：“克有罪。”

[注释]

①昔者：昨天。

②舍馆：指住宿的地方。

[译文]

乐正子跟随王驩来到了齐国。

乐正子谒见孟子。孟子说：“你也会来见我吗？”

乐正子说：“先生为什么讲出这样的话来呢？”

孟子反问：“你来了几天了？”

乐正子答道：“前些日子来的。”

孟子说：“既然你是前些日子来的，那么我说这样的话，不也是可以的吗？”

乐正子解释道：“因为客馆还没有定，(所以来迟了些)。”

孟子说：“你听说过，等客馆定下了，然后才来谒见长辈吗？”

乐正子说：“这个是我有过错。”

[原文]

孟子谓乐正子曰：“子之从于子敖来，徒餔啜[1]也。我不意子学古之道而以餔啜也。”

[注释]

①餔啜：吃吃喝喝。

[译文]

孟子对乐正子说：“你跟随子敖来，只不过是为了饮食。我真没有想到你学了古人的大道，却拿来谋取饮食呢。”

[原文]

孟子曰：“不孝有三[1]，无后为大。舜不告而娶[2]，为无后也，君子以为犹告也。”

［注释］

①不孝有三：不孝的三件事是：一、对父母的过错阿意曲从，使父母陷入不义；二、家境贫困，父母年老，却不愿当官求俸禄以供养父母；三、不娶妻子，没有儿子，断绝了后代。

②舜不告而娶：传说舜的父亲凶狠愚蠢，舜如果告诉他娶妻的事，肯定得不到他的同意。不禀告不合礼，没有后代又是最大的不孝，两相权衡，只好“不告而娶”。

［译文］

孟子说：“（按礼制规定，）对父母不孝的事有三件，其中又以没有子孙后代为最大。（娶妻本应先告诉父母，）帝舜不告诉父母而娶尧的二女为妻，就是因为担心绝了后代，所以在明理的君子看起来，他就算没有禀告父母，也和禀告了是一样的。”

［原文］

孟子曰：“仁之实，事亲是也；义之实，从兄是也；智之实，知斯二者弗去①是也；礼之实，节文②斯二者是也；乐之实，乐斯二者，乐则生矣；生则恶③可已也，恶可已④，则不知足之蹈之、手之舞之。”

［注释］

①去：背离。

②文：指修饰。

③恶：通“勿”。

④已：停止。

［译文］

孟子说：“仁的实质，侍奉父母便是；义的实质，顺从兄长便是；智的实质，便是透彻地了解这两者的道理而执著地守着它片刻不离；礼的实质，便是调节这两者，（即使它们并不文过其实，又不失应有的礼仪；）乐的实质，便是喜爱这二者，快乐也就自然地产生了；快乐一产生就无法再遏止了，快乐无法遏止，就情不自禁地要手舞足蹈起来了。”

[原文]

孟子曰：“天下大悦而将归己，视天下悦而归己，犹草芥也，惟舜为然。不得乎亲，不可以为人；不顺乎亲，不可以为子。舜尽事亲之道而瞽瞍(gǔ sǒu)[①]厎(dǐ)[②]豫[③]，瞽瞍厎豫而天下化[④]，瞽瞍厎豫而天下之为父子者定，此之谓大孝。”

拾椹供亲

东汉人蔡顺小时候很孝顺，在荒年时期捡拾桑葚给母亲吃。此种孝道，得到后人的赞扬。

[注释]

①瞽瞍：舜的父亲。

②厎：致。

③豫：乐。

④化：感化。

[译文]

孟子说：“天下的人都很高兴，并且将要归附于自己；把天下的人征服并将归附于自己，看得像草芥一样不那么重要，只有舜是这样。（在舜的眼中看来，）儿子与父母的关系相处得不好，不可以做人；儿子不能事事顺从父母的心意，便不成其为儿子。（所以，）舜尽了一切事亲之道而使瞽瞍由不高兴到高兴了，瞽瞍由不高兴到高兴了，于是普天下的人都受到了感化；瞽瞍由不高兴到高兴了，于是天下作为父子的伦常关系也自此确定了，这就叫作大孝。”

离娄章句下

［原文］

孟子曰：“舜生于诸冯[1]，迁于负夏，卒于鸣条，东夷之人也；文王生于岐周[2]，卒于毕郢(yǐng)[3]，西夷之人也。地之相去也，千有余里；世之相后也，千有余岁。得志行乎中国，若合符节[4]，先圣后圣，其揆(kuí)[5]一也。”

［注释］

①诸冯：与下文的负夏、鸣条，皆古地名，具体所在已无法确指。

②岐周：岐，即今陕西岐山县东北的岐山；“周”是国名。

③毕郢：地名，在今陕西咸阳市东部。

④符节：古代朝廷用作凭证的信物，用金、玉、竹、铜、木等制作，形状不一，上写文字，剖分为二，双方各执一半，使用时将两半相合以验真假。

⑤揆：尺度，准则。

［译文］

孟子说：“舜出生在诸冯，迁居到负夏，死在鸣条，是东方边远地区人；文王出生在岐周，死在毕郢，是西方边远地区人；地域相距一千多里，时代相隔一千多年。当他们得志后在中国实现他们的抱负的情形，简直没有两样，前代的圣人和后代的圣人，他们的准则都是一个样。”

［原文］

子产[1]听郑国之政，以其乘舆(yú)[2]济人于溱洧(zhēn wěi)[3]。孟子曰：“惠而不知为政。岁十一月[4]，徒杠[5]成；十二月，舆梁[6]成，民未病涉也。君子平其政，行辟[7]人可也，焉得人人而济之？故为政者，每人而悦之，日亦不足矣。”

［注释］

①子产：姬姓，公孙氏，名侨，字子产，春秋时郑国的贤宰相。

②乘舆：指子产乘坐的车子。

③溱洧：两条河水的名称，会合于河南密县。

④十一月：周历十一月为夏历九月，下文十二月为夏历十月。

⑤徒杠：可供人徒步行走的小桥。

⑥舆梁：能通车马的大桥。

⑦辟：开辟，即开道的意思。

子产

子产，即公孙侨，字子产，春秋时期郑国贤相，著名的政治家和思想家。子产心地仁厚，对百姓关爱有加。

［译文］

子产在郑国当政，用他自己乘坐的车子在溱水和洧水那里把行人渡过去。孟子说："这只是小恩小惠，却并不懂得如何办好政事。要是十一月过人的小桥修成了，十二月过车辆的大桥修成了，老百姓便不会再为渡河的事担忧了。在上面做官的君子如果办好了政事，哪怕是出去时鸣锣开道，叫行人回避自己也是行得通的，又怎能去一一地帮助行人渡河呢？所以办理政事的人要讨得每个人欢心，那时间也是不够用的呢。"

［原文］

孟子告齐宣王曰："君之视臣如手足，则臣视君如腹心；君之视臣如犬马，则臣视君如国人；君之视臣如土芥，则臣视君如寇雠(chóu)。"

王曰："礼，为旧君有服[1]。何如斯可为服矣？"

曰："谏行言听，膏泽下于民；有故而去，则君使人导之出疆，又先于其所往；去三年不反，然后收其田里。此之谓三有礼焉。如此，则为之服矣。今也为臣，谏则不行，言则不听，膏泽不下于民；有故而去，则君

搏执之，又极[2]之于其所往；去之日，遂收其田里。此之谓寇雠。寇雠，何服之有？”

[注释]

①为旧君有服：指离职的臣子为原先的君主服孝。

②极：穷困，这里作使动用法，意思是使其处境极端困难。

[译文]

孟子告诉齐宣王说：“君主把臣下看得如同自己的手足，臣下就会把君主看得如同自己的腹心；君主把臣下看得如同狗马，臣下就会把君主看得如同普通国人；君主把臣下看得如同土块草芥（一样不值钱），臣下就会把君主看得像仇敌一样。”

宣王（听了这些话，心里觉得有些过分，便故意）问道：“礼制规定：不在职了的臣下还得为旧日的君主穿一定的孝服。在什么情况下才可以为旧日的君主服孝呢？”

孟子说：“如果臣下劝善规过的话他照办了，好的建议他听取了，因而恩惠下达到了老百姓身上；臣下因故必须离国时，君主就派人引导护送他安全出境，又事先打发人到他所要去的地方布置妥善；离国三年之后还没有回来，然后才收回他的田地和房屋。这就叫作三有礼。君主能做到这样，臣下（在他死了后）就会为他服孝。现在做臣下的人，劝善规过的话不被接受，正确的建议不被采纳，因而恩惠也不达到老百姓身上；臣下因故离国时，君主就派人逮捕他的家人亲属，又故意在他所要去的地方制造种种困难，置他于死地；刚一离开，便没收他的田地和房屋。这便叫作仇敌。既然是仇敌，还服什么孝呢？”

伍子胥鞭尸

伍子胥是君臣成仇敌的典型。伍子胥本是楚国人，其父为楚国大臣，因为得罪楚平王，满门抄斩。伍子胥侥幸逃脱，后追随吴王阖闾。吴楚大战，吴国大败楚国，其时楚平王已死，但伍子胥仍将楚平王的坟墓扒开，鞭尸三百。

[原文]

孟子曰："无罪而杀士，则大夫可以去①；无罪而戮(lù)②民，则士可以徙③。"

[注释]

①去：离开。

②戮：杀戮。

③徙：迁徙。

[译文]

孟子说："(君主)无辜地杀害士人，做大夫的就可以离开这个国家；没有原因地屠杀老百姓，做士人的就可以迁往别处。"

[原文]

孟子曰："君仁，莫①不仁；君义，莫不义。"

[注释]

①莫：没有。

[译文]

孟子说："君主心存仁爱，下面的臣民便无不心存仁爱的；君主行事合宜，下面的臣民便没有行事不合宜的。"

[原文]

孟子曰："非礼之礼，非义之义，大人①弗为。"

[注释]

①大人：有德行的君子。

[译文]

孟子说："似是而非的礼，似是而非的义，有大德的君子是不做的。"

[原文]

孟子曰："中①也养②不中，才也养不才，故人乐有

贤父兄也。如中也弃不中，才也弃不才，则贤不肖之相去，其间不能以才[3]。"

［注释］

①中：指无过无不及的中庸之道，代指品德好的人。

②养：培养，熏陶，教育。

③其间不能以才：省略了"以寸量"的"量"字。

［译文］

孟子说："道德修养高尚的贤者应该熏陶培育道德修养不高的人，有才智的能人应该熏陶培育才智低下的人，所以人们愿意（或乐于）家里有贤能的父兄。要是道德修养高尚的贤者抛弃道德修养不高的人，有才智的能人抛弃才智低下的人，那么，贤和不贤两种人之间的距离，简直不能用分寸去量了。"

［原文］

孟子曰："人有不为[1]也，而后[2]可以有为。"

［注释］

①为：作为。

②而后：然后。

［译文］

孟子说："人只有对某些事舍弃不干，然后才可以有所作为。"

［原文］

孟子曰："言人之不善[1]，当如后患何？"

［注释］

①不善：不好、缺点。

［译文］

孟子说："专爱说别人的坏话，一旦因此而引起后患，应当怎么办呢？"

[原文]

孟子曰："仲尼不为已甚①者。"

[注释]

①甚：过分，过头。

[译文]

孟子说："孔子不做过头的事。"

[原文]

孟子曰："大人者，言不必信①，行不必果②，惟义③所在。"

[注释]

①信：信守承诺。

②果：结果。

③义：义理、道义。

[译文]

孟子说："作为有道德修养的君子，讲的话不一定句句守信，做的事不一定件件果断彻底，只看怎样说怎样做更为合适。"

[原文]

孟子曰："大人者，不失其赤子①之心者也。"

[注释]

①赤子：婴儿。

[译文]

孟子说："所谓大人，就是没有失去他那爱老百姓如同爱婴儿一样的心的人。"

[原文]

孟子曰："养生①者不足以当大事，惟送死②可以当大事。"

[注释]

①养生：在父母生前奉养。

②送死：置办父母的丧事。

[译文]

孟子说："生前奉养父母不能算作是大事，只有死后给他们办好丧事才称得上是大事。"

[原文]

孟子曰："君子深造之以道，欲其自得之也。自得之，则居之安；居之安，则资①之深；资之深，则取之左右逢其原②。故君子欲其自得之也。"

[注释]

①资：积累。

②原：同"源"。

[译文]

孟子说："君子沿着正确的路子对学问进行深造，目的就是要使自己自觉地得到学问。自己自觉地求得的学问，就能心安理得地坚守它；能心安理得地坚守它，日积月累，就能积蓄深广；积蓄深广，便能随心所欲，取之不尽，用之不竭，左右逢源。所以君子贵在自己自觉地求得学问。"

[原文]

孟子曰："博学而详说之，将以反①说约②也。"

[注释]

①反：返回，通"返"。

②约：简明，扼要。

[译文]

孟子说："广泛地学习，详尽地解说，目的是要（达到融会贯通，）回到最简明最扼要的地步。"

[原文]

孟子曰："以善①服人者，未有能服人者也；以善养②人，然后能服天下。天下不心服而王者，未之有也。"

[注释]

①善：擅长。

②养：教育。

[译文]

孟子说："拿自己的长处去折服别人，没有人肯折服的；拿自己的长处去教育帮助别人，（使别人也能获得这些长处，）然后才能叫天下的人心服。天下的人不归心而能够统一天下的，是绝对不会有的事。"

[原文]

孟子曰："言无实①不祥②。不祥之实，蔽贤者当之。"

[注释]

①实：实际。

②祥：好。

[译文]

孟子说："言语符合实际内容没有不好的。只有那些阻碍进用贤者的人，才使符合实际的言语变得不好。"

[原文]

徐子①曰："仲尼亟②称于水，曰'水哉！水哉！'何取于水也？"

孟子曰："原泉混混③，不舍昼夜，盈科④而后进，

放乎四海。有本者如是，是之取尔⑤。苟为无本，七八月之间雨集，沟浍皆盈，其涸也，可立而待也。故声闻⑥过情，君子耻之。”

西河返驾

孔子想去晋国参政，到黄河边就听说晋国贤人被害。孔子对着河水叹息，认为过河是不义之举，于是折返。

［注释］

①徐子：姓徐，名辟，孟子弟子。

②亟：屡次。

③混混：通“滚滚”，水势盛大的样子。

④科：坎。

⑤是之取尔：“取是尔”的倒装句，取这个罢了。

⑥声闻：名声，名誉。

［译文］

徐辟说：“孔子曾多次赞美水道：‘水啊，水啊！’请问他对于水赞美的是什么呢？”

孟子说：“有源头的泉水滚滚奔流，不分白天黑夜，注满洼地后又继续前进，一直到达大海。凡是做事重视本源的便是这样，孔子所赞美的不过是这一点罢了。如果是无本无源，就像七八月间大雨滂沱，一下子沟沟洼洼的水都满了，可是它的干涸却不必等待多久的时间。所以声誉如果超过了实际，（就像无源之水，表面上一时浩浩荡荡，）有道德的君子常把它看作是一种耻辱。”

［原文］

孟子曰：“人之所以异于禽兽者几希①，庶民去之，君子存之。舜明于庶物，察于人伦，由仁义行，非行仁义也。”

[注释]

①几希：少，一点点。

[译文]

孟子说："人类所赖以区别于禽兽的地方很少，（对于这很少的区别）一般老百姓抛弃它，君子保存了它。舜对于众多事物的道理能明了，对于人们的常情能洞察，所以他能很自然地走上仁义的道路，而不是勉强地去推行仁义。"

[原文]

孟子曰："禹恶旨酒而好善言。汤执中，立贤无方①。文王视民如伤，望道而未之见。武王不泄迩②，不忘远。周公思兼三王，以施四事；其有不合者，仰而思之，夜以继日；幸而得之，坐以待旦。"

[注释]

①方：常规。

②泄迩：泄，狎；迩，近，指近臣。

[译文]

孟子说："夏禹讨厌人家进献美酒，却爱听有益的话。商汤坚持中正之道，但起用贤人却能通权达变，打破常规。周文王看待老百姓，就像他们受了伤一样，（百般抚慰。）分明已接触到了道，却好像还没有看到一样，（追求不懈。）周武王不轻慢常在身边的近臣，也不忘怀散在他方的远臣。周公常常想要兼学夏、商、周三代的贤王，来实践禹、汤、文、武四位君主所开创的业绩；遇到有与他们不合的地方，便仰起头细加思考，不分白天黑夜；一旦侥幸豁然贯通，便兴奋得坐着等待天亮（好立即拿去实行）。"

[原文]

孟子曰："王者之迹熄而《诗》亡，《诗》亡然后《春秋》①作。晋之《乘》②，楚之《梼杌》(táo wù)，鲁之《春

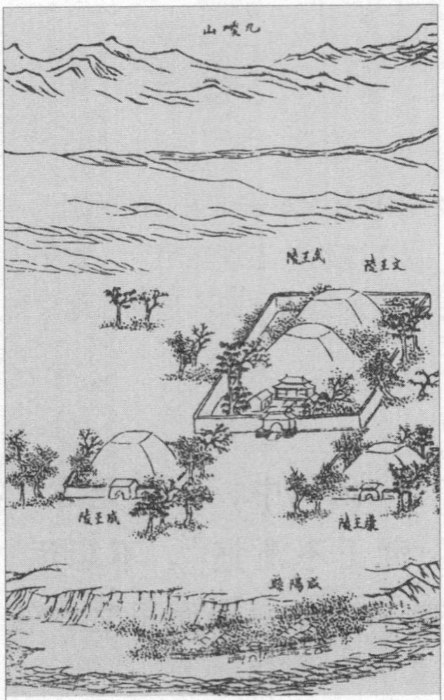

周文王陵

周文王仁义远播，后世君子皆尊崇之。文王的陵墓也被人视作神圣之地，不可侵犯。

秋》，一也。其事则齐桓、晋文，其文则史。孔子曰：'其义则丘窃取之矣。'"

[注释]

①《春秋》：各国史书的通称。又，相传孔子依据鲁国史官所编《春秋》，加以整理修订而成编年体鲁《春秋》。据上下文，这里的《春秋》似指后者。

②《乘》：晋国史书名。下文《梼杌》《春秋》分别是楚国、鲁国史书名。

[译文]

孟子说："圣王采诗的盛举废止了，《诗》就亡失了，《诗》亡失了，然后孔子的《春秋》便产生了。晋国的《乘》，楚国的《梼杌》，鲁国的《春秋》，都是一样的史书，（不过名称各自不同罢了。）它们所记的史事不过是齐桓、晋文图霸之类，它们的文字也只是一般史书的笔法。孔子说：'（我作的《春秋》异乎上述那些史书的地方在于：《诗》三百篇褒善贬恶的微言大义，）我个人在作《春秋》时便借用过来了。'"

[原文]

孟子曰："君子之泽五世而斩①，小人之泽五世而斩。予未得为孔子徒也，予私②淑诸人也。"

[注释]

①斩：衰竭，断。

②私：暗地，私下。

[译文]

孟子说："君子的影响过了五代便衰竭了，小人的影响也是过了五代便衰竭了。我没有赶上当孔子的学生，我是暗地里向别人学取（孔子之道）的。”

［原文］

孟子曰：“可以取，可以无取，取伤廉①；可以与，可以无与，与伤惠②；可以死，可以无死，死伤勇。”

［注释］

①廉：堂屋的侧边，引申为品行方正。

②惠：仁慈。

［译文］

孟子：“可以取，也可以不取，取了有损于廉洁的称号，（当然以不取为合适；）可以给，也可以不给，给了有损于仁慈的称号，（还是以不给为合适；）可以死，也可以不死，死了有损于勇敢的称号（也应该以不死为合适）。”

［原文］

逢蒙①学射于羿②，尽羿之道，思天下惟羿为愈己，于是杀羿。孟子曰：“是亦羿有罪焉。”

公明仪曰：“宜若无罪焉。”

曰：“薄乎云尔，恶得无罪？郑人使子濯(zhuó)孺子侵卫，卫使庾公之斯追之。子濯(zhuó)孺子③曰：‘今日我疾作，不可以执弓，吾死矣夫！’问其仆曰：‘追我者谁也？’其仆曰：“‘庾公之斯④也。’曰：‘吾生矣。’其仆曰：‘庾公之斯，卫之善射者也，夫子曰吾生，何谓也？’曰：‘庾公之斯学射于尹公之他，尹公之他学射于我。夫尹公之他⑤，端人也，其取友必端矣。’庾公之斯至，曰：‘夫子何为不执弓？’曰：‘今日我疾作，不可以执弓。’曰：‘小人学射于尹公之他，尹公之他学射于夫子。我不忍以夫子之道反害夫子。虽

然，今日之事，君事也，我不敢废。’抽矢，扣轮，去其金，发乘矢⑥而后反。”

[注释]

①逄蒙：羿的学生和家众，后来叛变，帮助有穷国的宰相寒浞杀死了羿。

②羿：传说是古代有穷国的国君，以善射闻名。

③子濯孺子：郑国大夫。

④庾公之斯：卫国大夫。

⑤尹公之他：卫国人。

⑥乘矢：四支箭。

[译文]

逄蒙跟后羿学习射箭，完全掌握了后羿的射箭技巧，他心想天下只有后羿一人的射艺超过自己，所以就杀害了后羿。孟子（对这件事评论）道：“这件事后羿本身也有过错。”

公明仪说：“（后羿）似乎没有过错吧。”

孟子说：“不过轻一点罢了，怎么能说没有过错呢？郑国有次派遣子濯孺子侵犯卫国，卫国派庾公之斯追赶他。子濯孺子说：‘今天我的病发作了，拿不起弓来，我怕是要死了呢！’他问驾车的人道：‘追赶我的是谁？’驾车的人说：‘是庾公之斯。’子濯孺子说：‘我可以活命了。’驾车的人说：‘庾公之斯是卫国很会射箭的人，您却说我可以活命了，这是什么意思呢？’子濯孺子说：‘庾公之斯是在尹公之他那里学射箭的，尹公之他曾经向我学习射箭。尹公之他是个

羿射河伯

后羿传说是夏王朝东夷族有穷氏的首领，善于射箭。神话中后羿之箭连射天上九个太阳，是天下第一神箭手。

正派人，他选取的学生一定也是正派的。’庾公之斯追到了，问道：‘您为什么不拿起弓来呢？’答道：‘今天我的病发作了，拿不起弓来。’庾公之斯说：‘我向尹公之他学射箭，尹公之他又曾向您学射箭。我不忍心拿您传授的技艺反过来伤害您。但是，今天的事情，是国家的公事，我不敢完全撤下。’于是抽出箭来在车轮子上敲打，把金属箭头敲掉，一连发射四支箭便回身走了。”

［原文］

孟子曰：“西子[1]蒙不洁，则人皆掩鼻而过之；虽有恶[2]人，齐[3]戒沐浴，则可以祀上帝。”

［注释］

①西子：指春秋时越国美女西施，这里以她代指美女。

②恶：这里与“西子”相对，主要指丑陋。

③齐：斋戒。

［译文］

孟子说：“美女西施要是沾上一身污秽，人们都要掩着鼻孔走过她的身旁；尽管有个面貌奇丑的人，假使他诚心吃素，清洁自好，也可以让他去祭祀上帝。”

［原文］

孟子曰：“天下之言性也，则故而已矣。故者以利为本。所恶于智者，为其凿[1]也。如智者若禹之行水也，则无恶于智矣。禹之行水也，行其所无事也。如智者亦行其所无事，则智亦大矣。天之高也，星辰之远也，苟求其故，千岁之日至[2]，可坐而致也。”

［注释］

①凿：穿凿附会。

②日至：冬至。

［译文］

孟子说："天下的人讲论人性，只要按它的本来面目就可以了。按它的本来面目谈，必须以顺乎自然为基础。对于那些自认聪明的人，我们之所以感到讨厌，就因为这种聪明人很容易陷于穿凿附会。如果聪明人像大禹治水一样，那么对于聪明就用不着厌恶了。大禹治水，（因势利导，不加穿凿，）做得不露一点痕迹。如果聪明人也能（按它的本来面目讲论性理，）做得不露痕迹，那么聪明的作用也就可发挥大了。天虽然很高，星辰虽然很远，只要能用心寻求它运行的本来面目，即使千年以后的冬至，也是可坐在家里运算得出的。"

［原文］

公行子①有子之丧，右师往吊。入门，有进而与右师言者，有就右师之位而与右师言者。孟子不与右师②言，右师不悦，曰："诸君子皆与驩(huān)言，孟子独不与驩言，是简驩也。"

孟子闻之，曰："礼，朝廷不历③位而相与言，不逾阶而相揖也。我欲行礼，子敖以我为简④，不亦异乎？"

［注释］

①公行子：齐国大夫。

②右师：官名，这里指王驩。王驩，字子敖。

③历：越过。

④简：简慢。

［译文］

公行子有儿子的丧事，右师到他家去吊唁。右师一进门，立即就有人迎上去跟他说话的，也有人（在他就座后）跑到他的座位旁边和他攀谈的。孟子没有和他拉话，右师不满地说："诸位君子都跟我说话，只有孟子不跟我说话，这是（有意）慢待我。"

孟子知道这件事后，说："按照礼节，在朝廷上不跨越座位去跟别人说话，不走过阶前跟你打拱。我是想按礼节行事，子敖却认为我是（有意）简慢，这不是怪事吗？”

［原文］

孟子曰：“君子所以异于人者，以其存心也。君子以仁存心，以礼存心。仁者爱人，有礼者敬人。爱人者，人恒爱之；敬人者，人恒敬之。有人于此，其待我以横逆①，则君子必自反也：我必不仁也，必无礼也，此物奚宜②至哉？其自反而仁矣，自反而有礼矣，其横逆由③是也；君子必自反也：我必不忠。自反而忠矣，其横逆由是也。君子曰：‘此亦妄人也已矣，如此，则与禽兽奚择④哉？于禽兽又何难⑤焉？’是故君子有终身之忧，无一朝之患也。乃若所忧则有之：舜，人也；我，亦人也。舜为法⑥于天下，可传于后世，我由未免为乡人也，是则可忧也。忧之如何？如舜而已矣。若夫君子所患则亡矣。非仁无为也，非礼无行也。如有一朝之患，则君子不患矣。”

［注释］

①横逆：蛮横无礼。

②此物：指上文所说“横逆”的态度。奚宜：怎么应当。

③由：通“犹”。下文“我由未免为乡人也”中的“由”也通“犹”。

④择：区别。

⑤难：责难。

⑥法：楷模。

［译文］

孟子说：“君子可以用来区别于一般人的，就在于他的居心。君子居心于仁，居心于礼。仁爱的人慈爱别人，有礼的人尊敬别人。慈爱别人的人，别人也常常慈爱他；尊敬别人的人，别人也常常尊敬他。在这里有个人，他用蛮横无理的行为对待我，那么作为君子便一定会反躬自问：我一定是

不仁，一定是无礼，不然的话，这样的事怎么会发生呢？要是自问做到了仁，自问做到了有礼，而那个人（对我）还是这样蛮横，君子一定再反躬自问：一定是我（对人）不忠。要是自问做到忠心耿耿，而那个人蛮横如故，那君子只好说：‘这个不过是狂妄无知的人罢了，像这样，那他跟禽兽又有什么区别呢？对于禽兽又责难（他）什么呢？’所以君子有终身的忧虑，没有突然而来的祸患。至于他所忧虑的事就有这些：舜，是人，我也是人；舜能在天下成为榜样，而且可以流传到后世，而我还不免是个普通的人。这就是可忧虑的事。忧虑又怎么办呢？一定要做到像舜一个样。至于君子所担心的祸患却是没有的。不仁的事不做，无礼的举动不为。（这样，）如有什么横祸飞来，君子也并不把它看作是令人难堪的事，（因为它并不是自己招来的。）”

[原文]

禹、稷当平世，三过其门而不入，孔子贤之。颜子①当乱世，居于陋巷，一箪(dān)食，一瓢饮，人不堪其忧，颜子不改其乐，孔子贤之。

孟子曰：“禹、稷、颜回同道。禹思天下有溺者，由己溺之也；稷思天下有饥者，由己饥之也，是以如是其急也。禹、稷、颜子易地则皆然。今有同室之人斗者，救之，虽被(pī)发缨冠而救之，可也；乡邻有斗者，被发缨冠②而往救③之，则惑也，虽闭户可也。”

[注释]

①颜子：即颜回，孔子弟子，以贤著称。

②被发缨冠：古人戴帽子要先束发，然后用簪子把帽子固定在头发上，再系好帽带。披散着头发戴帽，这里是形容情况紧急，来不及像正常时那样戴帽子。

③救：止。

[译文]

禹和稷处在太平时代，（他们急百姓之急，）三次经过自家门口也不进

后稷

去（看看家人），孔子心里十分赞许他们。颜子生当乱世，住在狭小的巷子里，一小篓饭，一瓢子水，人们谁也受不了这样的苦生活，颜子却并不改变他内心的快乐，孔子心里同样赞许他。

孟子（对此评论）道："禹、稷和颜回（行事尽管不同，但）走的却是同一条道路。禹心想天下要是还有蒙受洪水之灾的人，就像是自己把他们推进水里一样；稷心想天下要是还有没饭吃的人，就像是自己让他们饿肚皮一样，所以他们对解除百姓痛苦的工作会抓得这样紧。禹、稷和颜回要是互换一下地位，便都会像对方在他们原来的岗位上所做的一样。现在假定同一屋内的人有互相斗殴的，那就一定要去救他们，哪怕是披头散发连帽上的带子也来不及系在脖子上，就那么匆匆忙忙地赶去救他们也是行得通的。（禹、稷急百姓之急便正像这样。）要是邻居人家互相发生斗殴，也这样赶去劝阻，那就未免太糊涂了，哪怕是关起门来不管也是可以的。（颜回居陋巷闭门读书，自得其乐便正像这样。）"

［原文］

公都子曰："匡章，通国皆称不孝焉，夫子与之游，又从而礼貌之，敢问何也？"

孟子曰："世俗所谓不孝者五：惰其四支[1]，不顾父母之养，一不孝也；博弈好饮酒，不顾父母之养，二不孝也；好(hào)货财，私妻子，不顾父母之养，三不孝也；从(zòng)[2]耳目之欲，以为父母戮(lù)[3]，四不孝也；好(hào)勇斗很[4]，以危父母，五不孝也。章子有一于是乎？夫章子，子父责善而不相遇也。责善，朋友之道也；父子责善，贼恩之大者。夫章子，岂不欲有夫妻子母之属哉？为得罪于

为母埋儿

晋代郭巨原本家道殷实。父亲死后，他把家产分作两份，给了两个弟弟，自己独取母亲供养，对母极孝。后家境贫困，又添一子，郭巨担心养这个孩子会影响对母亲的供养，于是决定将儿子埋掉，节省些粮食以供奉母亲。

父，不得近，出妻屏子，终身不养焉。其设心以为不若是，是则罪之大者，是则章子而已矣。”

［注释］

①四支：即四肢。

②从：同“纵”。

③戮：羞辱。

④很：同“狠”。

［译文］

公都子说：“匡章这个人，全国人都说他不孝，您却跟他交游，并且对他相当敬重，请问这是什么原因？”

孟子答道：“世俗认为不孝的事情有五种：四体不勤，不顾对父母的奉养，是一不孝；嗜好赌博饮酒，不顾对父母的奉养，是二不孝；贪好钱财，偏爱自己的老婆孩子，不顾对父母的奉养，是三不孝；放纵声色以至于犯罪，使父母蒙受耻辱，是四不孝；专逞血气之勇，喜欢与人格斗，以至连累父母有遭受刑戮的危险，是五不孝。章子在这五项中有一项吗？章子这个人不过是由于父子之间，相责为善，把父子关系弄僵了罢了。相责为善，本是朋友相处应做的事；父子之间相责为善，这是最容易伤害感情的事儿。章子难道不想有夫妻母子的天伦之乐吗？因为得罪了父亲，不得和他接近，自己只好赶走老婆，疏远儿子，终身不受他们的侍养。他设想不这样做，就是最大的罪过，这就是章子的为人吧。”

［原文］

曾子居武城①，有越寇。或曰：“寇至，盍（hé）去诸？”曰：“无寓人于我室，毁伤其薪木。”寇退，则曰：“修

我墙屋，我将反。”寇退，曾子反。左右曰：“待先生如此其忠且敬也，寇至，则先去以为民望；寇退，则反，殆于不可。”沈犹行②曰：“是非汝所知也。昔沈犹有负刍③之祸，从先生者七十人，未有与焉。”

子思④居于卫，有齐寇。或曰：“寇至，盍去诸？”子思曰：“如伋去，君谁与守？”

孟子曰：“曾子、子思同道。曾子，师也，父兄也；子思，臣也，微也。曾子、子思易地则皆然。”

［注释］

①武城：鲁地名，在今山东费县境内。

②沈犹行：曾子弟子，姓沈犹，名行。

③负刍：人名，或说是背柴草的人。

④子思：孔子之孙，名伋。

［译文］

曾子住在武城，碰上越国军队来进犯。有的人对曾子说："敌兵就要到了为什么不早点离开这里呢？"（曾子同意了，临走时叮嘱看房子的人）说："不要让别人住进我的房子里，损伤那里的树木。"敌兵退走了，就又捎回口信说："把我住房的墙屋修理好吧，我要回来了。"敌兵退走了，曾子回来了。他身边的人议论说："武城的大夫对待先生是这样的忠诚和恭敬，一旦敌兵到了，就先离去使百姓看着先生的样学；敌人退走了，先生就回来了，（这样做）恐怕是不大好吧。"沈犹行听了说："这样的事不是你们所能了解的。从前（先生住在我们姓沈犹的那里，）恰好有个名叫负刍的人制造乱子，当时跟随先生的七十个人，没有一人参与这件事的。"

子思住在卫国，齐国军队来进犯。有的人对子思说："敌兵就要到了，为什么不离开这里呢？"子思回答道："要是我走了，卫君跟谁一起守城呢？"

孟子（对这两件事发表评论）道："曾子、子思所走的是同一条正确的道路。曾子是师长，是父兄一辈的人；子思是臣子，是地位低下的人。他们两人如果互换一下地位，也都是会这样做的。"

［原文］

储子①曰："王使人瞷(jiàn)②夫子，果有以异于人乎？"

孟子曰："何以异于人哉？尧舜与人同耳。"

［注释］

①储子：齐国人，曾任齐相。

②瞷：窥视。

［译文］

储子说："王打发人窥看您，果然有跟别人不同的地方么？"

孟子说："有什么跟别人不同的地方呢？尧舜跟别人也是一样的哩。"

［原文］

齐人有一妻一妾而处室者。其良人①出，则必餍②酒肉而后反。其妻问所与饮食者，则尽富贵也。其妻告其妾曰："良人出，则必餍酒肉而后反；问其与饮食者，尽富贵也，而未尝有显者来，吾将瞷③良人之所之。"

蚤(zǎo)④起，施⑤从良人之所之，遍国中⑥无与立谈者。卒之东郭墦(fān)⑦间，之祭者，乞其余；不足，又顾而之他，此其为餍足之道也。其妻归，告其妾，曰："良人者，所仰望而终身也，今若此！"与其妾讪(shàn)⑧其良人，而相泣于中庭⑨。而良人未之知也，施施⑩从外来，骄其妻妾。

由君子观之，则人之所以求富贵利达者，其妻妾不羞也，而不相泣者，几希矣。

［注释］

①良人：古代妇女对丈夫的称呼。

②餍：饱。

③瞷：窥视。

④蚤：同“早”。

⑤施：通“迤”，斜。这里指斜行，斜从跟随。形容暗暗尾随着别人走的样子。

⑥国中：都城中。

⑦墦：坟墓。

⑧讪：讥诮、讥骂。

⑨中庭：庭中。

⑩施施：得意的样子。

［译文］

齐国有个有一妻一妾的人家，她们的丈夫每次外出，就一定要吃饱酒肉才回来。他的妻子问他跟他一道喝酒吃饭的是些什么人，就说都是有钱有地位的人。他的妻子告诉他的小妾说：“丈夫外出，一定要酒醉饭饱之后才会回来；问跟他一道饮酒吃饭的人是谁，个个都是有钱有地位的人，可是，从来不曾有显贵体面一些的人到家里来，我打算偷看一下丈夫所去的地方。”

清早起来，（妻子）便暗暗地紧跟往丈夫所去的地方，（发现）整个都城中并没有谁同他站着交谈的。最后（丈夫）走到东门城外的坟墓中间，向那些扫墓的人乞讨些残羹剩饭；不够，又四面望望，然后走到别的扫墓的人那里去——这就是他天天醉饱的方法。他的妻子回去，（把看到的情况）告诉他的小妾，并且说：“丈夫，是我们指望倚靠度过一生的人，现在丈夫却是这副样子！”于是跟他的小妾一起在庭中嘲讽丈夫，哭成一团，丈夫却一点也不知情，得意扬扬地从外面进来，在妻妾面前大耍威风。

从君子的观点看来，（现实生活中）一些人用来追求升官发财的手段，能够使他们的妻妾不感到羞耻而一块儿哭泣的，绝对是很少的。

万章章句上

［原文］

万章问曰：“舜往于田，号(háo)泣于旻(mín)天，何为其号泣也？”

孟子曰：“怨慕①也。”

万章曰：“‘父母爱之，喜而不忘；父母恶之，劳而不怨。’然则舜怨乎？”

曰：“长息②问于公明高③曰：‘舜往于田，则吾既得闻命矣；号泣于旻天，于父母，则吾不知也。’公明高曰：‘是非尔所知也。’夫公明高以孝子之心，为不若是恝(jiá)④：我竭力耕田，共为子职而已矣，父母之不我爱，于我何哉？帝使其子九男二女，百官牛羊仓廪(lǐn)备，以事舜于畎(quǎn)亩之中，天下之士多就之者，帝将胥天下而迁之焉。为不顺于父母，如穷人无所归。天下之士悦之，人之所欲也，而不足以解忧；好(hào)色，人之所欲，妻帝之二女⑤，而不足以解忧；富，人之所欲，富有天下，而不足以解忧；贵，人之所欲，贵为天子，而不足以解忧。人悦之、好色、富、贵，无足以解忧者，惟顺于父母可以解忧。人少，则慕父母；知好色，则慕少艾⑥；有妻子，则慕妻子；仕则慕君，不得于君，则热中⑦。大孝终身慕父母。五十而慕者，予于大舜见之矣。”

［注释］

①慕：爱慕，依恋。

②长息：公明高的弟子。

③公明高：曾参的弟子。

④恝：无忧无愁的样子。

⑤妻帝之二女：传说尧把自己两个女儿娥皇和女英嫁给了舜。

⑥少艾：指年轻美貌的人。

⑦热中：焦急得心中发热。

任贤图治

尧帝任用贤能，管理天下。

［译文］

万章问道：“舜到地里去耕种，望着秋高气爽的天空哭诉着，他为什么要哭诉呢？”

孟子答道：“这是因为舜对父母既怨恨又依恋的缘故。”

万章说：“（从前曾子说过，）‘父母要是喜欢自己，自己心里虽然高兴，但却不敢对做儿子的职责有所遗忘懈怠；父母要是不喜欢自己，自己心里尽管不免忧愁，但却不敢埋怨父母。’那么，舜是不是在抱怨父母呢？”

孟子说：“长息曾问过公明高：‘舜去地里耕种，这个我已能理解；但他一面喊着天一面喊着父母，又哭又诉，我就不懂这是为什么。’公明高说：‘这个不是你能理解得了的。’在公明高看来，一个孝子对于父母对自己的爱恶决不能这样无动于衷：我尽力耕田，恭恭敬敬地尽着做儿子的本分而已，如果父母不爱我，对我有什么关系呢？帝尧叫他的九个儿子、两个女儿，还有百官带着牛羊，粮食，应有尽有，到田野里去侍候舜，天下的士人也多有投奔到他门下的，尧帝将把整个天下让给舜。因为不能使父母顺心，自己就像穷困的人没有归宿一样。天下的士人喜欢自己，这本是人们的愿望，但却不足以解除舜的忧愁；爱好美色，本也是人们的愿望，但舜娶了尧的两个女儿，却不足以解除忧愁；富有，本是人们的愿望，但舜拥有的天下的财富，却不足以解除忧愁；尊贵，本也是人们的愿望，但舜获得了身为天子的尊贵，还不足以解除忧愁。（对于舜，）人们喜欢自己、爱好美色、富有、尊贵，没有一样足以解除忧愁，只有使父母顺心满意才可以解除忧愁。（大概）人在儿童时期，只知依恋父母；知道爱好美色了，就爱慕年轻而又漂亮的人；有了妻子，便宠爱妻子；走上了做官的道路，便倾心于君主，要是得不到君主的信任，便要感到焦急烦躁。（只有）大孝的人才会一辈子依恋父母。到了五十岁的年纪还依恋父母的，我在大舜身上看到了。”

[原文]

万章问曰：“《诗》云①：‘娶妻如之何？必告父母。’信斯言也，宜莫如舜。舜之不告而娶，何也？”

孟子曰：“告则不得娶。男女居室，人之大伦也。如告，则废人之大伦，以怼(duì)父母，是以不告也。”

万章曰：“舜之不告而娶，则吾既得闻命矣；帝之妻舜而不告，何也？”

曰：“帝亦知告焉则不得妻也。”

万章曰：“父母使舜完廪，捐阶，瞽瞍(gǔ sǒu)焚(lǐn)廪。使浚(jùn)井，出，从而掩之。象②曰：‘谟(mó)盖都君③咸我绩。牛羊父母，仓廪父母，干戈朕，琴朕，弤(dǐ)朕。二嫂使治朕栖。’象往入舜宫，舜在床琴。象曰：‘郁陶④思君尔。’忸怩。舜曰：‘惟兹臣庶，汝其于予治。’不识舜不知象之将杀己与？”

[注释]

①《诗》云：《诗经·齐风·南山》。

②象：人名，相传是舜的同父异母弟。

③都君：指舜。

④郁陶：思念之状。

[译文]

万章问道：“《诗经》中说：‘娶妻子应怎么做呢？一定得告诉父母。’相信这句古训的人，该没有像舜的了。可舜却并不禀告父母便娶了妻子，这又是什么缘故呢？”

孟子说：“禀告了父母就娶不成妻子。男女结合成家，是人生的重要伦常。要是禀告了，便会废止这个人生的重要伦常，（断绝后代，）以至到头来不免使父母怨恨自己，所以不禀告父母。”

万章又说：“舜不禀告父母便娶妻子的道理，我已经懂得了；那么，帝尧把女儿嫁给舜做妻子却不告知舜的父母，这又是什么缘故呢？”

孟子说：“帝尧也知道一告诉对方，女儿便嫁不出去了。”

万章再问：“舜的父母叫舜去修好粮仓，却拿走（登上粮仓的）梯子，然后瞽瞍放火焚烧粮仓。（舜机智地逃脱了。）又引着他去把水井淘深些，（瞽瞍）一出井，便用土去堵塞井口，（想把舜活埋在井中。）舜的弟弟象（满以为舜死了，）说：‘谋害舜全是我的功劳，牛羊归父母，粮仓归父母，兵器归我，琴归我，弤弓归我，二位嫂子让她们替我铺床叠被。’于是象便走向舜的住所去，舜却坐在床上弹琴。象只好撒谎说：‘我非常想念你呀。”说着显出十分尴尬的样子。舜说：‘我心里老惦着我这些臣下和百姓，你就帮助我管理他们吧！’不知道舜当时知不知道象准备杀害自己？”

［原文］

曰：“奚而不知也。象忧亦忧，象喜亦喜。”

曰：“然则舜伪喜者与？”

曰：“否。昔者有馈生鱼于郑子产，子产使校人畜(xù)之池。校人①烹之，反命曰：‘始舍之，圉圉(yǔ yǔ)②焉；少则洋洋③焉，攸(yōu)然④而逝。’子产曰：‘得其所哉！得其所哉！’校人出，曰：‘孰谓子产智？予既烹而食之，曰：得其所哉，得其所哉。’故君子可欺以其方，难罔以非其道。彼以爱兄之道来，故诚信而喜之，奚伪焉？”

［注释］

①校人：管理池塘的小官。

②圉圉：疲惫的样子。

③洋洋：舒缓摇尾的样子。

④攸然：迅速的样子。

［译文］

孟子说：“怎么会不知道呢？（舜对象当时的态度是这样的：）象忧愁他也忧愁，象欢喜他也欢喜。”

万章接上去问：“那么，舜是假装喜欢的么？”

孝德升闻

孟子解释说："不。从前有人送条活鱼给郑国的子产，子产叫管池沼的人把它放到池子中去喂养。管池沼的人把鱼煮着吃了，却向子产汇报道：'刚放下去，还有些不自然，过了一会儿便摇头摆尾的开始试着游水，忽然速度加快，一下子便无拘无束地潜入深水，无影无踪了。'子产（听了，以赞叹的口吻）说：'它到了它应去的地方了啊！它到了它应去的地方了啊！'管池沼的人出来后对人家说：'谁说子产聪明呢？我已经把鱼都煮着吃下肚里了，他却在那里说，鱼儿到了它应去的地方，鱼儿到了它应去的地方。'所以一个至诚君子，别人可以用合乎人之常情的方法欺骗他，但却不能用不合道理的骗术去蒙蔽他。象既然是打着敬爱兄长的幌子来见舜，舜信以为真而感到高兴，怎么能说他是假装的呢？"

[原文]

万章问曰："象日以杀舜为事，立为天子则放之，何也？"

孟子曰："封之也，或曰放焉。"

万章曰："舜流共工[1]于幽州，放驩（huān）兜[2]于崇山，杀三苗[3]于三危，殛鲧（jí gǔn）[4]于羽山，四罪而天下咸服，诛不仁也。象至不仁，封之有庳（bì）[5]。有庳之人奚罪焉？仁人固如是乎——在他人则诛之，在弟则封之？"

曰："仁人之于弟也，不藏怒焉，不宿怨焉，亲爱之而已矣。亲之，欲其贵也；爱之，欲其富也。封之有庳，富贵之也。身为天子，弟为匹夫，可谓亲爱之乎？"

"敢问或曰放者，何谓也？"

曰："象不得有为于其国，天子使吏治其国，而纳

其贡税焉，故谓之放。岂得暴彼民哉？虽然，欲常常而见之，故源源而来，‘不及贡，以政接于有庳⑥。’此之谓也。”

尧嫁女于舜

［注释］

①共工：相传为尧的部落首领。

②驩兜：相传是尧、舜时的部落首领。

③三苗：国名。

④鲧：传说是禹的父亲，尧曾派他治水，但没有成功。

⑤有庳：传说是象的封地。

⑥不及贡，以政接于有庳：这两句可能是《尚书》逸文。

［译文］

万章问道：“象每天都谋划着杀害舜，可舜被拥立为天子后就只将他流放，这是为什么呢？”

孟子说：“实际是封了他做诸侯，但是也有人说是放逐他。”

万章说：“舜把共工流放到幽州，把驩兜流放到崇山，把三苗的国君杀死于三危，把鲧诛杀于羽山，惩处了这四个罪犯后天下的人全都悦服，因为是惩罚了不仁的恶人的缘故。象为人最不仁，却将他封在有庳国，有庳的人有什么罪过，（偏要受象这恶人的统治？）一个仁爱的人做事难道应该这样吗？对别人就治他的罪，对弟弟就封他为侯？”

孟子说：“一个仁爱的人对自己的弟弟，不把怒气藏在胸中，不把怨恨埋在心底，就只知道亲爱他罢了。亲他，想使他有地位；爱他，想使他有财富。把他封在有庳国为诸侯，这正是为了要使他有财富、有地位。假如一个人自己做了天子，而弟弟却是一个平民，这能说是亲爱他吗？”

万章又说：“请问有人说舜放逐象，为什么会这样的呢？”

孟子说：“舜规定象不能在他的封国里有所作为，天子派遣官吏去帮他治理国家并替他缴纳贡税，从这个角度来讲，可以说是放逐。（采取了这些措施，）象难道还能对他的百姓肆行暴虐吗？尽管这样，舜还是想常常见到他，所以让他不断地上京城来，（《尚书》中有这么两句话：）‘等不了朝贡的日子，常常借征询政事接见有痹国的国君。’就是对此而言。”

［原文］

咸丘蒙[1]问曰：“语云：‘盛德之士，君不得而臣，父不得而子。’舜南面而立，尧帅诸侯北面而朝之，瞽(gǔ)瞍(sǒu)亦北面而朝之。舜见瞽瞍，其容有蹙(cù)。

孔子曰：‘于斯时也，天下殆哉，岌岌乎！’不识此语诚然乎哉？”

孟子曰：“否。此非君子之言，齐东野人之语也。尧老而舜摄也。《尧典》曰：‘二十有(yòu)八载，放勋乃徂(cú)落，百姓如丧考妣，三年，四海遏密八音[2]。’孔子曰：‘天无二日，民无二王。’舜既为天子矣，又帅天下诸侯以为尧三年丧，是二天子矣。”

咸丘蒙曰：“舜之不臣尧，则吾既得闻命矣。《诗》云[3]：‘普天之下，莫非王土；率土之滨，莫非王臣。’而舜既为天子矣，敢问瞽瞍之非臣，如何？”

帝舜

［注释］

①咸丘蒙：姓咸丘，名蒙，孟子弟子。

②八音：中国古代对乐器的统称。指金、石、土、革、丝、木、匏、竹等八种材料制成的乐器。这里指代音乐。

③《诗》云：出自《诗经·小雅·北山》。

［译文］

咸丘蒙问道：“俗话说，‘道德十分高

尚的人，君主不能够把他当作臣子看待，父亲不能把他当作儿子看待。’舜做了天子，尧带领诸侯向北面朝见他，瞽瞍也向北面朝见他。舜看见（在下面朝见他的）瞽瞍，面上显出局促不安的神色。孔子说：‘在这个时候，天下真是岌岌可危呀！’不知这些话的确是这样么？”

孟子说：“不。这不是君子的语言，是齐东地方老百姓的野话。（当时的实际情况是）尧老了让舜代行政权。《尧典》说：‘舜代行政权二十八年时，尧才死去，朝中的百官象是死了父母，在替他服孝的三年中，民间停止一切音乐。’孔子说过：‘天上没有两个太阳，老百姓没有两个天子。’要是舜已经做了天子，又率领天下诸侯去替尧守三年孝，那么这就是两个天子了。”

咸丘蒙说：“舜没有把尧看作臣子，这个我已经明白了。《诗经》中说：‘全世界没有不属于天子的土地，沿着土地直达海边，没有一个人不是帝王的臣民。’现在舜既然做了天子，瞽瞍却不称臣，请问该当怎么解释呢？”

［原文］

曰：“是诗也，非是之谓也。劳于王事而不得养父母也。曰：‘此莫非王事，我独贤劳也。’故说诗者，不以文害辞，不以辞害志。以意逆①志，是为得之。如以辞而已矣，《云汉》②之诗曰：‘周余黎民，靡有孑(jié)遗③。’信斯言也，是周无遗民也。孝子之至，莫大乎尊亲；尊亲之至，莫大乎以天下养。为天子父，尊之至也；以天下养，养之至也。《诗》曰④：‘永言孝思，孝思惟则。’此之谓也。《书》曰⑤：‘祇(zhī)载见瞽瞍(gǔ sǒu)，夔夔(kuí kuí)齐栗，瞽瞍亦允若。’是为父不得而子也？”

［注释］

①逆：揣测。

②《云汉》：《诗经·大雅》中的一篇。

③靡有：没有。孑遗：二字同义，都是“余”的意思。

④《诗》曰：出自《诗经·大雅·下武》。

⑤《书》曰：以下三句是《尚书》逸文。

舜害不危

舜的父母和弟弟多次害他，他都能逢凶化吉。后来舜做了帝王，仍然对父母极为尊敬。

[译文]

孟子说："这首诗，说的不是这个。而是说作者自己为国事奔忙以至不能奉养父母。意思是这样：'这些事没有一桩不是王家的事，(别人安安逸逸，) 我却独独多劳多累。'所以解说诗的人，不要拘泥于文字，这会妨碍对诗的辞句的理解；不要拘泥于诗的辞句，这会妨碍对诗人作诗的意旨的体会。应该拿自己的思想去领会作者写诗的意旨，这样才算是体会了诗的真谛。要是仅限于对诗的辞句的理解，《云汉》这首诗中说，'周朝剩余的老百姓，没有一个留存下来了。'真的相信这个话，这就是说周朝没有留下一个人了。孝子孝到了极点，没有比尊敬父母亲更大的了；尊敬父母尊敬到了极点，没有比拿天下来奉养父母亲更大的了。做天子的父亲，这是尊敬到了极顶；拿天下奉养父母亲，这是奉养到了极顶。《诗经》里说：'我们永远不能忘记孝敬父母，这孝敬父母就是为人子的法则呀。'说的正是这个意思。《尚书》里说：'(舜) 极其恭敬地来见瞽瞍，以至谨慎战栗，瞽瞍也就相信舜的诚心而顺着儿子了。'这能说是父亲不能把他当儿子看待吗？"

[原文]

万章曰："尧以天下与舜，有诸？"

孟子曰："否。天子不能以天下与人。"

"然则舜有天下也，孰与之？"

曰："天与之。"

"天与之者，谆谆（zhūn zhūn）①然命之乎？"

曰："否。天不言，以行与事示之而已矣。"

曰："以行与事示之者，如之何？"

曰：“天子能荐人于天，不能使天与之天下；诸侯能荐人于天子，不能使天子与之诸侯；大夫能荐人于诸侯，不能使诸侯与之大夫。昔者尧荐舜于天，而天受之；暴②之于民，而民受之。故曰，天不言，以行与事示之而已矣。”

曰：“敢问荐之于天，而天受之；暴(pù)之于民，而民受之，如何？”

曰：“使之主祭，而百神享之，是天受之；使之主事，而事治，百姓安之，是民受之也。天与之，人与之，故曰天子不能以天下与人。舜相尧二十有八载，非人之所能为也，天也。尧崩，三年之丧毕，舜避尧之子于南河③之南，天下诸侯朝觐(jìn)者，不之尧之子而之舜；讼狱者，不之尧之子而之舜；讴歌者，不讴歌尧之子而讴歌舜，故曰天也。夫然后之中国④，践天子位焉。而⑤居尧之宫，逼尧之子，是篡也，非天与也。《太誓》⑥曰：‘天视自我民视，天听自我民听。’此之谓也。”

［注释］

①谆谆：反复叮咛。

②暴：显露，公开。

③南河：即黄河，自潼关以下由西向东流的一段，因在尧都之南，故称南河。

④中国：这里指帝都。

⑤而：如。

⑥《太誓》：即《泰誓》，《尚书》篇名。下引两句是《泰誓》逸文。

［译文］

万章问：“尧将天下给与舜，有这样的事吗？”

孟子说：“不。天子不能将天下送给别人。”

万章说："那么，舜获得天下，是谁给他的呢？"

孟子说："天给他的。"

万章紧接着问："所谓天给他，是不是上天恳切地叫他接受天下呢？"

孟子说："不。天不会说话，只不过是用行为和事实表示它的意旨罢了。"

万章说："用行为和事实来表示它的意旨，是怎样的？"

孟子说："天子能够将人才推荐给天，却不能叫天送给他天下；诸侯能够将人才推荐给天子，却不能叫天子让他做诸侯；大夫能够将人才推荐给诸侯，却不能叫诸侯让他做大夫。从前，尧将舜推荐给天，天接受了；又将他公开向老百姓介绍，老百姓也接受了。所以说，天不会说话，不过是用行为和事实向人们传达它的意旨罢了。"

万章又问："请问所谓推荐给天，天接受；公开介绍给老百姓，老百姓接受，怎么见得是这样呢？"

孟子说："派他去主持祭祀，一切神灵便都来享用，这就是天接受了；派他去主持政事，政事治理得井井有条，老百姓安居乐业，这就是老百姓接受了。天给他，人给他，所以说，天子不能将天下给与人。舜辅佐尧二十八年，不是人的力量所能办到，这就是天意。尧逝世后，守孝三年完了，舜到南河之南去回避尧的儿子，（好让他继承帝位，）天下的诸侯来见天子的，不到尧的儿子那里去，却到舜那里去；进行诉讼的人不到尧的儿子那里去，却到舜那里去；歌功颂德的人不歌颂尧的儿子却歌颂舜，所以说，这是天意。这样舜才回到京都，坐上天子的位子。要是（舜）住在尧的宫廷里，逼迫尧的儿子让位，这简直是篡夺，不是天给予的。《太誓》说过，'天看事物是通过老百姓的眼睛来看的，天听语言是通过老百姓的耳朵来听的，'说的正是这个意思。"

谏鼓谤木

尧曾在庭中设立大鼓，让百姓击鼓进谏；后来舜继承帝位，也效仿尧的做法，在交通要道立上木牌，让百姓在上面写谏言。后人因此将广开言路，听取各方面意见的做法都称作谏鼓谤木。

［原文］

万章问曰："人有言，'至于禹而德衰，不传于贤而传于子'。有诸？"

孟子曰："否，不然也。天与贤，则与贤；天与子，则与子。昔者，舜荐禹于天，十有(yòu)七年，舜崩，三年之丧毕，禹避舜之子于阳城，天下之民从之，若尧崩之后不从尧之子而从舜也。禹荐益于天，七年，禹崩，三年之丧毕，益①避禹之子于箕(jī)山②之阴。朝觐(jìn)讼狱者不之益而之启③，曰：'吾君之子也。'讴歌者不讴歌益而讴歌启，曰：'吾君之子也。'丹朱④之不肖，舜之子亦不肖。舜之相尧、禹之相舜也，历年多，施泽于民久。启贤，能敬承继禹之道。益之相禹也，历年少，施泽于民未久。舜、禹、益相去久远，其子之贤不肖，皆天也，非人之所能为也。莫之为而为者，天也；莫之致而至者，命也。匹夫而有天下者，德必若舜禹，而又有天子荐之者，故仲尼不有天下。继世以有天下，天之所废，必若桀纣者也，故益、伊尹、周公不有天下。伊尹相汤，以王于天下，汤崩，大丁⑤未立，外丙⑥二年，仲壬四年，大甲⑦颠覆汤之典刑，伊尹放之于桐⑧。三年，大甲悔过，自怨自艾(yì)，于桐处仁迁义。三年，以听伊尹之训己也，复归于亳(bó)⑨。周公之不有天下，犹益之于夏、伊尹之于殷也。孔子曰：'唐虞⑩禅，夏后殷周继，其义一也。'"

［注释］

①益：古代嬴姓各族的祖先，因助禹治水有功，被选为继承人。

②箕山：在今河南登封东南。

③启：禹的儿子。禹死后，他即继位，从此确立了传子制度。

④丹朱：传说中尧之子，名朱，因居丹水，名为丹朱。传说他傲慢荒淫，尧因此禅位给舜。

⑤大丁：即太丁，汤的长子。

⑥外丙：太丁的弟弟。下句仲壬，外丙的弟弟。

⑦大甲：即太甲，汤的嫡长孙，太丁之子。

⑧桐：地名，在今河南虞城南，一说在山西荣河县。

遣使求仙

三代以上，君王都是禅让而立，仁慈宽厚，待民众如子女，等到自己年老之时，将王位传给贤明的人而不是自己的后代。但是后世君主恰恰相反，为了王位可以不择手段，得到王位后又想永世拥有。秦始皇就是如此，他希望自己长生不死，永远保有帝王之位，所以屡次派人四处求仙问药。

⑨亳：地名，商汤的国都，故址在今河南商丘县北。

⑩唐虞：相传尧建立的朝代叫“唐”，舜建立的朝代叫“虞”。

［译文］

万章问道：“人们有这样的说法，‘到了禹的时候，道德便衰微了，不想把天下传给贤者，却传给儿子’。真有这样的事么？”

孟子说：“不，并不是这样。天意要给贤者，就给贤者；天意要给儿子，就给儿子。从前，舜把禹推荐给天，过了十七年，舜死了，守孝三年满了后，禹到阳城去回避舜的儿子，天下的百姓追随他，就像尧去世后不追随尧的儿子却追随舜一个样。禹也把益推荐给天，过了七年，禹死了，守孝三年满了后，益到箕山的北面去回避禹的儿子。那些朝见天子和诉讼的人都不到益那里去却到启那里，说，‘这是我们天子的儿子。’那些歌功颂德的人都不歌颂益却歌颂启，说，‘这是我们天子的儿子。’（尧的儿子）丹朱不肖，舜的儿子也不肖。舜辅佐尧、禹辅佐舜，经历的时间长，对老百姓施行恩泽也久。（禹的儿子）启很贤明，能够虔诚地继承禹的好传统、好作风。益辅佐禹，经历的时间既短，对百姓施行恩泽也没多少天。舜、禹、益辅佐天子时间的久暂，他们儿子的贤明或不肖，这都是天意，不是人力所能

办到的。什么事情如果不是人力所能办到却自然办到了，就是天意；不是人力所能招致却自然来到了的，这就是命运。一个普通人却能享有天下的，一定得具有舜和禹那样的道德，而且又有天子的推荐，所以孔子就没能享有天下。继承父辈之业而享有天下的人，天意所要废弃的，一定是像桀纣那样（暴戾）的人，所以益、伊尹和周公也没能享有天下。伊尹辅佐汤统一了天下，汤去世后，（太子）太丁（早死）没有做天子，外丙在位二年，仲壬在位四年，（他们都死得早，）（继承王位的太丁的儿子）太甲破坏了汤王制订的法典，（辅相）伊尹便把他流放到桐去。三年之后，太甲悔过自新，痛改前非，就在桐那里力求做到心存仁爱，行事合宜，三年中，虚心听取伊尹对自己的教诲，这样就又回到了亳地。周公不能享有天下，就和益在夏朝，伊尹在殷朝一样。孔子就说过‘唐尧、虞舜让位给贤者，夏商周三代，帝位子孙世代相传，道理都是相同的。’”

［原文］

万章问曰：“人有言，‘伊尹以割烹要汤’，有诸？”

孟子曰：“否，不然。伊尹耕于有莘(shēn)①之野，而乐尧舜之道焉。非其义也，非其道也，禄之以天下，弗顾也；系马千驷，弗视也。非其义也，非其道也，一介不以与人，一介不以取诸人。汤使人以币聘之，嚣嚣(xiāo xiāo)然曰：‘我何以汤之聘币为哉？我岂若处畎(quǎn)亩之中，由是以乐尧舜之道哉？’汤三使往聘之，既而幡(fān)然改曰：‘与我处畎(quǎn)亩之中，由是以乐尧舜之道，吾岂若使是君为尧舜之君哉？吾岂若使是民为尧舜之民哉？吾岂若于吾身亲见之哉？天之生此民也，使先知觉后知，使先觉觉后觉也。予，天民之先觉者也，予将以斯道觉斯民也。非予觉之而谁也？’思天下之民，匹夫匹妇有不被尧舜之泽者，若已推而内之沟中——其自任以天下之重如此。故就汤而说之以伐夏救民。吾未闻枉己而正人者也，况辱己以正天下者乎？圣人之行不同也，或远，或近，或去，或不去——归洁

其身而已矣。吾闻其以尧舜之道要汤，未闻以割烹也。《伊训》②曰：'天诛造攻自牧宫③，朕载自亳(bó)。'"

古人耕织图

［注释］

①有莘：莘，古国名，"有"是词头。故址在今山东曹县西北，一说在今河南开封。传说商汤娶有莘氏之女。

②《伊训》:《尚书》篇名。

③牧宫：桀所居之宫。

［译文］

万章问道："人们有这样一种说法，'伊尹用烹调的技术去请求汤王任用他'，真有这个事吗？"

孟子说："不，不是。伊尹在有莘国的郊野种田，十分喜爱尧舜之道。要是不合乎道和义，即便拿天下的财富给他作俸禄，他也毫不理睬；即使系四千匹马在他面前，（作为馈赠他的礼物，）他连看也不会看上一眼。要是不合乎道和义，一点小东西也不会拿给别人，也不会向别人要一点小东西。汤王派人带着礼物去聘请他，他却自得地说：'我为什么要接受汤的聘礼呢？哪有我现在这样身居田野之中，由此以研习尧舜之道快乐呢？'汤王三次派人去聘请他，然后他才完全改变态度道：'我与其身居田野之中，由此以研习尧舜之道为个人的快乐，怎比得上使这位君主成为尧舜之君呢？怎比得上使这些百姓成为尧舜的百姓呢？怎比得上在我生前亲自看到尧舜之道见诸实行呢？上天降生这些百姓，使先知的人帮助后知的人觉醒，使先觉的人帮助后觉的人觉醒。我，是百姓中天生先觉的人，我将拿尧舜之道去帮助这些百姓觉醒。不是我去帮助他们觉醒，又是谁去呢？'他心里想天下的百姓中，只要有一个男人、一个女人没有得到尧舜的恩泽，就好像是自己将他们推进水沟中一样——他这样是自愿把天下的重担挑在肩头。所以跑到汤王那里去游说他攻打夏桀拯救百姓。我没有听说过委屈自己却能匡正别人的，更何况屈辱自己而去匡正天下的呢？圣人的行事各有迥异，有的远离君主，有的接近君主，有的离开朝廷，有的不愿离开，但是归结起来，（相同之点，）只是做到洁身自好，做到一尘不染罢了。我只听说他（伊尹）用尧舜之道去干求汤王，没有听说用烹调技术的事。《伊训》里说：‘上天对夏桀的讨伐，是牧宫（代表夏桀）自己制造了该被攻讨的罪恶招来的，我（伊尹自谓）和汤谋伐桀却是从亳都开始的。’”

［原文］

万章问曰：“或谓孔子于卫主痈疽(yōng jū)①，于齐主侍人瘠环②，有诸乎？”

孟子曰：“否，不然也。好事者为之也。于卫主颜雠(chóu)由③。弥子④之妻与子路之妻，兄弟也。弥子谓子路曰：‘孔子主我，卫卿可得也。’子路以告。孔子曰：‘有命。’孔子进以礼，退以义，得之不得曰‘有命’。而主痈疽与侍人瘠环，是无义无命也。孔子不悦于鲁、卫，遭宋桓司马⑤将要而杀之，微服而过宋。是时孔子当厄，主司城贞子⑥，为陈侯周⑦臣。吾闻观近臣，以其所为主；观远臣，以其所主。若孔子主痈疽与侍人瘠环，何以为孔子？”

［注释］

①痈疽：人名，又作雍渠、雍、雍睢，卫灵公宠幸的宦官。

②瘠环：人名，齐景公宠幸的宦官。

③颜雠由：卫国大夫，有贤名。

④弥子：即弥子瑕，卫灵公的宠臣。

⑤桓司马：即宋国的司马桓魋。司马，官职名，掌管军政和军赋。

⑥司城贞子：陈国大夫。

⑦陈侯周：陈国国君，名周。

［译文］

万章问道：“有人说孔子在卫国寄居在痈疽家里，在齐国寄居在宦官瘠环家里，有这回事吗？”

左宗棠

自古以来就有许多门客栖身于显贵门下，希望有朝一日能够出人头地、名动天下。许多门客非常注重德行修养，因显贵的品行而不是官位来投奔。例如曾国藩因为注重修身养性，为人谨慎谦恭，所以许多人前来归附。左宗棠本是曾国藩的门客，后来得蒙赏识，建功立业，声名鹊起。

孟子说："不，事实不是这样。这是那些多事的人捏造出来的。（孔子）在卫国寄居在颜雠由家。弥子瑕的妻子同子路的妻子是姐妹。弥子瑕对子路说：'孔子要是寄居在我家，卫国卿相的位子就可以得到。'子路把这个话告诉了孔子。孔子说：'什么事情都是上天注定的。'孔子无论进还是退都要求合乎礼和义，得到官位和得不到官位都说是命运决定的。假如寄居到痈疽和宦官瘠环家中去，这便是不顾道义和命运了。孔子在鲁国和卫国不得意，又遇上宋国的司马桓魋，预谋在路上拦截他加以杀害，因此只得换装以通过宋国。这个时候孔子正蒙难，也还是寄居在（不算坏的）司城贞子家里，做陈侯周的臣子。我听说要观察朝中左右近臣的好坏，就看在他家里寄居的都是些什么样的客人；要观察外来做官的臣子的好坏，就看他寄居在什么样的主人的家里。要是孔子真的寄居在痈疽和宦官瘠环家里，那还是孔子吗？"

［原文］

万章问曰："或曰：'百里奚自鬻(yù)于秦养牲者五羊之皮，食牛，以要秦穆公①。'信乎？"

孟子曰："否，不然。好事者为之也。百里奚，虞人也。晋人以垂棘之璧与屈产之乘，假道于虞以伐虢(guó)。宫之奇②谏，百里奚不谏。知虞公③之不可谏而去之秦，年已七十矣，曾不知以食牛干秦穆公之为污也，可谓智乎？不可谏而不谏，可谓不智乎？知虞公之将亡而先去之，不可谓不智也。时举于秦，知穆公之可与有行也

而相之，可谓不智乎？相秦而显其君于天下，可传于后世，不贤而能之乎？自鬻（yù）以成其君，乡党自好者不为，而谓贤者为之乎？”

[注释]

①秦穆公：又作秦缪公，秦国国君，公元前659年至前621年在位。

②宫之奇：虞国大夫。晋国曾两次向虞国借路以攻打虢国，宫之奇用“唇亡齿寒”的道理劝告虞公拒绝晋的要求，虞公不听。结果晋灭虢后，接着灭掉了虞国。

③虞公：虞国国君。

[译文]

万章问道：“有人说：‘百里奚用五张羊皮将自己卖给秦国一个养牲口的人，给他喂牛，用这种行为来谋求秦穆公的任用。’是真的吗？”

孟子说：“不，事实不是这样。是那些多事的人捏造出来的。百里奚是虞国人。晋国人拿垂棘的白璧和屈地所产的好马作为贿赂，想借虞国的路去攻打虢国。宫之奇出来劝阻虞公（别上晋国的当），百里奚就没有进行劝阻。知道虞公不可劝阻因而离开虞国到秦国去，他的年岁已经七十了，竟会不知道以喂牛的行为来谋求秦穆公的任用是不光彩的，能说是明智吗？知道不可劝阻便不去劝阻，能说是不明智吗？知道虞公将要亡国因而先行离开，这不能说是不聪明。当时被秦国所起用，知道穆公这人可以跟他有所作为，因而愿做他的辅相，能说是不聪明吗？辅佐秦国使它的君主扬名天下，并可流芳于后世，一个不贤明的人能做到这样吗？用卖身的方法来成就他的君主的事业，就算是乡里中能洁身自爱的普通人都不会这样做，更何况一个贤明的人会这样做吗？”

百里奚畜牧封侯

万章章句下

［原文］

孟子曰："伯夷，目不视恶色，耳不听恶声；非其君不事，非其民不使；治则进，乱则退。横[1]政之所出，横民之所止，不忍居也。思与乡人处，如以朝衣朝冠坐于涂炭也。当纣之时，居北海之滨，以待天下之清也。故闻伯夷之风者，顽[2]夫廉，懦夫有立志。

"伊尹曰：'何事非君？何使非民？'治亦进，乱亦进。曰：'天之生斯民也，使先知觉后知，使先觉觉后觉。予，天民之先觉者也，予将以此道觉此民也。'思天下之民，匹夫匹妇有不与被尧舜之泽者，若己推而内之沟中——其自任以天下之重也。

"柳下惠不羞污君，不辞小官；进不隐贤，必以其道；遗佚[3]而不怨，厄(è)穷而不悯；与乡人处，由由然不忍去也。'尔为尔，我为我，虽袒(tǎn)裼(xī)裸裎(chéng)[4]于我侧，尔焉能浼(měi)[5]我哉？'故闻柳下惠之风者，鄙夫[6]宽[7]，薄夫[8]敦[9]。

［注释］

①横：暴。

②顽：贪婪。

③遗佚：不被重用。

④袒裼裸裎：四个字意思相近，同义复用，都是赤身露体的意思。

⑤浼：污染。

⑥鄙夫：心胸狭窄的人。

⑦宽：宽容。

⑧薄夫：刻薄的人。

⑨敦：厚道。

柳下惠

［译文］

孟子说："伯夷这个人，眼睛不看妖冶的颜色，耳朵不听淫靡的音乐；不是他认可的君主不去侍奉，不是他认可的百姓不去支使；天下太平就出来做事，天下混乱就退隐田野。暴政所出和暴民所住的地方，他都不能忍耐在那里住下来。他认为跟乡里暴民相处在一起，就像穿着礼服戴着礼帽坐在烂泥和炭灰的上面。当商纣王的时候，他隐居在北海边上，以等待天下的太平。所以听到伯夷高风的，就是贪夫也变得廉洁，怯懦的人也能树立不屈的意志。

"伊尹说：'什么君主不能侍奉？什么百姓不能支使？'太平时愿当官，乱离时也愿当官，他说，'上天降生这些百姓，使先知的人帮助后知的人觉醒，使先觉的人帮助后觉的人觉醒。我，是百姓中先觉醒的人，我将要拿圣贤之道去帮助这些百姓觉醒。'他心里想天下的百姓中只要有一个男人、一个女人没有得到尧舜恩泽，就好像是自己将他们推进水沟中一样——（这就是）他自愿把天下的重担挑在肩头上的原因。

"柳下惠不以侍奉不好的君主为可耻，做小官也在所不辞；上朝做官不保留自己的才干，但一定得合乎原则；虽被遗弃也无怨言，身处困境并不犯愁；跟乡里暴民共处，也会很自然并舍不得离开他们。'你是你，我是我，哪怕是赤身露体坐在我身旁，你又怎么能玷污我呢？'因此凡听到柳下惠高风的，就是心地狭窄的人也变得襟怀宽大，为人刻薄的也变得厚道起来了。

［原文］

"孔子之去齐，接淅（xī）①而行。去鲁，曰：'迟迟吾行也，去父母国之道也。'可以速而②速，可以久而久，可以处而处，可以仕而仕，孔子也。"

孟子曰："伯夷，圣之清者也；伊尹，圣之任者也；

柳下惠，圣之和者也；孔子，圣之时者也。孔子之谓集大成。集大成也者，金声③而玉振④之也。金声也者，始条理也；玉振之也者，终条理也。始条理者，智之事也；终条理者，圣之事也。智，譬则巧也；圣，譬则力也。由⑤射于百步之外也，其至，尔力也；其中，非尔力也。”

[注释]

①接淅：淘米。

②而：则。以下几句同。

③金声：指镈钟发出的声音。

④玉振：指玉磬收束的余韵。古代奏乐，先以镈钟起音，结束以玉磬收尾。

⑤由：通“犹”。

[译文]

“孔子离开齐国的时候，饭都来不及弄，把正在淘的米漉干了就走；离开鲁国时，却说：‘我们慢慢走吧，这是离开父母国该采取的态度。’该快走就快走，该留久点就留久点，该闲居在家就闲居在家，该做官就做官，这就是孔子所持的态度。”

伯夷

孟子说：“伯夷是圣人之中清高的人；伊尹是圣人中特别富于责任感的人；柳下惠是圣人中比较随和的人；孔子是圣人中能相机行事的人。孔子可说是集大成者。所谓集大成的意思，（就像奏乐，）先敲金属乐器钟开头，后击玉制的磬收尾一样。先敲金属乐器钟，是表示节奏条理的开端；后用玉制的磬收尾，是表示节奏条理的终结。掌握奏乐条理的开始，得靠人的智力；坚持奏乐条理的终结，得靠人的圣德。智，就好比是技巧；圣，就好比是力气。就如同在百步以外射箭一样，射到目的地，是靠你的力量；射中靶子，就不是单靠你的力量，（还得运用你的智慧和技巧。）”

［原文］

北宫锜(qí)①问曰：“周室班爵禄也，如之何？”

孟子曰：“其详不可得闻也，诸侯恶其害己也，而皆去其籍；然而轲也尝闻其略也。天子一位，公一位，侯一位，伯一位，子、男同一位，凡五等也。君一位，卿一位，大夫一位，上士一位，中士一位，下士一位，凡六等。天子之制，地方千里，公侯皆方百里，伯七十里，子、男五十里，凡四等。不能五十里，不达于天子，附于诸侯，曰附庸。天子之卿受地视侯，大夫授地视伯，元士②受地视子、男。大国地方百里，君十卿禄，卿禄四大夫，大夫倍上士，上士倍中士，中士倍下士，下士与庶人在官者同禄，禄足以代其耕也。次国地方七十里，君十卿禄，卿禄三大夫，大夫倍上士，上士倍中士，中士倍下士，下士与庶人在官者同禄，禄足以代其耕也。小国地方五十里，君十卿禄，卿禄二大夫，大夫倍上士，上士倍中士，中士倍下士，下士与庶人在官者同禄，禄足以代其耕也。耕者之所获，一夫百亩，百亩之粪。上农夫食九人，上次食八人，中食七人，中次食六人，下食五人。庶人在官者，其禄以是为差。”

［注释］

①北宫锜：卫国人。

②元士：天子直辖区域内的上士。

[译文]

北宫锜问道:“周朝王室是如何规定爵位和俸禄的等级制度的?”

孟子说:“它的详细情况已不可能知道了,诸侯们因为讨厌它妨碍自己扩充土地和财富,把那些(可作根据的)文献全都销毁了;不过我孟轲却曾粗略地知道它的大概情况。(当时班爵的制度是:)天子是一级,公是一级,侯是一级,伯是一级,子、男同为一级,总共是五等。(在朝廷中,)天子是一级,卿是一级,大夫是一级,上士是一级,中士是一级,下士是一级,总共分六等。(当时班禄的制度是:)天子亲自管辖的土地是见方千里,公和侯都是见方百里,伯爵七十里,子、男各五十里,总共是四等。土地不到五十里的,不能直接通名到天子那里去,附属在其他诸侯大国,称为附庸。天子朝中的卿所受的封地比照侯爵,大夫的封地比照伯爵,上士的封地比照子爵和男爵。公侯大国的封地见方百里,它的国君的俸禄十倍于卿,卿的俸禄四倍于大夫,大夫倍于上士,上士倍于中士,中士倍于下士,下士跟当公差的老百姓拿同样的俸禄,他们所得的俸禄足够抵上从事耕种的收入。中等国家的封地见方七十里,它的国君的俸禄十倍于卿,卿的俸禄三倍于大夫,大夫倍于上士,上士倍于中士,中士倍于下士,下士跟当公差的老百姓拿同样的俸禄,他们所得的俸禄足够抵得上从事耕种的收入。小国的封地见方五十里,它的国君的俸禄十倍于卿,卿的俸禄二倍于大夫,大夫倍于上士,上士倍于中士,中士倍于下士,下士跟当公差的老百姓拿同样的俸禄,他们所得的俸禄足够抵得上从事耕种的收入。农夫的所得,一夫之家分田一百亩,加上百亩的肥料。粪多而又勤劳的上等农民可以养活九口人,其次的养活八口人,中等的养活七口人,再次的养活六口人,下等的养活五口人。在公家当差的老百姓,他们的俸禄便是比照这个来分等级高下的。”

[原文]

万章问曰:“敢问友。”

孟子曰:“不挟(xié)[1]长,不挟贵,不挟兄弟而友。友也者,友其德也,不可以有挟也。孟献子[2],百乘之家也,有友五人焉:乐正裘,牧仲,其三人,则予忘之矣。献子之与此五人者友也,无献子之家者也。此五

人者，亦有献子之家，则不与之友矣。非惟百乘之家为然也，虽小国之君亦有之。费惠公[3]曰：‘吾于子思，则师之矣；吾于颜般，则友之矣；王顺、长息，则事我者也。’非惟小国之君为然也，虽大国之君亦有之。晋平公之于亥唐[4]也，入云则入，坐云则坐，食云则食[5]；虽蔬食[6]菜羹(gēng)，未尝不饱，盖不敢不饱也。然终于此而已矣。弗与共天位也，弗与治天职也，弗与食天禄也，士之尊贤者也，非王公之尊贤也。舜尚[7]见帝，帝馆甥[8]于贰室[9]，亦飨(xiǎng)舜，迭为宾主，是天子而友匹夫也。用[10]下敬上，谓之贵贵；用上敬下，谓之尊贤。贵贵尊贤，其义一也。”

[注释]

①挟：倚仗。

②孟献子：鲁国大夫仲孙蔑。

③费惠公：战国时小国费的国君。费国，在今山东鱼台西南费亭，一说在今山东临沂费县西北。

④亥唐：晋国人。晋平公时，朝中多贤臣，但亥唐不愿为官，隐居穷巷，平公曾对他“致礼与相见面请事”，非常敬重。

⑤入云、坐云、食云：是云入、云坐、云食的倒装。云，说。

⑥蔬食：粗糙的饮食。蔬同“疏”。

⑦尚：同“上”。

⑧甥：古时称妻子的父亲叫外舅，所以，女婿也称“甥”。舜是尧帝的女婿。

⑨贰室：副官，即招待宾客的官邸。

⑩用：以。

[译文]

万章问道：“请问交友之道是怎样的？”

孟子说：“交朋友不能靠自己年岁大，不能靠自己的官位高，也不能靠自己有钱有势的兄弟。所谓交友，是以品德相交，决不可有所倚恃。孟献

子是位能出兵车百辆的大夫，他有五个朋友：一个叫乐正裘，一个叫牧仲，其他三人，我暂时忘记了名字。献子跟这五个人交朋友，心里丝毫不存在我献子是百乘之家的大夫的念头，这五个人，要是心里也有着献子是个百乘之家的大夫的念头，就不会跟他交朋友了。不只是百乘之家的大夫这样，虽是小国的君主也有个交朋友的问题。费惠公说：‘我对于子思，就将他当老师；对于颜般，就将他当朋友；至于王顺、长息，就只是当成侍奉我的臣子。’不止小国的君主是这样，虽是大国的君主也有个交朋友的问题。晋平公对于亥唐（尊敬得很，）亥唐叫他进去就进去，叫他坐就坐，叫他吃饭就吃饭；那怕是糙米饭小菜汤，从来没有不吃饱过，因为不敢不吃饱。可是只不过做到这样罢了。并不跟他共居官位，不跟他共理政事，不跟他共享俸禄，这是士人尊敬贤人所采取的态度，不是王公尊敬贤人应有的态度。舜（当年）上谒帝尧，帝尧在另一所官邸里款待这位女婿，也设宴请舜，（他们翁婿俩有时）互为宾主，这可说是天子下交平民百姓的典范。地位低的人尊敬地位高的人，叫作尊重贵人；地位高的人尊敬地位低的人叫作尊敬贤士。尊重贵人和尊敬贤士，道理都是相同的。”

［原文］

万章问曰：“敢问交际何心也？”

孟子曰：“恭也。”

曰：“‘却之却之为不恭’，何哉？”

曰：“尊者赐之，曰：‘其所取之者义乎？不义乎？’而后受之，以是为不恭，故弗却也。”

曰：“请无以辞却之，以心却之，曰：‘其取诸民之不义也。’而以他辞无受，不可乎？”

曰：“其交也以道，其接也以礼，斯孔子受之矣。”

万章曰：“今有御人于国门之外者，其交也以道，其馈也以礼，斯可受御也？”

曰：“不可。《康诰（gào）》[1]曰：‘杀越人于货，闵不畏死，凡民罔不譈。’是不待教而诛之者也。殷受夏，周受殷，

所不辞也。于今为烈，如之何其受之？”

曰：“今之诸侯取之于民也，犹御也。苟善其礼际矣，斯君子受之，敢问何说也？”

洁己家国

君子当不受不义之财，廉洁奉公，历代这样的廉洁者并不鲜见。明朝时有一著名的廉吏屠任，他到湖南武陵去做知县，在任九年，一毫不贪。曾经有人送他瓜果蔬菜，他拒不接受，说：“这就是贿赂的开始啊。”及至屠任死去，身后只留下了几箱书。

［注释］

①《康诰》：《尚书》中的一篇。

［译文］

万章问道：“请问与人交际的时候，应该抱着什么思想？”

孟子说：“应该出以恭敬之心。”

万章又问：“（人家常说，）‘老是拒绝接受别人赠送的礼物就是不恭敬，’这是什么意思呢？”

孟子说：“要是一位有地位的人赠送东西，自己先这么考虑道：‘他取得这些东西的方式是合乎义呢，还是不合于义呢？’然后才接受，因为这样做不恭敬，所以也就不拒绝接受了。”

万章说：“请不要用语言去拒绝，而在心里拒绝他，心想，‘他赠送的礼物是取之于民的不义之财’，然后用别的借口拒绝他，这样做不是很好吗？”

孟子说：“他以正道来与我相交往，以礼节来与我相接触，这样就是孔子也是会接受他赠送的礼物的。”

万章说：“假如现在有人在京都郊野拦路抢劫，他也以正道来结交您，以礼节来馈赠您，难道这样还可以接受他那抢来的横财不成？”

孟子说：“不可以。《康诰》中曾经这样说：‘杀害行人，劫夺财物，一味强横，一点也不怕死，（对于这种人，）百姓没有不对他恨之入骨的。’这种人没必要等待先进行教育就可以直接诛杀他。殷朝继承了夏朝这条法规，周朝又继承了殷朝这条法规，这是它们所不愿更改的。现在这种杀人抢劫

财物的行为就更是厉害了，怎么能接受这种馈赠呢？”

万章说：“现在的诸侯从百姓那里榨取血汗，跟强盗杀人劫物的行径差不多。如果他们把与人相交往的礼节表演得很出色，这样君子就可以接受他们的馈赠，请问这又该怎样解释呢？”

[原文]

曰：“子以为有王者作，将比今之诸侯而诛之乎？其教之不改而后诛之乎？夫谓非其有而取之者盗也，充类至义之尽也。孔子之仕于鲁也，鲁人猎较①，孔子亦猎较。猎较犹可，而况受其赐乎？”

曰：“然则孔子之仕也，非事道与？”

曰：“事道也。”

“事道奚猎较也？”

曰：“孔子先簿(bù)正祭器，不以四方之食供簿正。”

曰：“奚不去也？”

曰：为之兆也。兆足以行矣，而不行，而后去，是以未尝有所终三年淹也。孔子有见行可之仕，有际可之仕，有公养之仕。于季桓子②，见行可之仕也；于卫灵公③，际可之仕也；于卫孝公④，公养之仕也。”

周武王

周武王灭商以后，对待商朝的旧臣诸侯等，没有大开杀戒，而是予以优待，以此来安抚天下。后世孔孟都非常推崇武王的做法，认为他是一个贤明的君主。

[注释]

①猎较：古代风俗，打猎时争夺猎物，以所得用作祭祀。

②季桓子：鲁国的正卿。

③卫灵公：卫国国君，公元前534年至公元前493年在位。

④卫孝公：不见于史书记载，可能是卫出公。

［译文］

孟子说："你以为如果有圣王兴起，会将现在的诸侯不问青红皂白一股脑儿全部杀掉呢？还是先教育他们，如果再不悔改然后才杀掉呢？（人们）说不是他应该有的东西却要去取它到手是盗贼的行径，那只是扩充它的意义，提高到最高原则上来说的，（并不是就把他看作真的盗贼。）孔子在鲁国做官时，鲁国人开展争夺猎物的竞赛活动，孔子也参加这种竞赛活动。参加争夺猎物的竞赛活动尚且可以，更何况接受他们赠送的礼物呢？"

万章说："那么孔子做官，难道不是为了实现自己的政治主张么？"

孟子说："是为了实现自己的政治主张。"

万章紧接着问道："为了实现政治主张，为什么又要去参加争夺猎物的竞赛活动呢？"

孟子答道："孔子先用文书规定祭器的数目，并且规定不得用四方难以获得的食物盛在文书规定的祭器中充祭品，（这样，为了获得猎物供祭祀的'猎较'活动久而久之，便会自动废止了。）"

万章又问："（孔子）为什么不离开呢？"

孟子说："（孔子）是要先开个头，（试行一下自己的政治主张。）如果这个开头证明自己的政治主张可以行得通，而主管其事的人君却不肯实行，然后才离去，所以孔子（在他所到过的国家）从来不曾有呆过三年整的。孔子（做官大约有这样三种情况：）有的是因看见有行道的可能而做官，有的是因国君对自己能以礼相待而做官，有的则是由于国君能够养贤而做官。对于季桓子，就是因看见有行道的可能而做官的；对于卫灵公，就是因国君对自己能以礼相待而做官的；对于卫孝公，则是由于国君能够养贤而做官的。"

庄子

在任何职位都应该做适合的事情，这才是君子的做法。不应以官小就不为。庄子早年做过漆园小吏，虽为生计所迫，但是庄子仍尽忠职守。

[原文]

孟子曰：“仕非为贫也，而有时乎为贫；娶妻非为养也，而有时乎为养。为贫者，辞尊居卑，辞富居贫。辞尊居卑，辞富居贫，恶乎宜乎？抱关[1]击柝(tuò)[2]。孔子尝为委吏[3]矣，曰：‘会计当而已矣。’尝为乘田[4]矣，曰：‘牛羊茁壮长而已矣。’位卑而言高，罪也；立乎人之本朝[5]而道不行，耻也。”

[注释]

①抱关：守门。

②击柝：打更。柝指打更用的梆子。

③委吏：管仓库的小史。

④乘田：管苑囿的小吏，负责牲畜的饲养和放牧。

⑤本朝：朝廷。

[译文]

孟子说：“做官不是因为贫穷，但有时也会因为贫穷；娶妻子不是为了奉养双亲，但有时也会为了奉养双亲。由于贫穷而被迫出来做官的，就该不作高官，甘居小职，不拿厚禄，甘得薄俸。不作高官，甘居小职，不拿厚禄，甘得薄俸，那么，干点什么工作最为合适呢？当看门打更的人也就行了。孔子就曾经做过仓库管理员，他说：‘只不过做到账目清楚罢了。’他也曾经当过看牲畜园子的小吏，他说：‘只不过把园子里的牛羊养得膘肥体壮罢了。’职位卑下的人却好高谈阔论，上议朝政，那是一种罪过；在人家的朝廷里当大官，却不能推行正确的政治主张，这也是一种耻辱。”

[原文]

万章曰：“士之不托诸侯，何也？”

孟子曰：“不敢也。诸侯失国[1]，而后托于诸侯，礼也；士之托于诸侯，非礼也。”

万章曰：“君馈之粟，则受之乎？”

曰："受之。"

"受之何义也？"

曰："君之于氓也，固周②之。"

曰："周之则受，赐之则不受，何也？"

曰："不敢也。"

曰："敢问其不敢何也？"

曰："抱关击柝(tuò)者皆有常职以食于上。无常职而赐于上者，以为不恭也。"

曰："君馈之，则受之，不识可常继乎？"

［注释］

①诸侯失国：春秋时期战乱不断，常有诸侯出奔他国。

②周：周济。

［译文］

万章问道："士不能依靠诸侯为生，这是为什么？"

孟子说："不敢这样做。诸侯失掉了自己的国家，然后寄居在别的诸侯国家当寓公，这是于礼相合的；士依靠诸侯为生，就是不合乎礼的。"

万章又问："国君要是送给他粮食，那接不接受呢？"

孟子说："接受。"

"为什么要接受呢？"

孟子说："国君对于流落在他国内的士人，本有周济的义务。"

万章说："周济他就接受，赐予就不接受，这又是为什么呢？"

孟子说："不敢接受。"

万章说："请问不敢接受的理由是什么？"

孟子说："看门和打更的小吏都是由于有正常的职务才受上面的给养，没有正当的职务却接受上面的赐予，在人们看来是不恭敬的行为。"

万章说："国君送东西给他，就接受，不知道可不可以经常这样做？"

［原文］

曰："缪公之于子思也，亟(jí)问，亟馈鼎肉①。子思不

悦。于卒也，摽（biào）使者出诸大门之外，北面稽（qǐ）首再拜[2]而不受，曰：‘今而后知君之犬马畜伋（jí）。’盖自是台[3]无馈也。悦贤不能举，又不能养也，可谓悦贤乎？”

曰：“敢问国君欲养君子，如何斯可谓养矣？”

曰：“以君命将之，再拜稽首而受。其后廪（lǐn）人继粟，庖人继肉，不以君命将之。子思以为鼎肉使己仆仆尔亟拜也，非养君子之道也。尧之于舜也，使其子九男事之，二女女焉，百官牛羊仓廪备，以养舜于畎（quǎn）亩之中，后举而加诸上位，故曰，王公之尊贤者也。”

[注释]

①鼎肉：即熟肉。

②稽首再拜：稽首，古代跪拜礼，行礼时两手拱至地，头至手，不触及地。再拜：拜两次。据考，稽首再拜称为“凶拜”，而下文再拜稽首称为“吉拜”。

③台：始。

[译文]

孟子说：“过去鲁缪公对于子思，屡次派人去问候，并赠送肉食。子思心里很不高兴。到最后，把使者撵出大门外，朝着北面叩头，作揖两次，拒绝接受缪公赠送的东西，并且说：‘从今以后我才知道大王您是把我孔伋当作狗马一样地畜养。’从此鲁缪公就不再（给子思）送东西了。喜爱贤士既不能提拔，又不能奉养，这能说是喜爱贤士吗？”

帝尧

万章说：“请问国君要奉养贤士，怎样做才真算是奉养贤士呢？”

孟子说：“（第一次馈送东西，）以国君的名义送给他，他便作揖两次叩头接受下来。以后管粮仓的人经常送粮食，管膳食的人经常送肉食，就不再用国君的名义去送了。子思认为（鲁缪公）馈送肉食害得自己十分麻烦地一再作揖下跪，这不是奉养君子的正确作法。从前尧对待舜，派他的九个儿子尊舜为老师，把两个女儿嫁给他，替舜服役的各种工作人员以及牛羊仓库，应有尽有，以奉养舜于田野之中，然后提拔他到高位上，因此说，这才是王公尊敬贤士的典范。”

［原文］

万章曰：“敢问不见诸侯，何义也？”

孟子曰：“在国曰市井之臣，在野曰草莽之臣，皆谓庶人。庶人不传质①为臣，不敢见于诸侯，礼也。”

万章曰：“庶人，召之役，则往役；君欲见之，召之，则不往见之，何也？”

曰：“往役，义也；往见，不义也。且君之欲见之也，何为也哉？”

曰：“为其多闻也，为其贤也。”

曰：“为其多闻也，则天子不召师，而况诸侯乎？为其贤也，则吾未闻欲见贤而召之也。缪公亟(jí)见于子思，曰：‘古千乘之国以友士，何如？’子思不悦，曰：‘古之人有言曰，事之云乎，岂曰友之云乎？’子思之不悦也，岂不曰：‘以位，则子，君也；我，臣也，何敢与君友也？以德，则子事我者也，奚可

范蠡

贤明之人奉请君子都会恭恭敬敬，亲自拜谒，不是随便呼喝或者命人去请。文种到达宛县，听说范蠡的行迹，十分倾慕，派小吏前去请召。范蠡避而不见，几次以后，文种意识到自己这不是奉请君子的做法，于是亲自前去拜谒范蠡。后文种与范蠡结成好友，一同出楚奔越。

以与我友？’千乘之君求与之友而不可得也，而况可召与？齐景公田，招虞人以旌，不至，将杀之。志士不忘在沟壑，勇士不忘丧其元。孔子奚取焉哉？取非其招不往也。”

［注释］

①传质：求见君王的人，将献给君王的见面礼品拿给通报的人，由他传送进去，称为“传质”。

［译文］

万章问道：“请问作为一个士人不愿意去谒见诸侯，这是什么意思呢？”

孟子回答说：“（不在职的士人）住在都城的叫作市井之臣，住在效野的叫作草莽之臣，统称为百姓。百姓没有传送见面礼成为臣属，不敢谒见诸侯，这是合乎礼的。”

万章继续问：“百姓，国君召他服役，就去服役；国君要见他，召他，却不去见国君，是什么缘故呢？”

答道：“去服役，是应该的；去谒见，是不应该的。而且国君要见他，这是为什么呢？”

万章说：“是因为他见多识广，是因为他德高望重。”

孟子说：“假如因为他见多识广，（国君要拜他做老师，）那么就算是天子也不便召见老师的，更何况是诸侯呢？如果因为他德高望重，那么我就从没有听说过想和德高望重的贤士会晤却去召见他的。鲁缪公多次去访问子思，问道：‘古代能出兵车千辆的大国之君跟士人交朋友，情况会怎么样呢？’子思心里不高兴，答道：‘古代人的话是说，（对于士人，）国君应该拜他做老师，难道是说跟他交朋友吗？’子思不高兴的原因，难道不是这样的意思：‘论地位，那么你，

丑次同车

是君主；我，是臣子，（臣子）岂敢和君主交朋友呢？论品德，那你就该是拜我做老师的人，怎么可以跟我交朋友呢？’千乘大国之君想跟他交朋友都办不到，更何况（要他）服从召唤呢？从前齐景公去打猎，拿饰有羽毛的旗子召唤管猎场的小吏，小吏不来见，（景公）将要杀掉他。一个有志之士正直不苟，不怕惨遭杀戮，尸填沟坑，一个勇敢的人临危不乱，哪怕要掉脑袋，（这不是孔子当年赞颂这个小吏的话么？）孔子赞许他哪一点呢？就是赞许他敢于坚守礼义，不接受不合乎礼仪的召唤。”

［原文］

曰：“敢问招虞人何以？”

曰：“以皮冠。庶人以旃(zhān)①，士以旂(qí)②，大夫以旌(jīng)③。以大夫之招招虞人，虞人死不敢往；以士之招招庶人，庶人岂敢往哉？况乎以不贤人之招招贤人乎？欲见贤人而不以其道，犹欲其入而闭之门也。夫义，路也；礼，门也。惟君子能由是路出入是门也。《诗》云④：‘周道如底⑤，其直如矢；君子所履(lǚ)，小人所视⑥。’”

万章曰：“孔子，君命召，不俟(sì)驾而行；然则孔子非与？”

曰：“孔子当仕有官职，而以其官召之也。”

［注释］

①旃：赤色的曲柄旗。

②旂：上绘交龙并有铃铛的旗子。

③旌：用牦牛尾或兼五彩羽毛饰竿头的旗子。

④《诗》云：出自《诗经·小雅·大东》。

⑤底：同“砥”，磨刀石。

⑥视：效法。

［译文］

问：“请问召唤管猎场的小吏该用什么东西？”

杜甫

大凡君子名士总是和与自己品性相近、志趣相投的名士结交，向他们学习，不断提升自己。自古以来，君子之间互慕高义的数不胜数，还有向前代先贤学习者更不计其数。李白、杜甫二人虽相差十多岁，但是却结为知己好友，相互酬唱。

答："用皮帽子。召唤普通百姓用赤色曲柄旗子，召唤士人用悬有铃铛并画有相交的二龙的旗子，召唤大夫用饰有羽毛的旗子。用召唤大夫的旗子去召唤管猎场的小吏，小吏死也不敢去；用召唤士人的旗子去召唤普通百姓，普通百姓能敢去吗？何况用召唤不贤的人的旗子（或礼节）去召唤贤德的人呢？想见到贤德的人却不遵循应有的礼数，那就像是想请他进屋子却把门关起来。义，就像是路；礼，就像是门。只有有德的君子才能从这条路走。从这个门进出。《诗经》里说：'大路像磨刀石一般平，又像箭一般直，有德君子在上面走，百姓步步来效法。'"

万章最后又问："听说孔子，国君一有命令召唤，总是等不到套好马车就走；那么孔子做得不对么？"

孟子答道："孔子当时正在做官，担任了职务，国君是凭他的职务召唤他的。"

[原文]

孟子谓万章曰："一乡之善士，斯友一乡之善士，一国之善士，斯友一国之善士，天下之善士，斯友天下之善士。以友天下之善士为未足，又尚①论古之人。颂②其诗，读其书，不知其人，可乎？是以论其世也。是尚友也。"

[注释]

①尚：同"上"。

②颂：同"诵"。

[译文]

孟子对万章说:“一个乡村里的名士就跟另一个乡村里的名士交朋友,一个国家的名士就和另一个国家的名士交朋友,名闻天下的人士就和名闻天下的人士交朋友。假如感到和天下闻名的人士交朋友还不能满足自己的要求,便又向上追论古代的人,吟诵他们的诗歌,研读他们著的书,不了解他们的为人,可不可以?所以还要议论一下他们所处的时代,(看看他们在那个时代中起过什么作用。)这就叫作追溯到上代跟古代的著名人物做朋友。”

[原文]

齐宣王问卿。

孟子曰:“王何卿之问也?”

王曰:“卿不同乎?”

曰:“不同。有贵戚之卿[①],有异姓之卿。”

王曰:“请问贵戚之卿。”

曰:“君有大过则谏,反覆之而不听,则易位。”

王勃然变乎色。

曰:“王勿异也。王问臣,臣不敢不以正[②]对。”

王色定,然后请问异姓之卿。

曰:“君有过则谏,反覆之而不听,则去。”

[注释]

①贵戚之卿:指与君王同宗族的卿大夫。

②正:诚。

[译文]

齐宣王问及有关卿的问题。

孟子说:“大王您问的是哪一种卿呢?”

宣王说:“卿难道还有不一样的吗?”

孟子说:“有。有出身王族的卿,有不是出身王族的卿。”

宣王说："请问出身王族的卿怎样？"

孟子答道："国君有重大的罪过便进谏，反复劝谏，他不听从就改立另一位贤能的国君。"

宣王（一下子）变了脸色。

孟子说："大王不要感到奇怪。大王问我，我不敢不拿实话回答您。"

宣王脸色恢复了正常，然后再问与王族不同姓的卿怎样。

孟子说："国君有过错就进谏，反复劝谏了，他不听从，就离职到别的国家去。"

告子章句上

［原文］

告子[1]曰："性犹杞柳[2]也，义犹桮棬（bēi quān）[3]也；以人性为仁义，犹以杞柳为桮棬。"

孟子曰："子能顺杞柳之性而以为桮棬乎？将戕贼杞柳而后以为桮棬也？如将戕贼杞柳而以为桮棬，则亦将戕贼人以为仁义与？率天下之人而祸仁义者，必子之言夫！"

［注释］

①告子：生平不详，大约做过墨子的学生，较孟子年长。

②杞柳：树名，枝条柔韧，可以编制箱筐等器物。

③桮棬：器名。先用枝条编成杯盘之形，再以漆加工制成杯盘。

［译文］

告子说："人性好比是杞柳树，仁义好比是枝条做的杯盘；使人性具备仁义，就像是把杞柳树做成杯盘，（靠的是人为的力量。）"

孟子说："你能顺着杞柳树的本性去做成杯盘吗？还得要残害杞柳树的本性然后才能做成杯盘吧？假如说要残害杞柳树的本性才能做成杯盘，那么（你）也要残害人的本性才能使它具备仁义么？带领天下的人共同来祸害仁义的，一定是你这种论调啊！"

周处

孟子认为，人性本善，如果人做了坏事，也是环境影响，形势所迫，并非出于人的本性。周处的例子很能证明这一点。周处是三国吴人，年少时性情暴戾，乡人皆患之，将其与山虎、水蛟并称为"三害"。周处上山打虎，入水击蛟，幡然醒悟，改过自新。乡人皆敬重他。

[原文]

告子曰：“性犹湍(tuān)水[①]也，决诸东方则东流，决诸西方则西流。人性之无分于善、不善也，犹水之无分于东西也。”

孟子曰：“水信[②]无分于东西，无分于上下乎？人性之善也，犹水之就[③]下也。人无有不善，水无有不下。今夫水，搏而跃之，可使过颡(sǎng)[④]；激而行之，可使在山。是岂水之性哉？其势则然也。人之可使为不善，其性亦犹是也。”

[注释]

①湍水：急流的水。

②信：诚，真。

③就：趋向。

④颡：额头。

[译文]

告子说：“人性就像急流的水一样，在东方冲开了个缺口便向东方流去，在西方冲开了缺口便向西方流去。人性没有善和不善，就好像水流本不分东西流向。”

孟子说：“水的确本不分东西流向，但是水也不分上下流向么？人性向善，便和水爱向低处流一样。人（的本性）是没有不善良的，水（的本性）是没有不向下流的。那水，你拍打它使它跳跃起来，一时也可以使它高出你的额头；你设法阻挡它，一时也可以使它飞流上山。这难道是水的本性么？这是形势逼着它如此。人可以被迫干坏事，他的本性的变化也和水的本性改变一样是被迫的。”

[原文]

告子曰：“生之谓性。”

孟子曰：“生之谓性也，犹白之谓白与？”

曰："然①。"

"白羽之白也，犹白雪之白；白雪之白，犹白玉之白与？"

曰："然。"

"然则犬之性犹牛之性，牛之性犹人之性与？"

［注释］

①然：是，是的。

［译文］

告子说："天生的禀赋就叫性。"

孟子说："天生的禀赋就叫性，就像白色的东西就是白色吗？"

告子说："是"。

"白羽毛的白，和白雪的白一样；白雪的白和白玉的白一样吗？"

告子说："是。"

"那么狗的生性和牛的生性一样，牛的生性和人的生性一样吗？"

［原文］

告子曰："食色，性也。仁，内也，非外也；义，外也，非内也。"

孟子曰："何以谓仁内义外也？"

曰："彼长而我长之，非有长于我也；犹彼白而我白之，从其白于外也，故谓之外也。"

曰："异于白马之白也，无以异于白人之白也；不识长马之长也，无以异于长人之长与？且谓长者义乎？长之者义乎？"

曰："吾弟则爱之，秦人之弟则不爱也，是以我为悦者也，故谓之内。长楚人之长，亦长吾之长，是以长为悦者也，故谓之外也。"

曰：“耆[1]秦人之炙[2]，无以异于耆吾炙，夫物则亦有然者也，然则耆炙亦有外与？”

［注释］

①耆：同“嗜”。

②炙：烤肉。

［译文］

告子说：“饮食和男女两件事，是人的本性。仁，存在于人本身之内，不是显现在本身之外；义，存在于人本身之外，不是在本身之内。”

孟子说：“凭什么说仁在身内，义在身外呢？”

答道：“由于他年长所以我将他看作长者加以尊敬，年长在他不在于我；就好像它是白色的东西因而我认为它白，这是由于外在物的白色所决定的，（并不是我脑子里先存有白色的观念，）所以说它是外在的东西。”

问道：“白马的白和白人的白虽然没有什么不同，但不知对老马的尊敬跟对年长的人的尊敬是不是一样呢？而且你所说的义，是指长者呢，还是指尊敬长者的心呢？（如果义不在于他的年长，而在于我尊敬长者之心，那么，义就还是在内不是在外了。）”

告子（继续辩解）：“对于我自己的弟弟就爱，对于秦人的弟弟就不爱，这就可见爱不爱在于我自己，所以我（把仁）叫作内在的东西。尊敬楚人的长者，也尊敬我的长者，这可见爱不爱决定于他人的年长，所以我（把义）叫作外在的东西。”

孟子（继续反驳）说：“爱吃秦人的烤肉和爱吃我们自己的烤肉是没有多少区别的，看来各种事物也都有相类似的情况，那么喜爱吃烤肉的心思难道也是存在于身外吗？（这样，‘食色’还能称之为‘性’么？）”

王阳明

孟子等先贤强调性的内在性，认为仁义都存在于人的内心。发展到后世，越来越多的理学家将内心的地位抬高到无法企及的位置。例如王阳明就认为“心外无物”，凡人所见到的，不过是人内心世界的一种反映罢了。

[原文]

孟季子[1]问公都子曰："何以谓义内也？"

曰："行吾敬，故谓之内也。"

"乡人长于伯兄一岁，则谁敬？"

曰："敬兄。"

"酌则谁先？"

曰："先酌乡人。"

"所敬在此，所长在彼，果在外，非由内也。"

公都子不能答，以告孟子。

孟子曰："'敬叔父乎？敬弟乎？'彼将曰：'敬叔父。'曰：'弟为尸[2]，则谁敬？'彼将曰：'敬弟。'子曰：'恶在其敬叔父也？'彼将曰：'在位故也。"子亦曰：'在位故也。庸敬在兄，斯须之敬在乡人。'"

季子闻之，曰："敬叔父则敬，敬弟则敬，果在外，非由内也。"

公都子曰："冬日则饮汤，夏日则饮水，然则饮食亦在外也？"

兄弟友爱

[注释]

①孟季子：孟仲子之弟。或说为任国国君之弟季任。

②尸：古代祭祀时，代死者受祭、象征死者神灵的人，以臣下或死者的晚辈充任。后世改为用神主、画像。

[译文]

孟季子问公都子道："为什么说义是

内在的东西呢？”

公都子答道：“（对人）表达内心的崇敬，所以说义在身内。”

（孟季子问：）“如果有个乡里的人比你大哥大一岁，那么你尊敬谁呢？”

答道：“尊敬大哥。”

（孟季子问：）“要是同席斟酒那你先给谁斟呢？”

公都子答道：“先给乡里的人斟。”

（孟季子说：）“（这样看来，）那内心所尊敬的在这里（指大哥），外面所表示礼敬的却在那里（指乡里人），那义就是在身外，并不是从内心产生的。”

公都子不能回答这问题，就把它告诉了孟子。

孟子说：“（你可以反问他：）‘应该尊敬叔父呢？还是尊敬弟弟呢？’他将回答说：‘尊敬叔父。’（你可以进一步）问道：‘假如弟弟（在祭祖先时）充任受祭的代理人，那么该尊敬谁呢？’他将回答说尊敬弟弟。你就可以再问：‘（那你刚才说）该尊敬叔父的道理又在哪里呢？’他将回答：‘因为弟弟处在尸位的缘故。’那你也同样可以说：‘因为乡里人处在客位的缘故。对哥哥是恒常的尊敬，对乡里人是暂时的尊敬。’”

孟季子听了这些话后，说：“尊敬叔父是（在这样的情况下）去尊敬，尊敬弟弟却（又是在那样的情况下）才给予他尊敬，看起来义毕竟在于身外，并不是发自内心。”

公都子听了反问道：“（人们）冬天就喝热茶，夏天就喝凉水（照你的说法，）那么饮食也不是出于内在的需要而是由外在的原则所决定的吗？”

[原文]

公都子[1]曰：“告子曰：‘性无善无不善也。’或曰：‘性可以为善，可以为不善。是故文武兴，则民好善；幽厉[2]兴，则民好暴。’或曰：‘有性善，有性不善。是故以尧为君而有象，以瞽(gǔ)瞍(sǒu)为父而有舜，以纣为兄之子，且以为君，而有微子启、王子比干[3]。’今曰：‘性善’，然则彼皆非与？”

孟子曰：“乃若[4]其情，则可以为善矣，乃所谓善也。若夫为不善，非才[5]之罪也。恻隐之心，人皆有之；羞

恶之心，人皆有之；恭敬之心，人皆有之；是非之心，人皆有之。恻隐之心，仁也；羞恶之心，义也；恭敬之心，礼也；是非之心，智也。仁义礼智，非由外铄(shuò)⑥我也，我固有之也，弗思耳矣。故曰，‘求则得之，舍则失之。’或相倍蓰(xǐ)⑦而无算者，不能尽其才者也。《诗》曰⑧：‘天生烝⑨民，有物有则⑩。民之秉⑪彝，好是懿(yì)⑫德。’孔子曰：‘为此诗者，其知道乎！故有物必有则；民之秉彝也，故好是懿德。’”

［注释］

①公都子：孟子的学生。

②幽厉：指周幽王、周厉王，周代两个暴君。

③微子启、王子比干：微子启，据《左传》《史记》记载，是纣王的庶兄。王子比干，纣王叔父，因劝谏而被纣王剖心而死。

④乃若：转折连词，大致相当于“至于”等。

⑤才：指天生的资质。

⑥铄：授予。

⑦蓰：五倍。

⑧《诗》曰：引自《诗经·大雅·蒸民》。

⑨烝：众。

⑩则：法则。

⑪秉：执。

⑫懿：美。

宋江与戴宗

孟子的仁义学说在宋朝被发挥到了极致，从上到下，所有阶层都推崇“义”，水浒草莽之徒，也以义为先。梁山一百零八好汉都是仁义之徒，特别重兄弟情义。

［译文］

公都子说：“告子说：‘人性本没有善和不善。’有的人又说：‘人性可以使它变得善，也可以使它变得不善，所以周文王和周武王(这样的圣王)产生了,人民就向善成风;周幽王和周厉王(这样的暴君)出现了,人民便多趋向暴戾。’还有一种说法:‘人性有的善,有的不善。所以哪怕有尧这样的圣人为君,却难免出现象这样的坏人;虽说瞽瞍这样无良的人为父,却还是生了大舜这样的好儿子;以纣那样暴虐的人作侄儿,而且作了君主,却同时存在着微子启、王子比干这样以仁德著称的兄长和叔父。’现在您老师说人性本来都善良,那么他们说的都不正确么?”

孟子说:“要说人本来的质性,都可以使之趋向善良,这便是我所说的人性本善。至于有的人不干好事,不能责怪他的质性不好。怜悯他人灾难的心,人人都有;做了不光彩的事感到羞耻的心,人人都有;对人有礼貌的心,人人都有;判断事物是和非的心,人人都有。怜悯他人灾难的心便是仁,对不光彩的事感到羞耻的心便是义,对人有礼貌的心便是礼,判断事物是非的心便是智。仁义礼智的美德,不是由外面虚饰而成的,是我本身原来就具有的,不过没有自觉地意识到它们罢了。所以说,‘只要去探索它们,便不难获得,一旦放弃它们,就一定会失掉。’有的人(比别人)相差一倍、五倍甚至无数倍,他们便是那种不能充分发挥天生优美的才性的人。《诗经》中说过:‘老天生育百姓,有事物便有法则。百姓掌握常道,便喜爱美德。’孔子说:‘作这篇诗的人,大概是懂得道理的啊!所以世间有事物必然便有法则;百姓能掌握天生常道,所以便常常喜爱这美德。’(这可作为人性本来就善良的佐证。)”

[原文]

孟子曰:“富岁,子弟多赖(lǎn)[1];凶岁,子弟多暴。非天之降才尔殊[2]也,其所以陷溺其心者然也。今夫麰(móu)麦[3],播种而耰(yōu)[4]之,其地同,树[5]之时又同,浡(bó)[6]然而生,至于日至[7]之时,皆熟矣。虽有不同,则地有肥硗(qiāo)[8],雨露之养、人事之不齐也。故凡同类者,举相似也,何独至于人而疑之?圣人,与我同类者。故龙子[9]曰:‘不知足而为屦(jù),我知其不为蒉(kuì)[10]也。’屦之相似,天下之足同也。口之于味,有同耆[11]也;易牙[12]先得我

周幽王戏举烽火

口之所耆者也。如使口之于味也，其性与人殊[13]，若犬马之与我不同类也，则天下何耆皆从易牙之于味也？至于味，天下期于易牙，是天下之口相似也。惟[14]耳亦然，至于声，天下期于师旷[15]，是天下之耳相似也。惟目亦然，至于子都，天下莫不知其姣也。不知子都[16]之姣者，无目者也。故曰，口之于味也，有同耆焉；耳之于声也，有同听焉；目之于色也，有同美焉。至于心，独无所同然乎？心之所同然者何也？谓理也，义也。圣人先得我心之所同然耳。故理义之悦我心，犹刍豢(huàn)[17]之悦我口。”

［注释］

①赖：同“懒”。

②尔：这样，如此。殊：不同。

③麰麦：大麦。

④耰：本为农具名，此处作动词，指用土覆盖种子。

⑤树：动词，种植。

⑥浡：旺盛。

⑦日至：即夏至。

⑧硗：土地贫瘠，不肥沃。

⑨龙子：古代的贤人。

⑩蒉：筐、篮。

⑪耆：通“嗜”。

⑫易牙：春秋时齐国最擅烹调的人，齐桓公的宠臣。

⑬与人殊：“人与人殊”之意。

⑭惟：此处为语首词，无义。

⑮师旷：春秋时晋平公的乐师，生而目盲，善辨音律。

⑯子都：春秋时代美男子。

⑰刍豢：泛指家畜。食草家畜如牛羊称刍，食谷家畜如猪狗称豢。

［译文］

孟子说："丰收的年成，青年子弟懒惰得多；收成不好的年岁，青年子弟强暴的多。这并不是人天生的资质有这样的不同，而是由于外在的因素影响了他们的心（思想）才变得这样。譬如种大麦吧，播下种子去把地耙平，土地一样，栽种的时候也一样，它们便蓬蓬勃勃的生长，到了夏至前后，大约全都成熟了。就算有的例外，那也是由于土质的肥瘠、雨露的多寡和人工管理的好坏有所不同的缘故。所以凡是同类的东西，差不多都是相似的，为什么独独对于人却要怀疑呢？圣人跟我们是同类的。因此龙子说：'即使不了解脚的大小样子就去编草鞋，我知道决不会编成盛土的筐篮的。'草鞋样式的相似，说明天下人的脚是大致一样的。人们的口对于味道，有相同的嗜好；（以烹调著名的厨师）易牙早就掌握了我们所嗜好的口味，（所以他烹调的菜为人们所喜爱。）假如人们的口味，生来就人人不同，像狗和马跟我们不同类一个样，那么天下的人为什么都喜欢追求易牙烹调的味道呢？谈到口味，天下的人都巴望着尝到易牙烹调的味道，这说明天下的人的口味是相似的。就是耳朵也是这样。谈到声乐，天下的人都巴望能听到师旷演奏的乐曲，这说明天下人的耳朵都是相似的。就是眼睛也是这样。一谈到美男子子都，天下的人没有不知道他的漂亮的。不能鉴别子都漂亮的，那简直是没长眼睛的人。所以说，口对于味道，有相同的嗜好；耳朵对于声音，有相同的听觉；眼睛对于美色，有相同的审美情趣。谈到心，难道没有一致肯定的东西么？人心所一致肯定的东西是什么呢？是理，是义。圣人不过是早就掌握了我们心里所肯定的东西罢了。所以理和义之使我的心愉悦，就和牛羊狗马的肉令我喜爱是一样的。"

［原文］

孟子曰："牛山[1]之木尝美矣，以其郊于大国也[2]，斧斤伐之，可以为美乎？是其日夜之所息[3]，雨露之所润，非无萌蘖（niè）[4]之生焉，牛羊又从而牧之，是以若彼濯（zhuó）

濯(zhuó)⑤也。人见其濯濯也，以为未尝有材焉，此岂山之性也哉？虽存乎人者，岂无仁义之心哉？其所以放其良心者，亦犹斧斤之于木也，旦旦而伐之，可以为美乎？其日夜之所息，平旦⑥之气，其好恶与人相近也者几希，则其旦昼⑦之所为，有(yòu)⑧梏(gù)亡⑨之矣。梏之反复，则其夜气不足以存；夜气不足以存，则其违禽兽不远矣。人见其禽兽也，而以为未尝有才焉者，是岂人之情也哉？故苟得其养，无物不长；苟失其养，无物不消。孔子曰：‘操则存，舍则亡；出入无时，莫知其乡。’惟心之谓与？”

［注释］

①牛山：齐国首都临淄郊外的山。

②郊：此处作动词用，在……郊。大国：即大都市，指临淄。

③息：生长。

④萌蘖：新枝嫩芽。

⑤濯濯：没有草木，光秃秃的样子。

⑥平旦：黎明，天刚亮时。

⑦旦昼：第二天。

⑧有：同“又”。

⑨梏：拘禁，束缚。梏亡，指因受束缚而消亡。

［译文］

孟子说：“牛山上的树木曾经长得非常茂盛，由于它生长在大都市的郊野，人们经常用斧子去砍伐它，它还可以保持它的茂盛吗？这就是说，虽然它日日

孟子受教

久居兰室，不闻其香；久居鲍肆，不觉其臭。环境对人的影响之大，可见一斑。孟子对环境的影响极为注意，皆因他自己深有体会。孟子小时住在墓地不远处，见得多了，也跟人学起了丧葬的仪式来。孟母十分担忧，于是将家迁到市集旁，孟子又跟着商贩学叫卖。孟母再次迁居，到书院旁，孟子这时才安心学习，终有所成。

夜夜在生长，雨露也在不断地滋润着它，也并不是说没有新芽和旁枝长出来，只是牛羊又在山上牧放时糟踏它，因此牛山便成为那样光秃秃的了。人们看见它光秃秃的了，便误以为它从来没有生长过树木，这难道是山的本来面目（本性）么？虽是在人的身上，（不是也和山上有树木一样，）怎会没有仁义之心呢？之所以有的人会丧失他那种原有的善心，也是像斧子对于牛山上的树木一样，天天去砍伐它，它还可以保持原来的茂盛吗？尽管他日日夜夜潜滋暗长的善心，凌晨时接触到的清明之气，促成了他有了少许与别人相接近的好恶之心，可他第二天的所作所为，又来搅乱他，使他丢失了刚刚产生的那一点儿与别人相接近的好恶之心。这样三番五次地不断扰乱，那么凌晨所接触的那种清明之气也不足以保存他那点儿刚刚恢复的善心；清明之气既然不足以保存他那点儿善心，那他就离禽兽不远了。人们看见他沦为禽兽，便以为他从不曾有过好的资质，难道人的本性是这样么？所以要是真的得到正当的培养，没有什么东西（善性）不会生长的；相反，要是真的失去了正当培养，没有什么东西（善性）不会消失的。孔子说：'把握它就存在，放弃它就消亡；出和入没有定时，也不知它居住什么地方。'这说的就是心吧！”

［原文］

孟子曰：“无或[1]乎王之不智也。虽有天下易生之物也，一日暴(pù)[2]之，十日寒之，未有能生者也。吾见亦罕矣，吾退而寒之者至矣，吾如有萌焉何哉？今夫弈[3]之为数[4]，小数也；不专心致志，则不得也。弈秋，通国之善弈者也。使弈秋诲二人弈，其一人专心致志，惟弈秋之为听。一人虽听之，一心以为有鸿鹄[5]将至，思援弓缴(zhuó)[6]而射之，虽与之俱学，弗若之矣。为是其智弗若与？曰：非然也。”

［注释］

①或：同“惑”。

②暴：同“曝”，晒。

③弈：围棋。

④数：技术，技巧。

⑤鸿鹄：天鹅。

⑥缴：系拴在箭上的生丝绳，这里指代箭。

王羲之

做学问就要持之以恒，专心致志，不能间歇，如果一曝十寒，水平永远不能提高。据传，东晋著名书法家王羲之练字的时候，坚持不懈，每天练字以后，都在门口的大水塘里洗笔。几年下来，竟然将水塘里的水都染成黑色了。

［译文］

孟子说：“别对王的不聪明感到奇怪。（培养人正如培养植物）哪怕是天下容易生长的植物，你让它晒一天太阳，又搁在阴凉的地方冷它十天，那就没有能够活下去的了。我见到王的次数很少，我一退出，那些泼冷水（陷王于不义）的人接着便到了，我又能拿他那刚刚萌发出来的一点点善心怎么样呢？“下棋这种技艺，本来是一种小技艺；如果不聚精会神地学，便学不到手。奕秋，是全国的下棋能手。如果让奕秋教两个人下棋，其中一个聚精会神，就只听奕秋的话。另一个表面上虽然好像也在听，实际上他心里一直以为天鹅快要飞来了，想拿起弓箭去射它，这样，这个人尽管和前面那个人一块儿学，成绩便赶不上人家了。你说这是他的智慧不如人家吗？我说，不是这样。”

［原文］

孟子曰：“鱼，我所欲也；熊掌，亦我所欲也。二者不可得兼，舍鱼而取熊掌者也。生，亦我所欲也；义，亦我所欲也。二者不可得兼，舍生而取义者也。生亦我所欲，所欲有甚于生者，故不为苟得也；死亦我所恶，所恶有甚于死者，故患有所不辟(bì)①也。如使人之所欲莫甚于生，则凡可以得生者，何不用也？使人之所恶莫甚于死者，则凡可以辟患者，何不为也？由是则生而有不用也，由是则可以辟患而有不为也。是故所欲有甚于生者，所恶有甚于死者。非独贤者有是心也，人皆有

之，贤者能勿丧耳。一箪(dān)食，一豆[2]羹，得之则生，弗得则死，呼尔[3]而与之，行道之人弗受；蹴(cù)[4]尔而与之，乞人不屑也。万钟[5]则不辨礼义而受之，万钟于我何加焉？为宫室之美、妻妾之奉、所识穷乏者得[6]我与？乡(xiàng)[7]为身死而不受，今为宫室之美为之；乡为身死而不受，今为妻妾之奉为之；乡为身死而不受，今为所识穷乏者得我而为之，是亦不可以已乎？此之谓失其本心。”

［注释］

①辟：同“避”。

②豆：古代盛羹汤的器具。

③呼尔：轻蔑地呼喝。

④蹴尔：以脚践踏。

⑤钟：古代量器，六斛四斗为一钟。

⑥得：通“德”，这里指以我为德，即感激的意思。

⑦乡：同“向”，向来，一向，从前。

［译文］

孟子说：“鱼，是我想得到的东西；熊掌，也是我想得到的东西。要是两样东西不能同时得到，我就宁愿不要鱼而要熊掌。生命是我所珍爱的，义也是我所珍爱的，要是两者不能同时得到，我就宁愿牺牲生命而取得义。生命也是我所珍爱的，但我所珍爱的东西有的超过了生命，所以就不能干苟且偷生的勾当；死也是我所不愿意的，但我所厌恶的东西有的超过了死，所以对于有的灾祸不能（作无原则的）逃避。假如使人们所珍爱的东西没有超过生命的，那么凡是可以保存生命的手段，哪样不可以用上呢？如果使人们所厌恶的东西

陶渊明

廉者不食嗟来之食。例如，陶渊明不为五斗米折腰，不肯失了自己的骨气。

没有超过死的，那么凡是可以逃避灾祸的事情，哪种不会做呢？通过这样的手段就可以保存生命，可是有的人却不采用；只要这样做就可以逃避祸灾，可是有的人却愿意不干。所以，（这样看来，）人们所喜爱的东西有超过生命的，所厌恶的东西有超过死的。不单是贤德的人有这种心，人们都有，不过贤德的人不会丧失它罢了。一小筐饭，一小碗汤，得到它就可以活，得不到它就可能要死，可是（用轻蔑的态度）叱喝着施舍给别人，哪怕是（饿着肚皮的）过路人也不会接受；用脚踢着施舍给别人，那就连叫花子也不屑要。可现在有的人竟对万钟的俸禄不问是否合乎礼义便受下它，究竟万钟俸禄对于我能增加些什么呢？是为了住宅的豪华、妻妾的侍奉和所熟识的穷朋友（因获得周济）而对我感恩戴德吗？过去为了不蒙受耻辱宁愿身死也不愿接受，今天却为着要得到妻妾的侍奉而甘心这样做；过去为了不蒙受耻辱宁愿身死也不愿接受，今天却为着要使所熟识的穷朋友（因获得周济）对自己感恩戴德而甘心这样做，这些事难道不可以罢手了么？这就叫作迷失了他的本性。”

［原文］

孟子曰：“仁，人心也；义，人路也。舍其路而弗由，放其心而不知求，哀哉！人有鸡犬放，则知求之；有放①心，而不知求。学问之道无他，求其放心而已矣。”

［注释］

①放：放任，失去。

［译文］

孟子说：“仁，是人心的本质；义，是人所必由的大道。舍弃人所必由的大道而不走，丧失人的良心而不知道去找回，真可悲呀！有些人的鸡狗走失了，便知道要去找回来，可良心丧失了，却不知道去寻找。做学问的秘诀没有别的，只不过是将已丧失的良心找回来而已。”

［原文］

孟子曰：“今有无名之指，屈而不信（shēn）①，非疾痛害事也，如有能信之者，则不远秦楚之路，为指之不若人

也。指不若人，则知恶之；心不若人，则不知恶。此之谓不知类[2]也。”

［注释］

①信：同“伸”。

②不知类：不知轻重，舍本逐末。

［译文］

孟子说：“现在有个人无名指弯了不能伸直，尽管不是碍事的疾病，但是如果有能将它伸直的人，那就奔走秦国、楚国（去求医）也不觉得路远，这是因为手指比不上别人的缘故。手指不如别人，就知道不喜欢；心地不如别人，就不知道不喜欢。这就叫作分不清轻重缓急。”

［原文］

孟子曰：“拱把[1]之桐梓（zǐ），人苟欲生之，皆知所以养之者。至于身，而不知所以养之者，岂爱身不若桐梓哉？弗思甚也。”

［注释］

①拱把：指径围大如两手合围。

［译文］

孟子说：“一两把手大小的桐树和梓树，人们如果真的要使它生长得好，便都知道怎样去培养它。至于他们自身，却不知道怎样去修养，难道爱他们自身还比不上爱桐树和梓树吗？归根结底在于太不会用心思了。”

［原文］

孟子曰：“人之于身也，兼所受。兼所爱，则兼所养也。无尺寸之肤不爱焉，则无尽寸之肤不养也。所以考其善、不善者，岂有他哉？于己取之而已矣。体有贵贱，有大小，无以小害大，无以贱害贵。养其小者为小人，养其大者为大人。今有场师，舍其梧、槚（jiǎ）[1]，养其

樲(èr)棘②，则为贱场师焉。养其一指而失其肩背，而不知也，则为狼疾③人也。饮食之人，则人贱之矣，为其养小以失大也。饮食之人无有失也，则口腹岂适(chì)④为尺寸之肤哉？”

山涛

仁义和富贵很多时候不能兼得，或者道德高尚而要忍饥挨饿，或者抛弃仁义道德去追求富贵荣华。山涛本是竹林七贤之一，因贪图富贵而投靠当时掌权的司马氏，嵇康不齿他的作为，还特意作一篇《与山巨源绝交书》来表明自己的立场。

[注释]

①槚：即楸树，也是一种木质很好的树。

②樲：酸枣。棘：荆棘。

③狼疾：同“狼藉”，散乱、错杂的样子。这里是昏聩糊涂的意思。

④适：通“啻”，仅仅，只。

[译文]

孟子说：“人们对于身体，所有部分都得爱护。所有部分都得爱护，所有部分便都得保养。没有一尺一寸的肌肤不爱护，便没有一尺一寸的肌肤不加保养。所以考察一个人对他的身体保养得好不好，难道有别的方法吗？不过是看他自己所看重的是身体的哪一部分罢了。身体的各部分有重要和不重要、小和大的区别，不要因为小的部分妨害了大的部分，也不要因为不重要的部分妨害了重要的部分。只注意保养小的部分的人是小人，能注意保养大的部分的人便是大人。现在这里有个这样的园艺师，丢下那些贵重的木材梧桐树和梓树不管，却用心去培植那些没啥用处的酸枣和荆棘，那便是个蹩脚的园艺师。假如一个人仅仅注意保养自己的一个指头却让肩背丧失功能，而他自己还不知道，便算是一个糊涂虫。专门贪图饮食（而不顾品德培养）的人，人们便要鄙视他，因为他只注意保养身体小的部分而丧失大的部分。假如喜爱饮食的人无损于品德的培养，那满足口腹需要的目的，难道独独为了保养一尺一寸的肌肤吗？（因为培养品德也不是可以饿着肚皮的。）”

[原文]

公都子问曰："钧[1]是人也，或为大人，或为小人，何也？"

孟子曰："从其大体为大人，从其小体为小人。"

曰："钧是人也，或从其大体，或从其小体，何也？"

曰："耳目之官不思，而蔽于物，物交物，则引之而已矣。心之官则思，思则得之，不思则不得也。此天之所与我[2]者。先立乎其大者，则其小者不能夺也。此为大人而已矣。"

[注释]

①钧：同"均"。

②我：泛指人类。

[译文]

公都子问道："都是一样的人，为什么有的人会成为大人君子，有的人却沦为卑微的小人？"

孟子说："顺从身体重要器官（心志）需要的便能成为大人君子，顺从它不重要器官（心志）需要的便沦为卑微小人。"

（公都子）又问："同是一样的人，为什么有的人顺从身体重要器官（心志）的需要，有的却顺从它不重要器官（心志）的需要呢？"

（孟子）答道："耳朵、眼睛一类器官不能思考，因而易被外物所蒙蔽。（耳朵眼睛）这种东西和外物一接触，就只有被外物（如声色狗马等利欲）所引诱罢了。心这种器官善于思考，一加思考就能得到人的本来的善性，不思考便得不到。心是上天特意赋予我们人类的。（你）首先把心树立了，那么那些（耳、目、口、腹一类）次要器官便不会（由于外物的诱惑而）迷失（你）天生的善性了。成为圣人君子的道理不过是这样罢了。"

[原文]

孟子曰："有天爵者，有人爵者。仁义忠信，乐善

不倦，此天爵也；公卿大夫，此人爵也。古之人修其天爵，而人爵从之。今之人修其天爵，以要（yāo）[1]人爵；既得人爵，而弃其天爵[2]，则惑之甚者也，终亦必亡而已矣。”

［注释］

①要：即“邀”，求取，追求。

②人爵、天爵：人爵，指通常所说的爵位，天爵指仁义忠信等。孟子认为这些是天然就值得尊贵的。

［译文］

孟子说：“有天然的爵位，有人为的爵位。仁义忠信，好善不止，这便是天然的爵位；公卿大夫等官职，这便是人为的爵位。古代的人加强天然爵位（也即是品德）的修养，人为的爵位便随之而来了。现在的人修养天然的爵位（作为敲门砖），来追求人为的爵位；一旦人为的爵位到了手，便抛弃那天然的爵位，这就真是糊涂透顶，到最后也一定会失去人为的爵位。”

刘禹锡

君子安贫乐道，历代如此。唐朝时刘禹锡再三贬官，生活越发清贫，但是他安然自守，并无不平之意，而且还挥毫泼墨，写下闻名后世的《陋室铭》。

［原文］

孟子曰：“欲贵者，人之同心也。人人有贵于己者，弗思耳。人之所贵者，非良贵也。赵孟[1]之所贵，赵孟能贱之。《诗》云[2]：‘既醉以酒，既饱以德。’言饱乎仁义也，所以不愿[3]人之膏粱[4]之味也；令闻广誉施于身，所以不愿人之文绣[5]也。”

［注释］

①赵孟：春秋时晋国正卿赵盾，字孟。

他的子孙如著名的赵文子赵武、赵简子赵鞅、赵襄子赵无恤等都因袭赵盾而称赵孟。这里以赵孟代指有权势的人物，不一定具体指哪一个。

②《诗》云：引自《诗经·大雅·既醉》，是周代祭祖时祭辞中的两句。

③愿：羡慕。

④膏粱：肥肉叫膏，精细色白的小米叫粱，而不是指今日的高粱。

⑤文绣：古代要有爵位的人才能穿有文绣的衣服。

［译文］

孟子说：“想要得到尊贵的地位，是人们共同的心愿。其实在每个人身上都有可尊贵的东西，只是自己没有去思考它而已。别人加给自己尊贵的东西，并不是最值得尊贵的。赵孟加官晋爵使之尊贵的人，赵孟也能夺去他的官爵使他变得地位低贱。《诗经》中说：‘既已请我喝醉酒，又用德行泽润我身。’这是说仁义已使我富足了，也就不再羡慕别人肥肉白米的美味了；把名扬四海的好名声加在我的身上，也就不再羡慕做官人穿的绣花衣裳了。”

［原文］

孟子曰：“仁之胜不仁也，犹水胜火。今之为仁者，犹以一杯水救一车薪之火也；不熄，则谓之水不胜火，此又与[1]于不仁之甚者也，亦终必亡而已矣。”

［注释］

①与：助。

［译文］

孟子说：“仁战胜不仁，就像是水要战胜火一样。现在那些行仁道的人，就像是拿一小杯水去扑灭一大车木柴所燃起的熊熊大火；扑灭不了，便说是水终究战胜不了火，这样的论调又助长了那些极端不仁的人，最后也一定会把他本来有的那点仁丧失。”

［原文］

孟子曰：“五谷者，种之美者也；苟为不熟，不如荑(tí)[1]稗(bài)。夫仁，亦在乎熟之而已矣。”

［注释］

①荑：即稗类植物。

［译文］

孟子说："五谷，是粮食作物中的优良品种；但是如果种了不能成熟，那就反倒不如荑稗一类野生植物了。为仁（的要求）也只在于使它成熟罢了。"

［原文］

孟子曰："羿之教人射，必志于彀（gòu）[1]；学者亦必志于彀。大匠诲人必以规矩，学者亦必以规矩。"

［注释］

①彀：把弓拉满。

［译文］

孟子说："羿教人射箭，必定把拉满弓作为最高要求；学射箭的人也必须把拉满弓作为最高要求。著名的木工师傅指教人，一定得遵循规矩，学做木工的人也一定要遵循规矩。"

告子章句下

［原文］

任①人有问屋庐子②曰："礼与食孰重？"

曰："礼重。"

"色与礼孰重？"

朱熹

孔子和孟子都十分重视礼仪伦常，到后世，特别宋明理学盛行之时，伦常教化更被提到无以复加的高度。朱熹就是这样一位重视纲常伦理的大儒。

曰："礼重。"

曰："以礼食，则饥而死；不以礼食，则得食，必以礼乎？亲迎③，则不得妻；不亲迎，则得妻，必亲迎乎？"

屋庐子不能对，明日之邹以告孟子。

孟子曰："于答是也何有？不揣其本而齐其末，方寸之木，可使高于岑楼④。金重于羽者，岂谓一钩⑤金与一舆(yú)羽之谓哉？取食之重者与礼之轻者而比之，奚翅⑥食重？取色之重者与礼之轻者而比之，奚翅色重！往应之曰：'紾(zhěn)⑦兄之臂而夺之食，则得食；不紾，则不得食，则将紾之乎？逾东家墙而搂其处子⑧，则得妻；不搂，则不得妻，则将搂之乎？'"

[注释]

①任：春秋时国名，故址在今山东济宁。

②屋庐子：孟子的学生。

③亲迎：古代结婚六礼之一，新郎亲自至女家，迎新娘入室，行交拜合卺之礼。

④岑楼：尖顶高楼。

⑤钩：衣带钩。一钩金即一衣带钩那样一点点金。

⑥翅：同“啻”，只，止，但。

⑦紾：扭转。

⑧处子：处女。

[译文]

有位任国人问屋庐子道：“礼和饮食哪样更重要？”

答道：“礼重要。”

（这个人紧接上去问道：）“色和礼哪样重要？”

答道：“礼重要。”

（这个人又）问道：“要是按照礼节去找食物，就得饿死；不按照礼节去找食物，就能得到食物，是不是一定要按照礼节行事呢？要是行亲迎礼，就得不到妻子；不行亲迎礼，就能得到妻子，是不是一定得行亲迎礼呢？”

屋庐子不能回答这个问题，第二天便跑到邹国把这些问题告诉孟子。

孟子说：“对于回答这些问题又有什么难处呢？如果不去度量它们的下面长短是否一致，却一味地去比它们上面的高低，那么即使仅是块寸许厚的木板，（你把它搁在高地方，）你便可以使它比尖顶的高楼还要高。我们说金子比羽毛更重，难道是说一个小小金带钩的重量比一大车子羽毛还要重么？拿关系重大的吃的问题与无足轻重的礼的细微末节去比较，难道仅是吃的问题重要吗？（二是轻重悬殊，简直无法相提并论。）拿有关男女结合的重要问题与无足轻重的礼的细枝末节（如前章所说不告而娶）去比较，难道仅是男女问题重要吗？你去回答他说：‘扭伤哥哥的胳膊夺去他的食物，就可以得到吃的；不扭，就得不到吃的，那你会去扭伤他的胳膊吗？跳过东家的墙去搂抱他家的姑娘，就可以得到老婆；不搂抱，就得不到老婆，那你会去搂抱她吗？’”

[原文]

曹交[1]问曰："人皆可以为尧舜，有诸？"

孟子曰："然。"

"交闻文王十尺，汤九尺，今交九尺四寸以长，食粟而已，如何则可？"

曰："奚有于是？亦为之而已矣。有人于此，力不能胜一匹雏（chú）[2]，则为无力人矣；今曰举百钧，则为有力人矣。然则'举乌获[3]之任'，是亦为乌获而已矣。夫人岂以不胜为患哉？弗为耳。徐行后长者谓之弟，疾行先长者谓之不弟。夫徐行者，岂人所不能哉？所不为也。尧舜之道，孝弟而已矣。子服尧之服，诵尧之言，行尧之行，是尧而已矣。子服桀之服，诵桀之言，行桀之行，是桀而已矣。"

曰："交得见于邹君，可以假馆[4]，愿留而受业于门。"

曰："夫道若大路然，岂难知哉？人病不求耳。子归而求之，有余师。"

[注释]

①曹交：赵岐注认为是曹君的弟弟，名交。但孟子的时代曹国已亡，所以也不确切。

②一匹雏：一只小鸡。

③乌获：古代传说中的大力士。

④假馆：借客舍，意为找一个住处。

[译文]

曹交问道："每个人都可以成为尧舜，真有这个话吗？"

孟子说："是的。"

（曹交紧接着问：）"我听说文王身高十尺，汤身高九尺，现在我曹交身高九尺四寸多，（每天）只是吃饭罢了，要怎样才可以（成为尧舜）呢？"

孟子说："这有什么难呢？也只是要做下去就行了。这里有个人，自以为力气敌不过一只小鸡雏，那就是毫无力气的人了；现在（他）说（他的）力气能举起三千斤重的东西，那（他）就是有力气的人了。那么，要是能举得起乌获曾举起过的重量的，这也就是乌获了。人所最怕的难道是在不能胜任吗？而是在不去做啊。慢点儿走，走在年长的人的后面就叫作悌；走得很快，抢在年长的人的前面就叫作不悌。慢点儿走，这是人们不能做到的吗？只是不去做啊。尧舜之道，也只是孝悌罢了。你穿尧的衣服，说尧的话，做尧做的事，就是尧了。你穿桀的衣服，说桀的话，做桀做的事，就是桀了。"

曹交说："我能谒见邹君，可以借到一所客馆，我愿意留下来在您门下受教。"

孟子说："（圣人之）道就像大路一般，难道是很难清楚的吗？就怕人们自己不去寻求啊。你回去自己努力寻求，老师到处都有。"

［原文］

公孙丑问曰："高子①曰：'《小弁(biàn)》②，小人之诗也。'"

孟子曰："何以言之？"

曰："怨。"

曰："固哉，高叟之为诗也！有人于此，越人关弓而射之，则己谈笑而道之；无他，疏之也。其兄关弓而射之，则己垂涕泣而道之；无他，戚之也。《小弁》之怨，亲亲也。亲亲，仁也。固矣夫，高叟之为诗也！"

曰："《凯风》③何以不怨？"

曰："《凯风》，亲之过小者也；《小弁》，亲之过大者也。亲之过大而不怨，是愈

老莱子戏彩娱亲

孟子讲究仁义孝顺，像这样仁义至孝的人，自古以来，数不胜数。例如老莱子自娱奉亲，七十多岁时还穿着小儿衣服，作小儿情状，逗父母开心。

疏也；亲之过小而怨，是不可矶也。愈疏，不孝也；不可矶，亦不孝也。孔子曰：‘舜其至孝矣，五十而慕。’”

[注释]

①高子：生平不详。

②《小弁》：《诗经·小雅》中的一篇。旧说是指责周幽王的诗。周幽王先娶申后，生宜臼，立为太子；后宠褒姒，改立褒姒之子伯服为太子，废申后及太子宜臼。此诗述说的就是宜臼的哀伤、怨恨之情。传说是宜臼的老师所作。

③《凯风》：《诗经·邶风》中的一篇。旧说卫国有个已有七个儿子的母亲想改嫁，于是七个儿子作此诗来自责不孝，以使母亲感悟。

[译文]

公孙丑道：“高子说：‘《小弁》，是小人的诗。’”

孟子说：“为什么这样说呢？”

答道：“因为它充满怨愤的情绪。”

孟子说：“高老夫子讲解诗未免太浅陋了吧！假如有个人在这里，越国人开弓要射他，他自己就边谈边笑地劝说越国人不可这样做；这并不是有别的原因，只是由于越国人和他关系疏远的缘故。要是他的哥哥开弓要射他，他自己就啼哭着劝说他哥哥不可这样做；这并不是有别的原因，只是由于哥哥是他的亲人的缘故。《小弁》的怨愤，是出于对自己亲人的爱护。爱护亲人，是仁的表现。高老夫子讲解诗实在太浅陋了啊！”

公孙丑又问道：“《凯风》为什么没有流露怨恨的感情呢？”

孟子说：“《凯风》诗，作者的母亲过错较小；《小弁》诗，作者的父亲过错就较大。对父母亲的大过错毫无怨言，这就显得与父母疏远；对父母亲的小过错却一味地抱怨，这就说明做儿子的心里不平。过分疏远自己的父母，虽然是不孝，心里不平，也同样是不孝。孔子说：舜要算最孝顺的儿子吧，到了五十岁这样的年龄还是依恋着父母。’”

[原文]

宋牼(kēng)[1]将之楚，孟子遇于石丘[2]，曰：“先生将何之？”曰：“吾闻秦楚构兵[3]，我将见楚王说(shuì)而罢之。楚王

不悦，我将见秦王说[4]而罢之。二王我将有所遇[5]焉。”

曰：“轲也请无问其详，愿闻其指[6]。说之将何如？”

曰：“我将言其不利也。”

曰：“先生之志则大矣，先生之号[7]则不可。先生以利说秦楚之王，秦楚之王悦于利，以罢三军之师，是三军之士乐罢而悦于利也。为人臣者怀利以事其君，为人子者怀利以事其父，为人弟者怀利以事其兄，是君臣、父子、兄弟终去仁义，怀利以相接，然而不亡者，未之有也。先生以仁义说秦楚之王，秦楚之王悦于仁义，而罢三军之师，是三军之士乐罢而悦于仁义也。为人臣者怀仁义以事其君，为人子者怀仁义以事其父，为人弟者怀仁义以事其兄，是君臣、父子，兄弟去利，怀仁义以相接也，然而不王者，未之有也。何必曰利？”

[注释]

①宋轻：战国时宋国著名学者，反对战争，主张和平。

②石丘：地名，其址不详。

③构兵：交战。

④说：劝说。

⑤遇：说而相合。

⑥指：同“旨”，大概，大意。

⑦号：提法。

[译文]

宋轻将要去楚国，孟子在石丘碰见他，问道：“先生要到哪里去呢？”

宋轻答道：“我听说秦国和楚国正在交战，我准备去谒见楚王劝说他罢兵。楚王要是不高兴（这样做），我就准备去谒见秦王劝说他罢兵。在两个国王中间我总会找到和我意见投合的。”

孟子说：“我孟轲不准备打听详细情况，但却想听听您的意向。您将怎样劝说他们呢？”

宋牼答道：“我准备去讲讲交兵的危害。”

孟子说：“先生您的用心是很好的，但是您的提法便不合适。先生拿利去劝说秦楚两国的君王，秦楚两国的君主由于对利感兴趣而罢兵，这就使三军的官兵乐于罢兵也对利产生了深厚的兴趣。做人臣子的怀着得利的观点去侍奉他们的君主，做人儿子的怀着得利的观点去侍奉他们的父亲，做人弟弟的怀着得利的观点去侍奉他们的哥哥，这就使得君臣、父子、兄弟之间完全抛掉仁义，怀着得利的观点来相互交往，像这样国家却不会灭亡的，简直是没有的事。先生要是拿仁义去劝说秦楚两国的君主，秦楚两国的君主由于对仁义感兴趣而罢兵，这就使三军的官兵乐于罢兵而对仁义产生了浓厚的兴趣。做人臣子的怀着仁义的观点去奉事他们的君主，做人儿子的怀着仁义的观点去侍奉他们的父亲，做人弟弟的怀着仁义的观点去侍奉他们的哥哥，这就使得君臣、父子、兄弟之间完全抛去利的观点，怀着仁义的观点来相互交往，像这样却不能统一天下的，简直是没有的事。为什么非说利不行呢？”

仁惠化民

仁惠化民君主、人臣、百姓都应该怀有仁义之心，这样国家才会安定强盛，百姓才能富足祥和。唐朝李恳为具州刺史，一日庭院树上布满甘露。百姓都说这是他仁义爱民、勤于政务的结果。

［原文］

孟子居邹，季任[1]为任处守，以币交，受之而不报。处于平陆[2]，储子为相，以币交，受之而不报。他日，由邹之任，见季子；由平陆之齐，不见储子。屋庐子喜曰：“连[3]得间矣。”问曰：“夫子之任，见季子；之齐，不见储子，为其为相与？”

曰：“非也。《书》曰：‘享多仪，仪不及物曰不享，惟不役志于享。’为其不成享也。”

屋庐子悦。或问之，屋庐子曰：“季子不得之邹，储子得之平陆。”

[注释]

①季任：任国国君的弟弟。

②平陆：齐国地名，即今山东省汶上县。

③连：屋庐子的名。

[译文]

孟子住在邹国时，季任为任国留守，（代理国君暂行国政，）送了礼物来和孟子结交，孟子受了礼物却并没有回谢。后来孟子住在平陆时，储子做齐国的国相，也送了礼物来和孟子结交，孟子同样是受了礼物没有回谢。过了些日子，孟子从邹国到任国去，去拜访了季子；但是，当他由平陆去齐国首都时，却没有去拜访储子。屋庐子（知道这种情况后）高兴地说：“我找到老师一个漏洞（来发问了）。”问道：“老师您到任国，拜访了季子；到齐国首都，却不拜访储子，这是因为他仅是个国相吗？”

孟子说：“不是的。《尚书》中说过：‘享献之礼以有仪节为可贵，要是仪节与礼物不相称，那就等于没有享献，这只是因为享献的人没有把心意用在享献上。”（我之所以不去拜访储子，）是为了他的享献不成其为享献的缘故。”

屋庐子（听了）很高兴。有人问他（这是怎么一回事），屋庐子道：“季子（因为有重任在身）不能到邹国去，而储子（作为国相）却是可以亲自去平陆的。”

[原文]

淳于髡(kūn)曰：“先名实者，为人也；后名实者，自为也。夫子在三卿①之中，名实未加于上下而去之，仁者固如此乎？”

孟子曰：“居下位，不以贤事不肖者，伯夷也；五就汤，五就桀者，伊尹也；不恶污君，不辞小官者，柳

下惠也。三子者不同道，其趋一也。一者何也？曰，仁也。君子亦仁而已矣，何必同？”

曰：“鲁缪公之时，公仪子[2]为政，子柳、子思[3]为臣，鲁之削也滋甚。若是乎，贤者之无益于国也！”

［注释］

①三卿：指上卿、亚卿、下卿，都是爵位。

②公仪子：即公仪休，曾任鲁国的相。

③子柳、子思：子柳，即泄柳，曾任鲁缪公的卿。子思，孔子之孙，名伋。

［译文］

淳于髡说：“重名誉功业的人，是为了济世救民；不重视名誉功业的人，是为了独善其身。先生您身居齐国三卿的高位，名誉和功业无论从上辅君王还是下济万民来说都还无所建树却就要离开齐国，一个志士仁人原来是这样的吗？”

孟子说：“身居低下的地位，不愿意拿自己贤者的身份去侍奉无德的君主的，是伯夷；五次投到汤的门下，又五次投到桀的门下的，是伊尹；不嫌弃无德的君主，也不谢绝当小官的，是柳下惠。三个人处世接物的态度不同，但他们总的趋向却是一致的。这个一致的趋向是什么呢？我说，就是一个仁字。所以君子只要趋向于仁就行了，又为什么一定要互相一样呢？”

淳于髡说：“从前鲁缪公的时候，公仪子替他掌握政权，子柳和子思都在他的朝廷上做臣子，可是鲁国削弱却更见厉害。如果是这样，贤者对国家没有什么帮助！”

［原文］

曰：“虞不用百里奚而亡，秦穆公用之而霸。不用贤则亡，削何可得与？”

曰：“昔者王豹[1]处于淇[2]，而河西善讴；绵驹处于高唐[3]，而齐右善歌；华周、杞梁[4]之妻，善哭其夫，而变国俗。有诸内，必形诸外。为其事而无其功者，髡未尝睹之也。是故无贤者也，有则髡必识之。”

曰：“孔子为鲁司寇，不用，从而祭，燔(fán)肉⑤不至，不税冕而行。不知者以为为肉也，其知者以为为无礼也。乃孔子则欲以微罪行⑥，不欲为苟去。君子之所为，众人固不识也。”

百里奚拜将

［注释］

①王豹：卫国人，善于唱歌。

②淇：卫国河流名。

③绵驹：一位善于唱歌的人。高唐：齐国邑名。

④华周、杞梁：齐国大夫，在齐国攻打莒国时战死。传说他们的妻子闻讯后，对着城墙痛哭，把城墙哭塌了，齐国人受到感染，以至善哭成风。

⑤燔肉：祭祀用的熟肉。古礼，天子和诸侯祭祀后，要将一部分祭肉赐给大夫。

⑥乃孔子则欲以微罪行：这句隐含的意思是，孔子不想让人觉得自己弃官而去都是鲁国执政者的过错，因为这样做是失礼的。

［译文］

孟子说：“从前虞国因为不用百里奚便亡了国，秦穆公由于用了他便成就了霸业。可见不用贤者就要导致国家的灭亡，（要想仅仅）削减点国土又怎么行得通呢？”

淳于髡说：“从前王豹居住在淇水旁边，于是河西地方的人们便都擅长于唱歌；绵驹居住在高唐，于是齐国西部地方的人们也都擅长于唱歌；华周、杞梁的妻子以痛哭她们战死的丈夫著名，因而改变了齐国的习俗。里面有什么，外面也一定会表现什么。做了那件事却见不到它的功绩的，我从不曾看到过那样的事情。所以今天实在是没有贤人，如果有的话，那我就一定会知道他的。”

孟子说：“从前孔子做鲁国司寇，不被鲁君所信任，跟随鲁君去祭祀，祭肉也没有按规定送来，于是孔子没有摘下礼帽就离去了鲁国。不了解孔子的人以为孔子是为了几块祭肉而走的，了解孔子的人就知道他是由于鲁国君相的无礼才出走。至于孔子却是（为了不至显露君相的过错，）想使自己戴上一点小小罪名而离开鲁国，并不愿意随随便便地出走。一个仁德君子的所作所为，一般的普通人本来就不能轻易识别理解。”

[原文]

孟子曰：“五霸①者，三王之罪人也；今之诸侯，五霸之罪人也；今之大夫，今之诸侯之罪人也。天子适诸侯曰巡狩，诸侯朝于天子曰述职。春省耕而补不足，秋省敛而助不给。入其疆，土地辟，田野治，养老尊贤，俊杰在位，则有庆，庆以地。入其疆，土地荒芜，遗老失贤，掊（pǒu）克在位，则有让。一不朝，则贬其爵；再不朝，则削其地；三不朝，则六师移之。是故天子讨而不伐，诸侯伐而不讨。五霸者，搂诸侯以伐诸侯者也，故曰，五霸者，三王之罪人也。

[注释]

①五霸：指春秋时代先后称霸的五个诸侯，具体哪五个诸侯，说法不一，据《孟子》书中所看，可能是指齐桓公、晋文公、秦穆公、楚庄公、吴王阖庐。

[译文]

孟子说：“五霸，是三王的罪人；现在的诸侯，是五霸的罪人；现在的大夫，又是现在的诸侯的罪人。天子到诸侯国家巡行叫巡狩，诸侯朝见天子叫述职。（天子到诸侯国巡狩，）春天视察耕种情况，补助穷困户，秋天视察收割的情况，对不能自给的缺粮户进行赈济。踏进哪个国家的疆界，假如土地开辟了，农事井井有条，老人得到赡养，贤人受到尊敬，杰出的人才都被选拔在官，就有奖赏，赏给土地。要是踏进哪个国家的疆界，土地一片荒芜，老人被遗弃，贤人散失在野，横征暴敛的人高据要职，就得给予责罚。（诸侯对天子，）一次不朝见，便要降低他的爵位；再次不朝见，便削减他的封地；三次不朝见，便派出军队进行讨伐，另立国君。所以天子（对不服从的诸侯，）只发布命令，讨他的罪，而不亲自出兵去攻打他；诸侯只奉命行事，攻伐不服从王朝的诸侯，而不对别的诸侯发号施令，声罪致讨。五霸，是强拉着诸侯去攻伐诸侯的，所以说，五霸是三王的罪人。

［原文］

“五霸，桓公为盛。葵丘之会[1]，诸侯束牲载书而不歃(shà)血[2]。初命曰：‘诛不孝，无易树子，无以妾为妻。’再命曰：‘尊贤育才，以彰有德。’三命曰：‘敬老慈幼，无忘宾旅。’四命曰：‘士无世官，官事无摄，取士必得，无专杀大夫。’五命曰：‘无曲防，无遏籴(dí)，无有封而不告。’曰：‘凡我同盟之人，既盟之后，言归于好。’今之诸侯皆犯此五禁，故曰，今之诸侯，五霸之罪人也。长君之恶其罪小，逢君之恶其罪大。今之大夫皆逢君之恶，故曰，今之大夫，今之诸侯之罪人也。”

［注释］

①葵丘之会：葵丘，地名，在今河南兰考东。会，盟会，古代诸侯间聚会而结盟。盟会时要用牛作祭品，或杀，或不杀。

②歃血：结盟时的一种仪式。立盟时杀牲取血，盟誓者口含其血，或涂于口旁，表示诚信。如果不歃血，则表示相信与盟的人不敢背约。

［译文］

“五霸中，齐桓公是势力最强大的。在葵丘那次盟会上，与诸侯们捆绑祭神的牲口（牛），把盟书搁在它的身上，（由于桓公自信诸侯害怕他的威力，不敢背信，）没有举行歃血的仪式。（盟约共有五条：）第一条是，要诛罚不孝父母的人，不要擅自改换已经立了的太子，不得扶立爱妾为正妻。第二

条是，要尊敬贤人，培育人才，借以表彰有德之士。第三条是，尊敬老人，慈爱幼儿，不要怠慢外宾和一般旅客。第四条是，士人不得把官位世代相传，公务不要兼代，选拔人才一定要得人任贤，不拘一格，不得擅自杀戮大夫。第五条是，不得蔑视王法，遍设堤防，不得阻止粮食籴进卖出，不得单凭私恩有所封赏而不报告（盟主）。末了说，凡是我们参加盟会的人，已经订立盟约之后，便要恢复正常的友好邦交。现在的诸侯全都违犯了这五条禁令，所以说，现在的诸侯，是五霸的罪人。一味顺从，助长君主的过错，这个罪行还小一点，君主还没有萌发作恶的念头，做臣子的却曲意逢迎，导使作恶，这个罪行可就大了。现在的大夫都是逢迎君主作恶的，所以说，现在的大夫，是现在的诸侯的罪人。”

明宣宗五路搜贤

作为臣子，有许多都是对上逢迎拍马，对下欺压恐吓的，皇权至高无上，想要升官发财者，多半不会去捋虎须。譬如邓通，他是汉文帝的宠臣，最擅溜须拍马。文帝背生毒疮，他就用嘴舔吸以解文帝疼痛。文帝赐他一座铜山，允许他自己开矿铸币。后世明宣宗搜寻贤能的时候也谨记文帝宠信邓通的教训。

［原文］

鲁欲使慎子[1]为将军。孟子曰：“不教民而用之，谓之殃民。殃民者，不容于尧舜之世。一战胜齐，遂有南阳[2]，然且不可……”

慎子勃然不悦，曰：“此则滑釐所不识也。”

曰：“吾明告子。天子之地方千里，不千里，不足以待诸侯。诸侯之地方百里，不百里，不足以守宗庙之典籍[3]。周公之封于鲁，为方百里也；地非不足，而俭于百里。太公之封于齐也，亦为方百里也；地非不足

也，而俭于百里。今鲁方百里者五，子以为有王者作，则鲁在所损乎？在所益乎？徒取诸彼以与此，然且仁者不为，况于杀人以求之乎？君子之事君也，务引其君以当道，志于仁而已。”

[注释]

①慎子：名滑釐，是一个善于用兵的人。

②南阳：地名，在泰山西南面，本属于鲁，后被齐侵夺。

③典籍：这里指记载先祖典章法度的文册。

[译文]

鲁国想让慎子做将军。孟子说：“不先教练百姓就用他们去打仗，这叫作坑害百姓。坑害百姓的人，在尧舜的时代是容不得的。即使一次战斗便打赢了齐国，顺利地收复了南阳，这样尚且不行……”

慎子（还没有把话听完，）便勃然变色很不高兴地说：“这个却是我所弄不明白的。”

孟子说：“我明白告诉你好了。天子的辖地见方千里，不到千里，便不够用以接待来朝见的诸侯。诸侯的辖地见方百里，不到百里，便不够用以奉守受之于天子、历代相传下来的珍藏在祖祠里的文物典章。周公被封在鲁国，有约见方百里的土地；土地并不是不够，但事实上（周公的封地）却是少于百里的。太公被封在齐国，也有约见方百里的土地；土地并不是不够，但事实上也是少于百里的。现时鲁国就有五个见方百里的土地，你认为假如有圣贤之君兴起，那么鲁国

王安石

时代变了，做事的方法也须跟着改变，不能一味照搬前人。成为一个好臣子，紧要的是能够根据当世情况制定正确措施。例如王安石针对当时宋朝积贫积弱的社会现状，推行农田水利法、青苗法、募役法等，缓解了社会危机，使国库充实，也增强了国家军备力量。

的土地将摆在被削减还是被增加的行列中呢？不费一兵一卒之力从那个国家取来土地给予这个国家，这样，仁爱的人尚且不干，更何况用杀人的手段去取得土地呢？君子侍奉君主（没有别的诀窍，）一定要引导他的君主做到事事在理，心向着仁罢了。”

［原文］

孟子曰：“今之事君者皆曰，‘我能为君辟土地，充府库。’今之所谓良臣，古之所谓民贼也。君不乡(xiàng)道[1]，不志于仁，而求富之，是富桀也。‘我能为君约与国[2]，战必克。’今之所谓良臣，古之所谓民贼也。君不乡道，不志于仁，而求为之强战，是辅桀也。由今之道，无变今之俗，虽与之天下，不能一朝居也。”

［注释］

①乡道：向往道德。乡，同“向”，向往。

②与国：盟国。

［译文］

孟子说：“现在那些侍奉君主的人都说：‘我能够替君主开拓疆土，充实府库。’现在所谓的好臣子，正是古代所谓的害民之贼。君主不向往道德，又无心行仁义，你却去力求使他富足，这就等于是使夏桀富足。（现在那些侍奉君主的人又说：）‘我能够替君主联合盟国，每次战争一定获得胜利。’现在所谓的好臣子，正是古代所谓的害民之贼。君主不向往道德，又无心行仁义，你却去力求替他恃强奋战，这就等于是辅佐夏桀。假如走着现在的道路，不改变现在的习俗，就算把整个天下给予他，他也是不能统治一个早晨的。”

［原文］

白圭[1]曰：“吾欲二十而取一，何如？”

孟子曰：“子之道，貉(mò)[2]道也。万室之国，一人陶，则可乎？”

曰："不可，器不足用也。"

曰："夫貉，五谷不生，惟黍(shǔ)生之；无城郭、宫室、宗庙、祭祀之礼，无诸侯币帛饔飧(yōng sūn)[3]，无百官有司，故二十取一而足也。今居中国，去人伦，无君子[4]，如之何其可也？陶以寡，且不可以为国，况无君子乎？欲轻之于尧舜之道者，大貉小貉也；欲重之于尧舜之道者，大桀小桀也。"

［注释］

①白圭：名丹，曾做过魏国的宰相，筑堤治水很有名。

②貉：又作"貊"，古代北方的一个小国。

③饔飧：饔，早餐。飧，晚餐。这里以饔飧代指请客吃饭的礼节。

④去人伦，无君子：去人伦指无君臣、祭祀、交际的礼节；无君子指无百官有司。

［译文］

白圭说："我想要把税率改为二十抽一，（你认为）怎么样？"

孟子说："你的作法，是貉国的做法。假定一个有一万户的国家，只有一个人做陶器，那能行得通吗？"

白圭说："不行，因为这样陶器就会不够用。"

孟子说："那个貉国，（气候寒冷，）五谷都不能生长，只有那种（早熟作物）黍才可以（在那里）成活；那里没有城墙、高敞的房舍、祖先的祠庙以及祭祀的礼仪，没有诸侯间致送币帛等礼物和宴饮款客的礼节，也没有各种大小官吏，所以它的税率定为二十抽一也就够用了。现在你住在中国，却要（像貉族那样）废弃人类社会的伦常，不设从事政治的官员，这怎么能行呢？做陶器的工匠太少了，尚且不能搞好国家，更何况没有从政的官员呢？要想把税率定得比尧舜的标准轻的，那就是大貉和小貉；反之，要想把税率定得比尧舜的标准重的，那就是大桀和小桀。"

［原文］

白圭曰："丹之治水[1]也愈于禹。"

孟子曰："子过矣。禹之治水，水之道也，是故禹以四海为壑(hè)[2]。今吾子以邻国为壑[3]。水逆行谓之洚(jiàng)[4]水。洚水者，洪水也——仁人之所恶也。吾子过矣。"

［注释］

①丹之治水：白圭治水的方法，据《韩非子·喻老篇》记载，主要在于筑堤塞穴，所以孟子要指责他"以邻国为壑"。

②壑：本义为沟壑，这里扩大指受水处。

③以邻国为壑：据《韩非子·喻老篇》说，白圭治水注重修筑和保护堤防，致使水无出路，流入邻国。

④洚：大水泛滥。

［译文］

白圭说："我治理洪水的功劳超过了大禹。"

孟子说："你错了。大禹治理洪水，是循着水原来所走的道路加以疏导；所以大禹是把四海作为消纳水的地方。现在你却是把邻国作为消纳水的地方。水不遵循故道而四处泛滥叫作洚水。洚水也即是洪水——（因为它为害人民很大，所以，）是仁爱百姓的人所最厌恶的。我的先生，你错了！"

［原文］

孟子曰："君子不亮[1]，恶(wū)乎执？"

［注释］

①亮：同"谅"，诚信。

［译文］

孟子说："君子不讲求诚信，还能操持什么呢？"

［原文］

鲁欲使乐正子[1]为政。孟子曰："吾闻之，喜而不寐。"

公孙丑曰："乐正子强乎？"

曰："否。"

“有知(zhì)虑乎？”

曰：“否。”

“多闻识乎？”

曰：“否。”

“然则奚为喜而不寐？”

曰：“其为人也好(hào)善②。”

“好善足乎？”

曰：“好善优于天下③，而况鲁国乎？夫苟好善，则四海之内皆将轻④千里而来告之以善；夫苟不好善，则人将曰：‘訑訑(yí yí)⑤，予既⑥已知之矣！’訑訑之声音颜色距⑦人于千里之外。士止于千里之外，则谗⑧谄(chǎn)⑨面谀(yú)⑩之人至矣。与谗谄面谀之人居，国欲治，可得乎？”

[注释]

①乐正子：复姓乐正，名克。

②好善：这里特指喜欢听取善言。

③优于天下：优于治天下的意思。优，充足。

④轻：易，容易，不以为难。

⑤訑訑：听别人意见时的不耐烦声音。

⑥既：尽，都。

⑦距：同“拒”。

⑧谗：说陷害人的坏话。

⑨谄：巴结，奉承。

⑩谀：讨好逢迎。

[译文]

鲁国打算让乐正子主持国家政事。孟子说：“我一听到这消息，欢喜得连觉都睡不着。”

房玄龄

唐太宗李世民是千古明君，任用贤明，帮助他治理国家。许多明德之士也都尽心竭力辅佐太宗，房玄龄就是其中一位。

公孙丑说："乐正子坚强果断吗？"

孟子答道："不。"

公孙丑问道："有智慧善于思考问题吗？"

孟子答道："不。"

公孙丑问道："博学多闻见识广阔吗？"

孟子答道："不。"

公孙丑问道："那么您为什么会欢喜得连觉都睡不着呢？"

孟子答道："他为人喜欢听取有益的话。"

公孙丑问道："只要喜欢听取有益的话就够了吗？"

孟子答道："只要喜欢听取有益的话，用它来治理天下都还绰绰有余，更何况治理鲁国呢？如果真的喜欢听取有益的话，那四方的好善之士都会不远千里地赶来把有益的话告诉他；要是不喜欢听有益的话，那人们将会（学着他的语言神态）道：'嗯嗯，（你说的）我全都已经知道了！'这种（带有轻蔑性的）声音脸色简直把人家拒绝在千里之外了。好善之士被阻止在千里之外，那些爱打小报告、说奉承话的人随后便到了。跟那些爱打小报告、说奉承话的人为伍，还要想把国家治理好，能够做得到吗？"

［原文］

陈子①曰："古之君子何如则仕？"

孟子曰："所就三，所去三。迎之致敬以有礼；言，将行其言也，则就之。礼貌未衰，言弗行也，则去之。其次，虽未行其言也，迎之致敬以有礼，则就之。礼貌衰，则去之。其下，朝不食，夕不食，饥饿不能出门户，君闻之，曰：'吾大者不能行其道，又不能从其言也，使饥饿于我土地，吾耻之。'周之，亦可受也，免死而已矣。"

［注释］

①陈子：即陈臻，孟子弟子。

［译文］

陈子问："古代的君子在怎样的情况下才出来做官呢？"

孟子说："（古代的君子，）就职的情况有三种，去职的情况也有三种。迎接他时能致敬意而又有礼貌；他有所进言，（君主）又将付诸实行，便就职。（君主）对他的礼貌尽管没有减弱，可是对他的进言却不能付诸实行，就去职。其次，虽然不能实行他的进言，但迎接他时却能致敬意而又有礼貌，便就职。如果君主对他的礼貌减弱了，就去职。最下等的，他早上吃不上饭，晚上也吃不上饭，肚子饥饿得无力走出门户，君主知道这种情况后，说：'我从大的方面说不能实行他的政治主张，又不能听从他的进言，以至使他在我的国土上忍饥挨饿，我对这件事感到耻辱。'（在这样的情况下）给予他周济，就也可以接受，这不过是为了免于一死罢了。"

［原文］

孟子曰："舜发于畎(quǎn)亩①之中，傅说②举于版筑③之间，胶鬲(gé)④举于鱼盐之中，管夷吾⑤举于士⑥，孙叔敖⑦举于海，百里奚举于市⑧。故天将降大任于是人也，必先苦其心志，劳其筋骨，饿其体肤，空乏其身，行拂⑨乱其所为，所以动心忍性，曾(zēng)⑩益其所不能。人恒过，然后能改；困于心，衡⑪于虑，而后作。征⑫于色，发于声，而后喻。入则无法家拂(bì)士⑬，出则无敌国外患者，国恒亡。然后知生于忧患，而死于安乐也。"

［注释］

①畎亩：田间，田地。

②傅说：殷武丁时人，曾为刑徒，在傅岩筑墙，后被武丁发现，举用为相。

③版筑：古代筑墙的方法，用两板相夹，填入泥土，用杵捣实，拆板后即成土墙。

④胶鬲：殷纣王时人，曾以贩卖鱼、盐为生，周文王把他举荐给纣，后辅佐周武王。

⑤管夷吾：管仲。原是齐国公子纠的家臣，纠与公子小白（即后来的齐桓公）争夺君位，失败后逃至鲁国而遭杀；管仲也被鲁人囚禁押回齐国。后由鲍叔牙推荐，被桓公提拔为相。

⑥士：此处指狱囚管理者。

勾践灭吴

逆境激起人的斗志，促使人奋发。最典型的例子就是越王勾践卧薪尝胆之事。越王兵败，入吴为奴三年，每日苦思焦虑，卧薪尝胆，最终打败吴国，统一长江流域。

⑦孙叔敖：是春秋时楚国的隐士，隐居海边，被楚王发现后任为令尹（宰相）。

⑧百里奚举于市：春秋时的贤人百里奚，流落在楚国，秦穆公用五张羊皮的价格把他买回，任为宰相，所以说“举于市”。

⑨拂：违背，不顺。

⑩曾：同“增”。

⑪衡：通“横”，指横塞。

⑫征：表征，表现。

⑬法家拂士：法家，有法度的大臣；拂，假借为“弼”，辅佐，拂士即辅佐的贤士。

[译文]

孟子说：“舜是在田野中发迹的，傅说是从筑墙的苦役中被提拔的，胶鬲是从贩卖鱼盐的行业中被推荐上来的，管夷吾是从狱官手中选拔出来充任国相的，孙叔敖是从海边僻远的地方选拔的，百里奚是从畜牧业主那里赎买上来的。所以上天将要把治国治民的重任加在某个人的肩头上时，一定先要使他（遭受种种困难的折磨，）弄得他心烦意乱，筋骨劳累，肚肠饥饿，口袋空空的，想做点什么便被干扰打乱，诸事都不如意，这就是为了要使他心里震动，得到锻炼，使其性格坚韧，由此而增加他平时所不能具有的能力。一个人只有经历多次错误和失败的教训，然后才能改过自新，走上正路；只有经过艰苦的思想斗争和错综复杂的重重思虑，然后才能有所作为；只有（在痛苦的磨炼过程中，）表现出形容憔悴的颜色，发出悲歌慷慨的声音，然后才能得到人们的了解。一个国家要是国内没有知法度的大臣和能为国君左右手的士子，国外又缺乏对敌国外患侵扰的远虑，这样的国家常常是要被灭亡的。从这里，我们可以悟得人为什么在忧愁患难中能够得到生存而在安逸欢乐中却反会遭到毁灭的道理了。”

[原文]

孟子曰："教亦多术[1]矣，予不屑之教诲也者，是亦教诲之而已矣。"

[注释]

①术：方式、方法。

[译文]

孟子说："教育也有多种多样的方式方法，那些我不屑给予教诲他的人，这也是对他的一种教诲呢。"

尽心章句上

［原文］

孟子曰："尽其心者，知其性也。知其性，则知天矣。存其心，养[1]其性，所以事[2]天也。夭寿不贰[3]，修身以俟(sì)[4]之，所以立命也。"

［注释］

①养：培养。

②事：对待。

③贰：动摇。

④俟：等待。

［译文］

孟子说："能够竭尽他的善心的，便是真正了解了人的本性。懂得了人的本性，便是知道了天命。（一个人）如果能努力保存他的善心，培养他禀赋自天的善性，目的就在于正确对待天命。不管短命或是长寿都毫不怀疑动摇，只要是修身养性以等待天命的抉择，这就是用来安身立命的方法。"

［原文］

孟子曰："莫非命也，顺受其正；是故知命者不立乎岩墙[1]之下。尽其道而死者，正命也；桎梏(zhì gù)[2]死者，非正命也。"

［注释］

①岩墙：就要倾塌的墙。

②桎梏：拘禁犯人的刑具。

［译文］

孟子说："不要去违背命运而死，去顺理而行，接受天所注定的正常命运吧！所以懂得天命的人不会站在快要倾倒的墙壁下面。一切完全按正道行事而死的人，他所接受的是正常的命运；那些犯罪坐牢而死的人，他们所接受的就是不正常的命运。”

［原文］

孟子曰：“求则得之，舍[1]则失之，是求有益于得也，求在我者也。求之有道，得之有命，是求无益于得也，求在外者也。”

［注释］

①舍：放弃。

［译文］

孟子说：“（有的东西）追求它就能够得到，放弃它就会失掉，这种追求是对获得（这个东西）有益处的，这是因为所追求的东西就在我本身之内，（能否获得它取决于我自己。）（有的东西）追求它得有一定的原则，能否得到它得由命运安排，这种追求是对获得（这个东西）毫无益处的，这是因为所追求的东西存在于我的身外，（能不能得到它就由不得自己了。）”

［原文］

孟子曰：“万物皆备[1]于我矣。反身而诚[2]，乐莫大[3]焉。强恕[4]而行，求仁莫近[5]焉。”

［注释］

①备：具备。

②反身而诚：返回自身之本心而寻求自己的诚心。

③乐莫大：没有比这更大的快乐了。

④强恕：勉励自己以宽恕之心待人。

⑤求仁莫近：没有比这个更近的求仁途径了。

［译文］

孟子说：“一切我都具备了。假如我反躬自问，自己是忠诚踏实的，就没有什么事比这更快乐的了。按任何事都推己及人的恕道去做，那么，求得仁德的道路便没有比这更近的了。”

[原文]

孟子曰：“行之而不著[1]焉，习矣而不察[2]焉，终身由之，而不知其道者，众[3]也。”

[注释]

①著：明白。

②察：深知。

③众：众人，这里所说的是普通的人。

[译文]

孟子说：“（人人都有仁义之心，）如果仅仅这样做下去，却不明白为什么要这样做，天天习以为常，却不问这样做的原因，终生终世打这条道路走，却不思考一下这是条什么道路，这种人就是普通的人。”

[原文]

孟子曰：“人不可以无耻，无耻之[1]耻，无耻矣！”

[注释]

①之：至。

[译文]

孟子说：“一个人不可以没有羞耻，一个人如果能够以感到自己没有羞耻为可耻，（因而改过自新，）他便可以终身不再蒙受羞耻了。”

[原文]

孟子曰：“耻之于人大矣，为机变[1]之巧者，无所用耻焉。不耻不若人，何若人有？”

[注释]

①机变：奸诈。

[译文]

孟子说："羞耻之心对于人来说关系非常大，那些搞阴谋诡计的人，是没有什么地方用得着羞耻的。一个人要是不把不如别人看作是羞耻，那他还有什么地方能比得上别人呢？"

[原文]

孟子曰："古之贤王好(hào)善而忘势，古之贤士何独不然？乐其道而忘人之势，故王公不致敬尽礼，则不得亟(jí)[1]见之。见且由不得亟，而况得而臣之乎？"

[注释]

①亟：多次。

[译文]

孟子说："古代的贤君喜爱有德行的贤士，忘记自己的权势地位，古代的贤士又何尝不是这样？他们热爱他们信奉的义理，忘记别人的权势地位，所以王公们要是对他们不能做到诚心诚意，礼仪周到，就不能多次见到他们。相见的次数尚且不能多，更何况要把他们作为自己的臣下呢？"

吕蒙

人都有羞恶之心，明羞恶才能更上进。吕蒙本是一介莽夫，不通文理，时常受人歧视。他深觉羞愧，后来发愤苦读，终有所成。后世人称"士别三日，当刮目相看"，即源于此。

[原文]

孟子谓宋句践[1]曰："子好(hào)游[2]乎？吾语子游。人知之，亦嚣嚣(xiāo xiāo)[3]；人不知，亦嚣嚣。"

曰："何如斯可以嚣嚣矣？"

曰："尊德乐义，则可以嚣嚣矣。故士穷不失义，达不离道。穷不失义，故士得

己[4]焉；达不离道，故民不失望焉。古之人，得志，泽加于民；不得志，修身见于世。穷则独善其身，达则兼善天下。”

［注释］

①宋句践：人名，姓宋，名句践，生平不详。

②游：指游说。

③嚣嚣：安详自得的样子。

④得己：即自得。

［译文］

孟子对宋句践说：“你喜欢到各国去游说吗？我告诉你关于游说应取的态度。人家理解我，也悠闲自得；人家不理解我，也悠闲自得。”

宋句践问道：“要怎样才能做到悠闲自得呢？”

孟子答道：“一个人能尊重自己的德行，以行为合于义为乐，就可以悠闲自得了。所以士人在穷困时不丢掉义，在得志时不偏离道。士人能够在穷困时不丢掉义，所以能自得其乐；能够在得志时不偏离道，所以百姓不致感到失望。古代的君子，得了志，恩泽普遍施加到百姓；万一不得志，也能自修品德，有所表现于世。穷困时搞好自身的品德修养，得志时便让普天下百姓都各得其所。”

［原文］

孟子曰：“待文王而后兴[1]者，凡民[2]也。若夫豪杰之士[3]，虽无文王犹兴。”

［注释］

①兴：感动奋发之意。

②凡民：平庸之人。

③豪杰之士：有过人才智的人。

［译文］

孟子说：“要等待有文王这样的圣君出现，然后才知道兴起向善的，是一般的人。至于杰出的人物，就算没有文王这样的圣君出现，也还是能够自觉地兴起向善的。”

［原文］

孟子曰：“附之以韩魏[1]之家，如其自视欿(kǎn)[2]然，则过人远矣。”

［注释］

①韩魏之家：指春秋末期晋国六卿中的韩魏两家。这两家当时拥有很大的权势和很多的财产。

②欿：“坎”的假借字，视盈若虚的意思。

［译文］

孟子说：“（除了他自己的家业外，）再拿（晋国）韩魏两大家族的财富加上去，如果他自己看来，觉得（仁义之道还不足，）并不值得自满，这样的人就远远超出了普通人。”

［原文］

孟子曰：“以佚(yì)道[1]使民，虽劳不怨。以生道[2]杀民，虽死不怨杀者。”

［注释］

①佚道：佚，安逸。佚道，使老百姓生活安逸之道。

②生道：使老百姓保全生命之道。

［译文］

孟子说：“从谋求百姓能过上温饱安逸生活的原则出发而役使百姓，他们尽管劳累一些，也不会埋怨。从维护广大百姓生存的原则出发而不得已杀人，被杀者因为有罪而死，也不会怨恨杀他的人。”

［原文］

孟子曰：“霸者之民欢虞[1]如也，王者之民皞皞(hào hào)[2]如也。杀之而不怨，利之而不庸[3]，民日迁善而不知为之

者。夫君子所过者化，所存者神，上下与天地同流，岂曰小补之哉？”

［注释］

①欢虞：同“欢娱”。

②皞皞：同“浩浩”，广大自得的样子。

③庸：功劳。

［译文］

孟子说：“霸者的百姓（由于明显地看到君主的惠泽，因而）感恩戴德，欢天喜地，王者的百姓（身受君主的德泽而不自觉，因而）心旷神舒，怡然自得。（在王道的熏陶下，）百姓被杀了，却并不怨恨，百姓蒙受恩泽，却并不归功于谁，百姓一天一天趋向于善却不知道是谁造成的。圣人所到的地方，人们受到感化，他所在的国家，受到他的影响潜移默化，神妙莫测，他的功德简直是与上天地下一同运转不息，难道说这只是小小的补益吗？”

［原文］

孟子曰：“仁言①不如仁声②之入人深③也，善政不如善教之得民也。善政，民畏之；善教，民爱之。善政得民财，善教得民心。”

［注释］

①仁言：仁厚的言辞。

②仁声：声，声望。仁德的声望。

③入人深：深入人心。

［译文］

孟子说：“仁厚的言辞比不上仁德的声望深入人心，良好的政治不如良好的教育深得人心。良好的政治，百姓害怕它；良好的教育，百姓喜爱它。良好的政治得到的是百姓的财物，良好的教育得到的却是百姓的心。”

［原文］

孟子曰：“人之所不学而能者，其良①能也；所不虑

而知者，其良知也。孩提之童[2]无不知爱其亲者，及其长也，无不知敬其兄也。亲亲，仁也；敬长，义也；无他，达之天下也。”

［注释］

①良：指本能的，天然的。

②孩提之童：指两三岁之间的小孩子。

［译文］

孟子说：“人们不用学习就会做的，这是他们的良能；没必要用脑筋思考就可以知道的，这是他们的良知。二三岁光会笑、要人抱的小孩，没有不知道爱他的父母的，等到长大了，又没有不知道尊敬他的兄长的。亲爱父母便是仁，尊敬兄长便是义。（成为有所作为使泽被万民的圣人）没有其他诀窍，只不过是把人的这种天生的仁义之心推广到天下罢了。”

［原文］

孟子曰：“舜之居深山之中，与木石居，与鹿豕(shǐ)游，其所以异于深山之野人者几(jī)希[1]。及其闻一善言，见一善行，若决江河，沛然[2]莫之能御[3]也。”

［注释］

①几希：几，几乎。希，稀少，没有。

②沛然：浩大的样子。

③御：抵挡，阻挡。

［译文］

孟子说：“舜住在深山时，跟树木和石头一块做伴，和麋鹿野猪一同游息，他用以区别于深山野人的地方几乎没有。可是等到他听到一句有益的话语，看到一种良好的行为，（便立即采纳，雷厉风行，）好像江河决了口，声势浩大得没有谁能阻挡得了。”

［原文］

孟子曰：“无为其所不为，无欲其所不欲，如此[1]而

已[2]矣。”

[注释]

①如此：像这样。

②而已：罢了。

[译文]

孟子说：“不要做那些自己所不愿做的事，不要贪图那些自己所不该要的东西，一个人能做到这一点就够了。”

[原文]

孟子曰：“人之有德慧术知者，恒存乎疢(chèn)疾[1]。独孤臣[2]孽(niè)子[3]，其操心也危，其虑患也深，故达。”

[注释]

①疢疾：灾患。

②孤臣：受疏远的臣。

③孽子：古代常一夫多妻，非嫡妻所生之子叫庶子，也叫孽子，一般地位卑贱。

[译文]

孟子说：“那些有德行、聪明、学术和才智的人，往往来自危险的处境。只有那些孤立无援的臣下和不是正妻所生被人歧视的庶子，他们才提心吊胆，对于祸患的思考也较深，所以能通晓事理，洞达人情。”

[原文]

孟子曰：“有事君人者，事是君则为容悦者也；有安社稷臣者，以安社稷为悦者也；有天民[1]者，达可行于天下而后行之者也；有大人者，正己而物正者也。”

[注释]

①天民：朱熹《四书集注》云：“民者，无位之称，以其全尽天理，乃天之民，故谓之天民。”

[译文]

孟子说："（人的品格有四等：）有侍奉君主的一种人，他们侍奉这些君主专是为了讨得君主们的欢心；有安邦定国的臣子，他们是以安定国家为乐事的；有高深学问涵养的天民，他们一定要知道他们的道可以畅行于天下，然后才出来行道；有变化通神的大人，他们只要一端正自己，外物便很自然地也跟着得到了端正。"

张良

张良辅佐刘邦建立汉朝，是安邦定国的臣子。

[原文]

孟子曰："君子有三乐，而王天下不与存焉。父母俱存，兄弟无故①，一乐也；仰不愧于天，俯不怍（zuò）②于人，二乐也；得天下英才而教育之，三乐也。君子有三乐，而王天下不与存焉。"

[注释]

①故：事故，指灾患病丧。

②怍：惭愧。

[译文]

孟子说："君子有三桩乐事，统一天下却不包含在里面。父母全都健在，兄弟也没灾没病，是第一桩乐事；上对得住天，下对得起人，是第二桩乐事；得到天下优秀的人才对他们进行教育，是第三桩乐事。君子有三桩乐事，统一天下却不包含在里面！"

[原文]

孟子曰："广土众民，君子欲之，所乐不存焉；中天下而立，定四海之民，君子乐之，所性不存焉。君子所性，虽大行①不加焉，虽穷居不损焉，分定故也。君

子所性，仁义礼智根于心，其生色也睟(suì)然②，见于面，盎③于背，施于四体，四体不言而喻。”

［注释］

①大行：指理想、抱负行于天下。

②睟然：颜色润泽。

③盎：显露。

［译文］

孟子说：“国土广阔，人口众多，这固然是君子所希求的，但他所感兴趣的却不在这里；屹立于天下的中央，使海内的百姓普遍得到安定，君子对这个自然感到快乐，但他所得自天的本性却不在这里。君子所得自天的本性，纵然是他的政治理想在天下完全得到实行也不会因此在上面增添一点什么，即使是困居乡里也不会因此从那里减少一点什么，这是由于本性已经固定了的缘故。君子所得自天的本性，仁义礼智深深植根在他的心中，它生发出来的神色温润清和，表现在颜面，显露于肩背，遍及四肢，四肢一动作，它不待用语言说明，人们一看便知道了。”

［原文］

孟子曰：“伯夷辟(bì)①纣，居北海之滨，闻文王作②，兴③曰：‘盍(hé)④归乎来，吾闻西伯善养老者。’太公辟纣，居东海之滨，闻文王作，兴曰：‘盍归乎来，吾闻西伯善养老者。’天下有善养老，则仁人以为己归矣。五亩之宅，树墙下以桑，匹妇蚕之，则老者足以衣帛矣。五母鸡，二母彘(zhì)，无失其时，老者足以无失肉矣。百亩之田，匹夫耕之，八口之家足以无饥矣。所谓西伯善养老者，制⑤其田里⑥，教之树畜，导其妻子使养其老。五十非帛不暖，七十非肉不饱。不暖不饱，谓之冻馁。文王之民无冻馁之老者，此之谓也。”

[注释]

①辟：通“避”，避开，逃避。

②作：兴盛。

③兴：精神振奋的样子。

④盍：为什么不。

⑤制：规定。

⑥里：住宅。

采桑图

古时人擅蚕桑，采桑喂蚕，蚕吐丝织成布。种棉花，棉花纺成纱。老年人体质较弱，穿丝棉衣服更暖和。所以明君特别注重种桑和种棉，不让老人受冻挨饿。

[译文]

孟子说：“伯夷逃避纣王，住在北海边上，听说文王兴盛起来了，便精神振奋地说：‘为什么不归依到那里去呢？我听说西伯是善于养老的人。’太公姜尚逃避纣王，住在东海边上，听说文王兴盛起来了，便精神振奋地说：‘为什么不归依到那里去呢！我听说西伯是善于养老的人。’只要天下有善于养老的人，那么仁人们便会把他当作自己的归宿。五亩大小的住宅，把桑树种在墙脚下，让一个妇女养蚕缫丝，那么老年人就能够穿上丝绵袄了。每户人家所养的五只母鸡，二头母猪，不要耽误了它们饲养和繁殖的时机，老年人就不会没有肉吃了。百亩田地，一个丁壮农夫耕种，八口人的家庭就足够吃饱了。人们所说的西伯善于养老，（指的是他）规定分配给百姓土地和住宅，教他们栽种和畜牧，教导他们的妻子儿女奉养他们家的老人。人到了五十岁，不着丝绵便不能暖身子，到了七十岁，没有肉食便不能饱肚子。身子不暖，肚子不饱，便叫作受冻挨饿。所谓文王的老百姓没有受冻挨饿的老人，说的就是这个意思。”

[原文]

孟子曰：“易①其田畴(chóu)②，薄其税敛，民可使富也。食之以时，用之以礼，财不可胜用也。民非水火不生活，昏暮叩人之门户求水火，无弗与者，至足矣③。圣人治天下，使有菽(shū)粟如水火。菽粟如水火，而民焉有不

仁者乎？”

[注释]

①易：治，耕种。

②田畴：田地。

③矣：这里的用法同“也”。

[译文]

孟子说：“只要整治好耕地，赋税收轻点，是可以使百姓富足的。（再教育他们注意节俭，）食用要有时节，用钱不超过礼数，财物便用不尽了。百姓没有水和火是活不下去的，要是黑夜敲门向别人讨碗水或要个火，是没有人不会给的，这是因为水火家家都多极了的缘故。圣人治理天下，就要使百姓家有粮食像水火那样充足。百姓家的粮食像水火那样多了，怎么还会有不仁爱的呢？”

[原文]

孟子曰：“孔子登东山①而小鲁，登太山而小天下，故观于海者难为水，游于圣人之门者难为言。观水有术，必观其澜。日月有明，容光②必照焉。流水之为物也，不盈科不行；君子之志于道也，不成章③不达。”

[注释]

①东山：即蒙山，在今山东蒙阴县南。

②容光：指能够容纳光线的小缝隙。

③成章：《说文》解释：“乐竟为一章。”由此引申，指事物达到一定阶段或有一定规模。

[译文]

孟子说：“孔子登上东山便觉得鲁国小了，登上泰山就觉得天下也小了，所以对于观看过大海的人，其他水要再得到他的赞叹就难了，对于曾到圣人门下游学过的人，其他言谈要再打动他的心弦也就不易了。观看水有观看水的方法，一定得观看它无比壮阔的波澜。太阳和月亮都有耀目的光辉，凡是能容纳光线的小小缝隙也都一定能够照到。流水这个东西，不填满地面上那些坎坎洼洼，它是不会前进的；君子有志于钻研道术，不日积月累，有一定的成就，就不能由此及彼，通达事理。”

［原文］

孟子曰：“鸡鸣而起，孳(zī)孳(zī)①为善者，舜之徒也；鸡鸣而起，孳孳为利者，跖(zhí)②之徒也。欲知舜与跖之分，无他，利与善之间③也。”

［注释］

①孳孳：同“孜孜”，勤勉不懈。

②跖：即柳下跖，春秋时的大盗。

③间：区别，差异。

［译文］

孟子说：“一听到鸡叫便起来，努力不懈地行善事的，是舜一类的人；一听到鸡叫便起来，努力不懈地追求私利的，是跖一类的人。要想知道舜跟跖的区分，没有别的，只在求利和求善这极其微小的差异中。”

［原文］

孟子曰：“杨子①取为我，拔一毛而利天下，不为也。墨子兼爱②，摩顶放踵(zhǒng)③利天下，为之。子莫④执中。执中为近之。执中无权，犹执一也。所恶执一者，为其贼道也，举一而废百也。”

［注释］

①杨子：战国初期哲学家，名朱，魏国人。他的学说与墨子的学说在战国时代都很流行。他重视个人利益，反对别人对自己的侵夺，但也反对侵夺别人。

②墨子兼爱：墨子（约公元前468—公元前376），春秋战国时期的思想家、政治家，墨家学派的创始人，名翟。相传原为宋国人，后长期住在鲁国。“兼爱”是他的基本思想之一。

③摩顶放踵：从头顶到脚跟都磨伤，形容不畏劳苦，不顾体伤。放，到。

④子莫：战国时鲁国人，其事迹已不可考。

［译文］

孟子说：“杨子采纳为我的主张，就算只需拔去自己一根毫毛却能使天下得利，都不愿意干；墨子主张兼爱，哪怕磨秃头顶，走破脚跟，只要对天下人有利，也愿意干。子莫就（不同于二人）坚持折中的主张。坚持折中的主张算是近乎正确。但如果持折中的主张而不知道随时变通，那也还是固执一偏。我们之所以讨厌固执一偏的主张，就因为它损害了仁义之道，顾及一端而放弃其余的原因。”

［原文］

孟子曰：“饥者甘①食，渴者甘饮，是未得饮食之正也，饥渴害之也。岂惟口腹有饥渴之害？人心亦皆有害。人能无以饥渴之害为心害，则不及人不为忧矣。”

［注释］

①甘：美味。

［译文］

孟子说：“肚子饿的人吃着什么食物都觉得是美的，口渴的人喝什么饮料都觉得是甜的，这实际是没有尝到饮料和食物的正常滋味，原因是极度的饥渴妨害了他们品尝滋味的正常感觉。难道只有嘴巴和肚子有饥渴的妨害吗？人们的心也都有类似的妨害。要是人们能使他们的心不受像饥渴对于嘴巴肚子那样的妨害，那么尽管自己一时还不如别人，也不会因此而发愁了。”

［原文］

孟子曰：“柳下惠不以三公易其介①。”

［注释］

①介：独特。这里指独特的操守。

[译文]

孟子说："柳下惠不因为居三公的高位便改变他特立独行的操守。"

[原文]

孟子曰："有为者辟①若掘井，掘井九轫（rèn）②而不及泉，犹为弃井也。"

[注释]

①辟：同"譬"，譬如。

②九轫：轫，同"仞"，古代量词，古代七尺（或说八尺）为一仞。

[译文]

孟子说："有作为的人譬如打井一样，井打到六七尺深却没有挖到地下泉，也还是一口废井。"

[原文]

孟子曰："尧舜，性①之也；汤武，身②之也；五霸，假③之也。久假而不归，恶（wū）④知其非有也。"

[注释]

①性：本性。

②身：身体力行。

③假：假借。

④恶：怎么，如何。

[译文]

孟子说："尧舜实行仁义，是出于本性；汤武，躬行仁义，勉力恢复本性；至于五霸，却是假借仁义之名，来图谋他们的私利。但借久了不归还，别人（受了他们的蒙蔽，）又如何能知道他们并没有仁的行为呢？"

柳下惠

[原文]

公孙丑曰："伊尹曰：'予不狎(xiá)①于不顺②。'放太甲于桐，民大悦。太甲贤，又反之，民大悦。贤者之为人臣也，其君不贤，则固可放与？"

孟子曰："有伊尹之志，则可；无伊尹之志，则篡也。"

[注释]

①狎：亲近。

②顺：顺从。这里是顺从义理的意思。

[译文]

公孙丑问："伊尹说：'我看不惯那些不顺义理的人。'于是他把太甲放逐到桐去，老百姓非常高兴。太甲改过自新了，他又将他迎接回来，老百姓也非常高兴，贤人作了人家的臣子，要是他的君主不好，就能放逐吗？"

孟子说："有伊尹那样为公的心思，就可以；没有伊尹那样为公的心思，就是篡权了。"

[原文]

公孙丑曰："《诗》曰①：'不素餐②兮。'君子之不耕而食，何也？"

孟子曰："君子居是国也，其君用之，则安富尊荣；其子弟从之，则孝悌(tì)忠信。'不素餐兮'，孰大于是？"

[注释]

①《诗》曰：引自《诗经·魏风·伐檀》。

②素餐：白吃饭。

[译文]

公孙丑问："《诗经》中说：'不白吃饭呀！'（那就是说人应该耕种才能吃饭，）可现在的君子却不种田也吃饭，这是什么缘故呢？"

孟子说："君子居住在这个国家，如果这个国家的君主用他做官，便能使国家和君主安定、富足而又保持崇高光荣的地位；如果他们的子弟跟着他学习，便能孝敬父母、尊敬兄长、忠心耿耿、讲究诚信。不白吃饭呀，还有什么功劳比这个更大的吗？"

［原文］

王子垫[1]问曰："士何事？"

孟子曰："尚志。"

曰："何谓尚志？"

曰："仁义而已矣。杀一无罪，非仁也；非其有而取之，非义也。居恶在？仁是也；路恶在？义是也。居仁由义，大人之事备矣。"

［注释］

①王子垫：齐王的儿子，名垫。

［译文］

王子垫问道："士该做什么事？"

孟子说："士应当使自己保持高尚的志向。"

又问："怎样才能说是志向高尚呢？"

答道："不过是坚持仁和义罢了。只要是杀害一个没有罪的人，便是不仁；只要是财物不是他自己应该得的却取用了，便是不义。士应该居住在什么地方呢？仁便是的；士应该行走的路在哪里呢？义便是的。住的是仁，经由的是义，就算是在官的大人分内的事情也都全部能做到了。"

［原文］

孟子曰："仲子[1]，不义与之齐国而弗受，人皆信之，是舍箪食豆羹之义也。人莫大焉亡亲戚、君臣、上下。以其小者信其大者，奚可哉？"

［注释］

①仲子：即陈仲子，战国时期著名贤士。

[译文]

孟子说:“陈仲子这个人，要是毫无道理地把个齐国给他，他是不会接受的，人们都相信这件事，其实，这种义是等于放弃一筐饭一碗汤的义。人的罪过再没有什么比不讲求父兄君臣尊卑更大的了，(而仲子便正是犯有这种罪过。)又怎能可以因为他有这点廉洁的表现便相信他的大节操呢？”

[原文]

桃应①问曰：“舜为天子，皋陶为士，瞽瞍(gǔ sǒu)杀人，则如之何？”

孟子曰：“执之而已矣。”

“然则舜不禁与？”

曰：“夫舜恶得而禁之？夫有所受之也。”

“然则舜如之何？”

曰：“舜视弃天下犹弃敝蹝(xǐ)②也。窃负而逃，遵海滨而处，终身䜣(xīn)然③，乐而忘天下。”

[注释]

①桃应：孟子的学生。

②敝蹝：破鞋子。

③䜣然：同“欣”，高兴的样子。

[译文]

桃应问道:“舜做天子，皋陶当法官，假定瞽瞍杀了人，那该怎么办？”

孟子说:“那就只有把他抓起来了。”

(桃应问道:)“那么舜不会出来阻止么？”

孟子答道:“舜怎么能出来阻止呢？(皋陶所执行的法)是有所传授的，(又怎敢徇私枉法呢？)”

(桃应问道:)“那么舜该怎么办呢？”

孟子答道:“舜把抛弃天下看作是抛掉一双破鞋一样。他会偷偷地背着犯法的父亲逃走，一路上沿着海边住下来，一辈子高高兴兴地，享受天伦之乐，把曾经做天子享有天下的事情抛在脑后。”

［原文］

孟子自范[1]之齐，望见齐王之子，喟然叹曰：“居移气，养移体，大哉居乎！夫非尽人之子与？”

孟子曰：“王子宫室、车马、衣服多与人同，而王子若彼者，其居使之然也。况居天下之广居[2]者乎？鲁君之宋，呼于垤(dié)泽之门[3]。守者曰：‘此非吾君也，何其声之似我君也？’此无他，居相似也。”

［注释］

①范：齐国地名，故城在今范县东南二十里，是魏国与齐国之间的要道。

②广居：孟子的“广居”指仁。如《滕文公下》所说：“居天下之广居，立天下之正位。”

③垤泽之门：宋国城门。

［译文］

孟子从范邑到齐国的首都去，远远地看见了齐王的儿子，深有感触地长叹道：“一个人所处的环境改变他的气度，所受的奉养改变他的体魄，环境对人们的影响是多么大啊！他和普通人不都是人的儿子吗？（他为什么会显得这样与众不同？）”

孟子接下去又说：“王子的住房、车马、衣服多半跟别人的几乎一样，可王子却显示出那样不凡的气魄，这就是由于他所处的环境使他变成这样的缘故。（王宫的环境尚且能使他变得这样与众不同，）何况处在天下最广阔的环境——仁中呢？鲁君有一次到宋国去，在宋国垤泽的城门下吆喝，守门的人说：‘这不是我们的君主，为什么他的声音这样像我们的君主呢？’这没有别的原因，只是因为他们所处的环境相似。”

［原文］

孟子曰：“食[1]而弗爱，豕交之也；爱而不敬，兽畜之也。恭敬者，币之未将[2]者也。恭敬而无实，君子不

可虚拘。”

［注释］

①食：动词，使之食，引申为奉养。

②币：指礼物。将：送。

［译文］

孟子说：“对于贤人只知奉养而不爱，那就跟把他当成猪一样畜养差不多，光知爱而不知尊敬，那就等于把他当成兽类一样豢养着。恭敬之心，是应在送礼物之前就具备了的。徒有恭敬的形式而没有恭敬的实质，君子是不会被这种虚假的礼仪所留住的。”

［原文］

孟子曰：“形色，天性①也；惟圣人然后可以践②形。”

［注释］

①天性：天生，自然生成的。

②践：实践。

［译文］

孟子说：“人的形体容貌，都是秉自然之理而生成的，这就是所谓天性；只有圣人才能尽这种自然之理，使天生的形体更加充实完美，无愧于天性。”

［原文］

齐宣王欲短丧。公孙丑曰：“为期之丧，犹愈于已乎？”

孟子曰：“是犹或紾（zhěn）其兄之臂，子谓之姑徐徐云尔，亦教之孝弟①而已矣。”王子有其母死者，其傅为之请数月之丧②。公孙丑曰：“若此者何如也？”

曰：“是欲终之而不可得也。虽加一日愈于已，谓夫莫之禁而弗为者也。”

[注释]

①弟：通“悌”，敬爱、顺从兄长。

②数月之丧：据《仪礼·丧服记》，王子在母亲（诸侯之妾）死后，因父亲还在，不必服丧，只在下葬时穿麻衣而已，因此“数月之丧”也就不是短丧了。

[译文]

齐宣王想缩短丧礼规定的守孝时间，通过公孙丑问孟子道：“父母死后守孝一周年，还是比完全不守孝更强些吧？”

孟子说：“这就像有个人扭他哥哥的胳膊，你对他说暂且慢慢儿扭吧，（这又有什么用呢。）也只有拿孝敬父母、尊敬兄长的道理教育他好了。”

王子中有个他的母亲去世了，他的老师替他请求（为他死去母亲）守几个月的孝。公孙丑（就这件事）问孟子道：“像这样的事该怎么样呢？”

答道：“这个是这位王子想守完三年的孝（而又受到丧礼的限制）不可能做到的。（我上次所说的）哪怕是增加一天守孝的时间也比完全不守孝的好，说的是那些并没有人禁止守孝而自己不去守孝的人。”

[原文]

孟子曰：“君子之所以教者五：有如时雨化之者，有成德者，有达财①者，有答问者，有私淑艾（yì）②者。此五者，君子之所以教也。”

[注释]

①财：通“材”。

②淑：通“叔”，拾取。艾：同“刈”，取。也就是说，淑、艾同义，“私淑艾”也就是“私淑”，意为私下拾取，指不是直接作为学生，而是自己仰慕而私下自学的。这也就是所谓“私淑弟子”的意思。

屈原

腹有诗书气自华。人的形体容貌自然生成，没法改变，但是后天的修炼可以让人形体完美，气质升华。所谓谦谦君子，温润如玉，即是此理。

[译文]

孟子说："君子用来教育人的方式有五种：有像及时雨那样化育万物（使得蓬勃生长）的，有帮助培养成优良品德的，有多方诱导发展特有才干使之成材的，有解答学生提出的疑难问题的，有拿自身的品德学问，影响那些不能登门受业的人，使他们通过自修得到成功的。这五种方式，便是君子用来教育人的方式。"

[原文]

公孙丑曰："道则高矣，美矣，宜若登天然，似不可及也。何不使彼为可几及而日孳(zī)孳也？"

孟子曰："大匠不为拙工改废绳墨①，羿不为拙射变其彀(gòu)率②。君子引而不发，跃如也。中道而立，能者从之。"

[注释]

①绳墨：木工取直用的工具。

②彀率：拉开弓的标准。

[译文]

公孙丑说："道可说是高的，美的，可就是好像登天一般，似乎有点高不可攀，怎不使它变得可以接近，以便别人每日用功去钻求的呢？"

孟子说："高明的木匠不会因为笨拙的徒工而改变或是抛弃操作时必不可少的墨线，善射箭的羿也不会因为学射人的笨拙而改变要求弯弓时所应达到的限度。君子（教人，正像射手教射箭一般，）搭上箭拉满弓，并不把箭发出去，只是（示范性地）做出跃跃欲试的姿势。他立下一个合于中庸之道、不难也不易的学习准则，能接受这个准则的就跟上去。"

[原文]

孟子曰："天下有道，以道殉身①；天下无道，以身殉道。未闻以道殉乎人②者也。"

[注释]

①以道殉身：此处的"殉"是相始终之意。

②殉乎人：迁就他人。

[译文]

孟子说：“天下要是走了上正道，便能使道随从贤者本身的被信任而得以施行；天下要是离开正道，贤者本身便随着道的不能施行而隐居起来。我没有听说过为了逢迎王侯而歪曲甚至破坏正道的。”

[原文]

公都子曰：“滕(téng)更[1]之在门也，若在所礼，而不答，何也？”

孟子曰：“挟(xié)[2]贵而问，挟贤而问，挟长而问，挟有勋劳而问，挟故而问，皆所不答也。滕更有二焉。”

[注释]

①滕更：滕国国君的弟弟，曾就学于孟子。

②挟：倚仗。

[译文]

公都子说：“滕更在您门下学习，似乎应摆在以礼相待的人的行列，您却不回答他的发问，这是什么原因呢？”

孟子说：“仗着自己的权位高来发问，仗着自己有点才干名气来发问，仗着自己年纪比人家大几岁来发问，仗着自己是有功之臣来发问，仗着自己与人家有点老交情来发问，所有这些都是我不予回答的原因。滕更这个人（在五条里面）犯了两条（按指‘挟贵’‘挟贤’）。”

[原文]

孟子曰：“于不可已[1]而已者，无所不已。于所厚者薄，无所不薄也。其进锐者，其退速。”

[注释]

①已：停止。

［译文］

孟子说："对于不当废弃（或罢黜）的人却废弃了，那就没有什么人不可以废弃了。对于应当厚待的人却薄待了，那就没有什么人不可以薄待了。那些进用太突然了的人，他被罢退也一定会十分快的。"

［原文］

孟子曰："君子之于物①也，爱之而弗仁；于民也，仁之而弗亲。亲亲而仁民，仁民而爱物。"

［注释］

①物：泛指世间一切生物。

［译文］

孟子说："君子对待（草木禽兽等）万物，爱惜它们却不施给仁德；对于百姓，施给仁德却并不亲爱。君子亲爱自己的亲人，推而施仁德于百姓；对百姓施给仁德，推而爱惜万物。"

［原文］

孟子曰："知（zhì）者无不知也，当务之为急；仁者无不爱也，急亲贤之为务。尧舜之知而不遍物，急先务也；尧舜之仁不遍爱人，急亲贤也。不能三年之丧，而缌（sī）①、小功②之察③；放饭流歠（chuò）④，而问无齿决⑤，是之谓不知务。"

［注释］

①缌：细麻布，这里代指服丧三个月的孝服，穿这种孝服只服丧三个月，是五种孝服中最轻的一种，如女婿为岳父母服孝就用这种。古代丧服分为斩衰、齐衰、大功、小功、缌麻五个等级，服丧期相应分为三年、一年、九个月、五个月、三个月这五等。

②小功：服丧五个月的孝服，是五种孝服中次轻的一种，如外孙为外祖父母服孝就用这种。

③察：指仔细讲求。

④放饭流歠：意思是大口吃饭、大口喝汤。放饭，大吃大嚼的意思。放，副词；饭，动词。流，长，副词。猛喝的意思；饮，动词。《礼记·曲礼》说："毋放饭，毋流歠。"按礼的规定，在尊长面前这样吃喝，是大不敬的行为。

⑤问无齿决：问，讲求；齿决，用牙齿啃，这里指用牙齿咬断干肉。《礼记·曲礼》说："濡肉齿决，干肉不齿决。"在尊长者面前啃干肉也是不礼貌的行为，但只是小不敬。

[译文]

孟子说："智者本来应无所不知，但一定先急于处理好当前第一位的工作；仁者本应无所不爱，但必须把亲近贤人当作唯一的急务。尧舜的智慧虽高，却不可能知道一切事物，因为他们得急于知道当前首要的任务；尧舜的仁德虽大，却不可能爱所有的人，因为他们得急于亲近贤人。譬如一个人不能执行三年的丧礼，而对缌麻和小功这样三、五个月较轻的丧礼过分讲究；自己跟长辈同席、毫无礼貌，竟然大口大口地吃饭、喝汤，却要责备别人吃干肉时怎么用手去撕开而不用牙齿去啃断它，这就叫作不识大体。"

尽心章句下

[原文]

孟子曰："不仁哉梁惠王也！仁者以其所爱，及其所不爱，不仁者以其所不爱，及其所爱。"

公孙丑曰："何谓也？"

"梁惠王以土地之故，糜(mí)烂①其民而战之，大败，将复之，恐不能胜，故驱其所爱子弟以殉之，是之谓以其所不爱，及其所爱也。"

[注释]

①糜烂：朱熹《集注》云："使之战斗，糜烂其血肉也。"

[译文]

孟子说："梁惠王委实太不仁道了啊！一个仁德的人会把他施加于所爱的人的恩泽推及到他所不爱的人的身上，（相反，）一个不仁德人却会拿他施加于他所不爱的人的荼毒连累到他所心爱的人。"

公孙丑听了，问道："这话怎么讲呢？"

孟子答道："梁惠王为了扩张土地的缘故，把他所不爱的百姓投入战争的血海，使他们弃尸原野，肝脑涂地。吃了大败仗后，又想卷土重来，却担心百姓不肯替他卖命，所以不惜驱使他所心爱的子弟上战场去送死，这便叫把他施加于他所不爱的人的荼毒连累到他所心爱的人。"

[原文]

孟子曰："春秋无义战。彼善于此，则有之矣。征者，上伐下也，敌国①不相征也。"

[注释]

①敌国：指地位相等的国家。"敌"在这里不是"敌对"的意思。

[译文]

孟子说:“春秋那个时代几乎没有合乎义的战争,(相对而言,)那次战争比这次战争好一点(的情况),就还是有的。(为什么说春秋没有合乎义的战争呢?因为)征讨这个词,是指上面的天子讨伐下面违反王命的诸侯,地位相等的国家是不得互相征伐的。”

[原文]

孟子曰:“尽信《书》,则不如无《书》。吾于《武成》①,取二三策②而已矣。仁人无敌于天下,以至仁伐至不仁,而何其血之流杵③也?”

[注释]

①《武成》:《尚书》篇名,早已亡佚。现存《武成》篇是后人伪作。东汉王充《论衡·艺增》上说:“夫《武成》之篇,言武王伐纣,血流浮杵,助战者多,故至血流如此。”

②策:竹简,一策相当于我们今天说的一页。

③杵:舂米或捶衣的木棒。

[译文]

孟子说:“全部相信《尚书》,就还不如没有《尚书》的好。我对于《武成》这篇文章,只不过采用它两三策文字罢了。一个仁德的人在天下是没有敌手的,以周武王这样天下极其仁爱的贤君去讨伐商纣那样最不仁爱的暴君,(义师所到的地方,备受百姓的欢迎,)又怎么会发生血流成河,连舂米的大木棒都给漂走的事呢?”

承天门闯王射箭

中国历史上农民起义之事尤多,李自成的农民起义军所到之处,都非常受民众的欢迎。李自成进京后,在承天门射匾额上的“天”字,以壮声威,惜未中。

[原文]

孟子曰："有人曰，'我善为阵(zhèn)[①]，我善为战。'大罪也。国君好仁，天下无敌焉。南面而征，北夷怨；东面而征，西夷怨，曰：'奚为后我？'武王之伐殷也，革车三百两，虎贲(bēn)三千人。王曰：'无畏！宁尔也，非敌百姓也。'若崩厥角，稽(qǐ)首。征之为言正也，各欲正己也，焉用战？"

[注释]

①陈：同"阵"，阵势。

[译文]

孟子说："有人说，'我善于陈兵列将摆成作战阵势，我善于打仗取胜。'这实际是该服上刑的大罪过。只要国君好行仁德，天下就无敌手。(过去商汤大起义师，)他讨伐南方，北方的狄族便埋怨；他讨伐东方，西方的夷族同样也会埋怨，他们说：'为什么把我们放在后面呢？'周武王去讨伐殷纣时，派出兵车三百辆，勇士三千人。武王告谕殷商的百姓道：'别害怕！我们是来帮助你们得到安定生活的，不是来跟你们百姓作对的。'百姓们听了一齐伏在地上把额角碰着地面叩起头来，登时像山岳崩塌似的一片阶响。征这个字含有正的意思，被暴君压榨虐待的各国百姓都巴望武王来匡正自己的国家，怎么还用得着战争呢？"

[原文]

孟子曰："梓(zǐ)、匠、轮、舆(yú)能与[①]人规矩，不能使人巧。"

[注释]

①与：给。这里是传授、教授的意思。

[译文]

孟子说："木匠车工能够把规矩法度传授给别人，但却不能保证别人必然获得高明熟练的技巧，（那是得靠学者自己从不断的钻研中去心领神会的。）”

［原文］

孟子曰：“舜之饭糗(qiǔ)①，茹草也，若将终身焉；及其为天子也，被袗(pī zhěn)衣，鼓琴，二女果(wǒ)②，若固有之。”

［注释］

①饭糗：饭，动词，吃。糗，干粮。

②果：通“婐”，侍女，这里是侍候的意思。

［译文］

孟子说：“舜当年吃干粮啃野菜的时候，好像准备一辈子这样过下去；等到他做了天子，身着华服，弹着琴，尧的两个女儿侍候他，又好像本来他就具有这些生活条件似的（一点异样的感觉都没有）。”

［原文］

孟子曰：“吾今而后知杀人亲之重也：杀人之父，人亦杀其父；杀人之兄，人亦杀其兄。然则非自杀之也，一间(jiàn)①耳。”

［注释］

①一间：相距很近的意思。间，间隙、间隔。

［译文］

孟子说：“我从今以后才知道杀害别人的亲属关系的重大：一人杀了别人的父亲，他的父亲也会被人杀；杀了别人的哥哥，他的哥哥也会被人杀害。这样难道不就等于自己杀死自己的父兄么？只不过中间隔了一个人罢了。”

［原文］

孟子曰：“古之为关①也，将以御暴②；今之为关也，将以为暴。”

[注释]

①关：关卡。

②暴：暴力。

[译文]

孟子说："古时候设立关卡，是准备用来（稽查奸人出入，）防止发生暴乱；现在设立关卡，却是准备用来（征收赋税，）推行暴政。"

[原文]

孟子曰："身不行①道，不行于妻子；使人不以道，不能行于妻子。"

[注释]

①行：行为、行事。

[译文]

孟子说："一个从政的人如果自己行事都不遵照正道，那么正道就连在他的妻子、儿女身上也行不通，（更谈不上要求别人了；）如果他不按正道去支使人，那么就连他的妻子、儿女也支使不动，（更谈不上支使别人了。）"

[原文]

孟子曰："周①于利者凶年不能杀②，周于德者邪世③不能乱。"

[注释]

①周：足，充足。

②杀：缺乏，有窘困意。

③邪世：乱世。

[译文]

孟子说："平时积蓄财物富足的人，哪怕是灾荒年岁也不能让他穷困，平时积德厚的人，哪怕是乱世也不能让他迷失方向。"

[原文]

孟子曰：“好名之人能让千乘(shèng)之国，苟非其人，箪(dān)食豆羹[1]见于色[2]。”

[注释]

①箪食豆羹：箪，盛饭的竹器；豆，舀水器。形容生活非常贫困。

②色：神色。

[译文]

孟子说：“那些珍惜不朽之名的人，能够把可出兵车千乘的国家让给贤人，但是，如果不是那种应该受让的对象，那怕是让给一筐饭、一碗汤，他心里的不满也会在脸色上表现出来的。”

[原文]

孟子曰：“不信仁贤，则国空虚[1]；无礼义，则上下乱；无政事，则财用不足。”

[注释]

①空虚：这里指没有人才。

[译文]

孟子说：“不信任有仁德有才干的人，国家就会显得空虚无人；国家没有礼义来定尊卑地位，上下的关系便要出现一片混乱；没有好的政治（来保障生产的正常进行，赋税的合理征收，）国家的财政收支便要不足。”

[原文]

孟子曰：“不仁[1]而得国者，有之矣；不仁而得天下者，未之有也。”

[注释]

①不仁：不施行仁政。

［译文］

孟子说："不行仁德却能得到一个国家，这样的事是有的；不行仁德却能得到整个天下，这样的事是自古就无的。"

［原文］

孟子曰："民为贵，社稷①次之，君为轻。是故得乎丘民②而为天子，得乎天子为诸侯，得乎诸侯为大夫。诸侯危社稷，则变置。牺牲③既成，粢盛既洁④，祭祀以时，然而旱干水溢，则变置社稷。"

［注释］

①社稷：社，土神；稷，谷神。古代帝王或诸侯建国时，都要立坛祭祀"社""稷"，所以，"社稷"又作为国家的代称。

②丘民：众民。

③牺牲：供祭祀用的牛、羊、猪等祭品。

④粢盛既洁：粢，粟米。"粢盛既洁"的意思是说，盛在祭器内的祭品已洁净了。

［译文］

孟子说："（在天下或一个国家里，）百姓是最重要的，其次便是社稷，君主要算较轻的了。所以得到民众拥护的便可以做天子，得到天子信任的便可以做诸侯，得到诸侯信任的便可以做大夫。诸侯要是危害国家，便得废掉他改立别的人。要是祭祀用的牲口（指牛、羊、猪）已是肥大合乎标准，盛在祭器中的黍稷也已弄得清清洁洁，祭祀又是按时进行，可是百姓还是逃脱不了要遭受旱灾和水灾，那就得另外改立土谷之神了。"

［原文］

孟子曰："圣人，百世之师也，伯夷、柳下惠是也。故闻伯夷之风者，顽①夫廉，懦夫有立志；闻柳下惠之风者，薄②夫敦，鄙③夫宽。奋乎百世之上，百世之下，闻者莫不兴起也。非圣人而能若是乎？而况于亲炙④之

者乎？”

［注释］

①顽：贪婪。

②薄：刻薄。

③鄙：见识浅薄。

④炙：熏陶。

［译文］

孟子说：“圣人是百代人的老师，伯夷和柳下惠便正是这样的人。所以在那些听到伯夷的风格和操守的人当中，即使是贪婪的人也变得廉洁了，懦弱的人也变得意志坚强了；在那些听到柳下惠的风格和操守的人当中，即使是刻薄成性的人也变得厚道了，胸襟狭隘的人也变得宽宏大度了。他们在百代之前奋发有为，百代之后，听到他们事迹的人没有不为之感奋振作的。不是圣人能够做到这样吗？更何况对于那些同时代亲受他们熏陶的人呢？”

［原文］

孟子曰：“仁也者，人也。合而言之①，道也。”

［注释］

①合而言之：合起来讲。

［译文］

孟子说：“‘仁’这个字的含义就是‘人’，把‘仁’和‘人’合并起来讲，就是‘道’。”

［原文］

孟子曰：“孔子之去鲁，曰，‘迟迟吾行也。去父母国之道也。’去齐，接淅(xī)①而行，去他国之道也。”

［注释］

①接淅：淘米。

[译文]

孟子说："孔子离开鲁国时，说：'我们慢慢地走吧。这是告别祖国（应采取）的态度。'离开齐国时，把正在淘的米漉干了就走。这是离开别国（所应采取）的态度。"

[原文]

孟子曰："君子之厄于陈蔡之间①，无上下之交也。"

[注释]

①君子之厄于陈蔡之间：君子，指孔子。厄，穷困，灾难。据《史记·孔子世家》记载，（哀公四年）楚使人聘孔子，孔子将往，而陈、蔡两国大夫担心孔子被楚任用后对他们不利，于是派徒役包围孔子，致使孔子和他的弟子断粮多日，饿得爬不起来。"厄于陈蔡之间"即指此事。

[译文]

孟子说："孔子在陈蔡之间被围困了，以至挨饿，就由于（陈蔡的君臣都坏，）孔子和他们上下都没有交往的原因。"

[原文]

貉(mò)稽①曰："稽大不理于口。"

孟子曰："无伤也。士憎兹多口。《诗》云：'忧心悄悄，愠(yùn)于群小②。'孔子也。'肆不殄(tiǎn)厥(jué)愠，亦不殒厥问③。'文王也。"

[注释]

①貉稽：人名，生世不详。

②忧心悄悄，愠于群小：出自《诗经·邶风·柏舟》。

③肆不殄厥愠，亦不殒厥问：出自《诗经·大雅·绵》。

[译文]

貉稽说："我现在大大地被人们所讥讽。"

孟子说："这没啥关系。（本来嘛，）士人最讨厌这种多嘴多舌的人。《诗经》

里说：‘我满怀忧心沉甸甸，得罪宵小一大群。’孔子的遭遇便正是这样。《诗经》又说：‘今虽不能消除别人的怨恨，但也不会贬损自己的声名。’说的就是周文王。”

[原文]

孟子曰：“贤者以其昭昭①使人昭昭，今以其昏昏②使人昭昭。”

[注释]

①昭昭：明白。

②昏昏：模糊，糊涂。

[译文]

孟子说：“贤明的人教人，凭着自己的透彻明了，帮助别人也透彻明了；现在那些教人的人，就凭自己糊里糊涂的头脑，却要让别人透彻明了。”

[原文]

孟子谓高子①曰：“山径之蹊②间（jiàn），介然③用之而成路；为间④不用，则茅塞之矣。今茅塞子之心矣。”

[注释]

①高子：齐国人，孟子的学生。

②山径之蹊：蹊，人行处。山径之蹊泛指很窄的山间小路。

③介然：本指意志专一而不旁骛，这里是经常不断的意思。

④为间：即“有间”，短时，为时不久。

[译文]

孟子对高子说：“山坡上那些野兽走过的地方，如果人们持续地在上面走着便成了路；只要隔一会儿不去走，茅草就会将它塞住。现在你的心也给茅草塞住了。”

[原文]

高子曰：“禹之声尚文王之声。”

孟子曰：“何以言之？”

曰：“以追蠡(lí)[1]。”

曰：“是奚足哉？城门之轨，两马之力与？”

［注释］

①追蠡：追，钟钮；蠡，要断的样子。

［译文］

高子说：“禹的音乐超过文王的音乐。”

孟子说：“为什么这样讲呢？”

高子答道：“就因为禹传下来的钟钮像虫咬得快要断了一般。”

孟子说：“这又何足为证呢？城门车轮驶过的辙迹那样深，难道是两匹拉车的马的力量吗？（这是由于天长日久车马经过多的原因。同样，禹的钟钮快要断了，也是因为天长日久的关系啊。）”

［原文］

齐饥。陈臻(zhēn)曰：“国人皆以夫子将复为发棠[1]，殆不可复。”

孟子曰：“是为冯妇[2]也。晋人有冯妇者，善搏虎，卒为善士。则之野，有众逐虎。虎负嵎(yú)[3]，莫之敢撄(yīng)[4]。望见冯妇，趋而迎之。冯妇攘臂下车，众皆悦之，其为士者笑之。”

［注释］

①复为发棠：重新劝齐王打开棠地的粮仓赈济灾民。发，打开。棠，地名，在今山东即墨南。过去齐国灾荒时，孟子曾劝过齐君开棠地粮仓赈济灾民，所以有此说。

②冯妇：人名，姓冯，名妇。

③嵎：山势弯曲险阻处。

④撄：迫近。

［译文］

齐国闹饥荒。陈臻说："国里的人都以为老师您又会替大家请求齐王打开棠地的仓库来赈济百姓，恐怕不便再这样做吧。"

孟子说："（如果再这么做，）这就成了冯妇了。晋国有个名叫冯妇的人，善于打老虎，后来成了善士，（便放弃了打虎这种活）。有次他到野外去，碰上大伙追赶一只老虎，老虎背靠着山角（进行顽抗），没有谁敢去碰它一下。大家远远望见了冯妇，便一齐跑上去迎接他。冯妇挽起袖子，挥舞胳膊走下车来。大伙都喜欢他，可那些士人却嘲笑他。"

［原文］

孟子曰："口之于味也，目之于色也，耳之于声也，鼻之于臭(xiù)[1]也，四肢之于安佚(yì)也，性也；有命[2]焉，君子不谓性也。仁之于父子也，义之于君臣也，礼之于宾主也，知之于贤者也，圣人之于天道也，命也；有性焉，君子不谓命也。"

［注释］

①臭：香气。

②命：命运。

［译文］

孟子说："口喜欢美味，眼睛喜欢美色，耳朵喜欢好听的声音，鼻子喜欢芳香的气味，四肢喜欢舒适，都是天性的嗜好；可是（能否都称心如意地得到它们，）这中间又有个命运决定的问题，所以君子就不认为它们是性情所定，（不加强求。）仁对于父子，义对于君臣，礼对于宾主，智对于贤者，圣人对于天道，它们能否一一各得其宜，这是属于命运的问题；但却又是性情所定，所以君子不把它们看成是命运的安排，（以便尽力而为，希望性情所定的东西都能见诸实行。）"

［原文］

浩生不害[1]问曰："乐正子何人也？"

孟子曰："善人也，信人也。"

"何谓善？何谓信？"

曰："可欲之谓善，有诸己之谓信，充实之谓美，充实而有光辉之谓大，大而化之之谓圣，圣而不可知之之谓神。乐正子，二之中、四之下也。"

[注释]

①浩生不害：人名，该人姓浩生，名不害，齐国人。

[译文]

浩生不害问道："乐正子是个什么样的人？"

孟子说："乐正子是个好人，是个实实在在的人。"

（浩生不害问道：）"何谓作好？何谓作实实在在？"

孟子答道："一个人使人觉得他可爱便叫作好；他自己的确有那些值得人爱的优点便叫作实实在在；那些优点确乎充实于他本身便叫作'美'；不只是充实，而且表现出光辉灿烂便叫作'大'；不但是大，而且融化为一体，找不出使它大的痕迹，便叫作'圣'；圣人德广，以至到了神妙不可测度的境界，便叫作'神'。乐正子正是处在好和实实在在二者和中间和'美''大''圣''神'四者的下面。"

[原文]

孟子曰："逃①墨必归于杨，逃杨必归于儒。归，斯受之而已矣。今之与杨、墨辩者，如追放豚，既入其苙，又从而招之。"

[注释]

①逃：脱离。

[译文]

孟子说："脱离墨子一派的人一定会归到杨朱那一派去，脱离杨朱一派的人一定会归到儒家学派这边。既然归到这边了，就接受他算了。现在那些跟杨墨两派展开论争的人，就像是追回丢掉了的猪一样，已经赶进猪圈里了，还要用绳子绊住它们的脚，（以免再走失，这似乎太过分了点。）”

［原文］

孟子曰：“有布缕之征，粟米之征，力役之征。君子用其一，缓其二。用其二而民有殍(piǎo)，用其三而父子离①。”

［注释］

①离：分离。

［译文］

孟子说：“有征收布帛的，有征收粮食的，还有征发人力的。君子使用一种，其他两种便暂缓使用。如果两种赋役同时使用，百姓便会有因此而饿死的，假如三种赋役同时使用，那父亲和儿子这样的至亲骨肉之间，彼此也将各不能相顾了。”

［原文］

孟子曰：“诸侯之宝三：土地、人民、政事。宝珠玉者，殃①必及身。”

［注释］

①殃：灾祸。

［译文］

孟子说：“诸侯的宝贝有三件：土地、百姓、政治。（不重视上面三件宝贝，）却把珍珠美玉看作宝贝的人，祸灾就一定会降到他身上。”

［原文］

盆成括①仕于齐，孟子曰：“死矣盆成括！”

盆成括见杀，门人问曰：“夫子何以知其将见杀？”

曰：“其为人也小有才，未闻君子之大道也，则足以杀其躯而已矣。”

[注释]

①盆成括：姓盆成，名括。

[译文]

盆成括在齐国做官，孟子知道后说："盆成括要死了啊！"

后来盆成括真的被杀，学生问道："老师您怎么知道他会被杀？"

孟子答道："他的为人有点儿小聪明，但不懂君子的大道，那就足以祸害他自身了。"

[原文]

孟子之滕，馆于上宫[1]。有业屦(jù)[2]于牖(yǒu)上，馆人求之弗得。或问之曰："若是乎从者之廋(sōu)也？"

曰："子以是为窃屦来与？"

曰："殆非也。夫予之设科[3]也，往者不追，来者不距。苟以是心至，斯受之而已矣。"

[注释]

①上宫：孟子在滕国讲学的地方。

②业屦：没有织完的草鞋。

③设科：开办课程。

[译文]

孟子到滕国，住在上宫。有一双还没有织完的草鞋搁在窗子上，客馆的人到处寻找没有找到。有的人便问孟子道："跟随您的人怎么这样随便把人家的东西藏起来呢？"

孟子反问道："你以为这些人是为偷草鞋才来的吗？"

孟子又道："大约不是吧。不过，我开馆设置课程，接受学生，离去的并不追问，进来的也不拒绝。只要他们真的是抱着这种向学的心而来，就只有把他们接受下来，（当然就难保没有染上坏习气的人混进来。）"

[原文]

孟子曰："人皆有所不忍，达之于其所忍，仁也；

人皆有所不为，达之于其所为，义也。人能充无欲害人之心，而仁不可胜用也；人能充无穿逾之心，而义不可胜用也；人能充无受尔汝[1]之实，无所往而不为义也。士未可以言而言，是以言餂（tiǎn）[2]之也；可以言而不言，是以不言餂之也。是皆穿逾之类也。”

［注释］

①尔汝：尔、汝，都是第二人称代词，古代尊长称呼卑幼时如果用平辈之间的称呼，则是对对方的轻视。

②餂：探取，获取。

［译文］

孟子说：“每个人都有他所不忍心做的事，只要他能将它扩充到他所忍心做的事上便是仁；每个人都有他所不愿做的事，只要他能将它扩充到他所愿做的事上就是义。（也就是说，）只要人们能够扩充他那种不愿害人的心，那么他的仁便用不尽了；只要人们能够扩充那种不挖洞跳墙的心，那么他的义便用不尽了；只要人们能够扩充那种不受轻蔑的实际言行，那么他就不管到哪里都再没有不合于义的了。对于一个士人，本来不可以跟他攀谈却故意去攀谈，这就是用言语去诱惑他而自己便于从中取利；可以跟他攀谈却故意不去攀谈，这就是用沉默去诱惑他而自己便于从中取利。这些都是属于挖洞跳墙一类的行为。”

［原文］

孟子曰：“言近而指远者，善言也；守约而施博者，善道也。君子之言也，不下带[1]而道存焉；君子之守，修其身而天下平。人病舍其田而芸人之田——所求于人者重，而所以自任者轻。”

［注释］

①带：束腰的带子。古人视不下带，即只视带之上。

［译文］

孟子说："说的是近事而指的却是深远的道理，这可说是很好的语言；所操持的极其简要而德泽影响却非常广，这可以说是很好的方法。君子所说的，虽只是眼前的事，可是治国平天下的大道理却就在这中间；君子所操持的，虽只是修身的事，却能使天下都得到太平。普通人的毛病就在于放下自己的田不耘，却去耕耘别人的田——责求于别人的很苛重，而拿来挑在自己肩上的担子却很轻。"

［原文］

孟子曰："尧舜，性者也；汤武，反之也。动容周旋中礼者，盛德之至也。哭死而哀，非为生者也。经德不回，非以干①禄也。言语必信，非以正行也。君子行法，以俟(sì)命而已矣。"

［注释］

①干：求取。

［译文］

孟子说："尧舜的仁德，只是按他们的本性行事；汤武的仁德，却是经过修身力行，然后回复到天然的本性。动作容貌细微曲折没有不自然合于礼的，这是前代圣贤的美德登峰造极的表现。痛伤死者而哭得悲哀，不是为了做给生者看的。按照道德行事，不搞歪门邪道，并不是想以此求得个一官半职。说话一定守信用，也不是为了要博取一个方正的名声。君子只不过是行为遵循法度，以等待命运的安排罢了。"

［原文］

孟子曰："说(shuì)大人，则藐之，勿视其巍巍然。堂高数仞(rèn)，榱(cuī)题①数尺，我得志，弗为也。食前方丈，侍妾数百人，我得志，弗为也。般乐饮酒，驱骋田猎，后车千乘(shèng)，我得志，弗为也。在彼者，皆我所不为也；在我者，皆古之制也，吾何畏彼哉？"

［注释］

①榱题：也叫“出檐”，是屋檐下的椽子头，这里借指屋檐。

［译文］

孟子说：“凡是去游说达官贵人，就先要轻视他们，别把他们一时的显赫看得了不起。他们的殿堂阶基几丈高，屋檐几尺宽，我得了志，就不会这样做。他们吃饭时，好菜好酒摆满了前面方丈宽的地方，侍候两旁的姬妾多达几百人，我得了志，就不会这样做。他们天天饮酒作乐，跑马打猎，一千多辆车子跟在后面跑，我得了志，就不会这样做。凡是他们的那些腐化享乐的事，都是我所不做的；凡是我所做的，都能合乎古代制度的规定，我为什么要畏惧他们呢？”

［原文］

孟子曰：“养心莫善于寡欲[1]。其为人也寡欲，虽有不存焉者，寡矣；其为人也多欲，虽有存焉者，寡矣。”

［注释］

①寡欲：减少欲望。寡，少。

［译文］

孟子说：“养心的方法没有比尽量减少物质欲望更好了。那些平素物质欲望少的人中间，尽管也有失去本心（也即天生的善性）的，但是为数却很少；那些平素物质欲望多的人中间，尽管也有能保存他的本心的，但是为数也很少。”

［原文］

曾皙(xī)嗜羊枣[1]，而曾子不忍食羊枣。公孙丑问曰：“脍炙[2]与羊枣孰美？”

孟子曰：“脍炙哉！”

公孙丑曰：“然则曾子何为食脍炙而不食羊枣？”

曰：“脍炙所同也，羊枣所独也。讳名不讳姓，姓所同也，名所独也。”

［注释］

①羊枣：即黑枣，因形状色泽似羊屎，故称羊枣。

②脍炙：烤肉，是古时美味的食品。

［译文］

从前曾皙非常喜爱吃羊枣，因而曾子不忍吃羊枣。公孙丑问道："细切熟肉跟羊枣哪一种更好吃？"

孟子答道："当然是细切熟肉嘛！"

公孙丑说："那么，曾子为啥吃细切熟肉却不吃羊枣呢？"

孟子答道："细切熟肉是人们所同爱吃的，羊枣却是（曾皙）所单独爱吃的。这跟人们对于父母君上避名不避姓是一样的，因为姓是大家共同的，而名却是父母君上所独有的。"

［原文］

万章问曰："孔子在陈，曰：'盍(hé)归乎来！吾党之士狂简，进取，不忘其初。'孔子在陈，何思鲁之狂士？"

孟子曰："孔子'不得中道而与之，必也狂狷乎！狂者进取，狷者有所不为也。'孔子岂不欲中道哉？不可必得，故思其次也。"

嵇康

嵇康行为疏放，不畏权贵，算得上是狂放之士。

"敢问何如斯可谓狂矣？"

曰："如琴张、曾皙、牧皮①者，孔子之所谓狂矣。"

"何以谓之狂也？"

曰："其志嘐嘐(xiāo xiāo)②然，曰：'古之人，古之人！'夷③考其行，而不掩焉者也。狂者又不可得，欲得不屑不洁之士而与之，是狷也，是又其次也。孔子曰：'过我门

而不入我室，我不憾焉者，其惟乡原乎！乡原，德之贼也。'"

［注释］

①琴张、牧皮：都是人名，身世不详，有人说是孔子的学生。

②嘐嘐：志向远大、口气不凡。

③夷：平。或认为作语助词，无意义。

［译文］

万章问道："孔子在陈国时说：'为什么不归去呢！我们乡里的学生们不喜欢按照常规行事，志向大口气也就大，一直没有改变他们的老脾气。'孔子在陈国，为什么要念叨着鲁国那些狂放之士呢？"

孟子说："孔子说过'得不到不偏不倚合于中行的人而加以奖掖鼓励，如果一定要奖掖鼓励一些人，那就只有狂放之士和狷介之士啊！狂放的人富有进取心，狷介之士有所不为'。孔子难道不想得到不偏不倚合于中行的人吗？但不一定能得到，所以就只好想到次一等的人了。

（万章问道：）"请问怎样的人才可被称作狂放之士呢？"

孟子答道："像琴张、曾皙、牧皮这一类人，就是孔子所称的狂放之士。"

（万章问道：）"为什么说他们是狂放之士呢？"

孟子答道："他们表现出志向大口气也大的样子，口里常是这样嚷着：'古代的人，古代的人。'但考察起他们的行为来，便不能和他们的语言密合无间。狂放之士又不易得到，（孔子）便想找到那些不屑干肮脏事的人而加以奖掖鼓励，这就是狷介之士，这又是（较狂放之士）次一等的人。孔子说：'经过我的门口，却不进我的屋，而我不感到遗憾的，那恐怕只有那些虚伪透顶的人吧！那些伪善的人，是损害道德的大害虫。'"

［原文］

曰："何如斯可谓之乡原矣？"

曰："何以是嘐（xiāo）嘐也？言不顾行，行不顾言，则曰：'古之人，古之人。行何为踽（jǔ）踽①凉凉②？生斯世也，为斯世也，善斯可矣。'阉（yān）然③媚于世也者，是乡原也。"

万章曰："一乡皆称原人焉，无所往而不为原人，

孔子以为德之贼，何哉？”

曰：“非之无举也，刺之无刺也；同乎流俗，合乎污世，居之似忠信，行之似廉洁，众皆悦之，自以为是，而不可与入尧舜之道，故曰‘德之贼也’。孔子曰：‘恶似而非者：恶莠（yǒu），恐其乱苗也；恶佞（nìng），恐其乱义也；恶利口，恐其乱信也；恶郑声，恐其乱乐也；恶紫，恐其乱朱也；恶乡原，恐其乱德也。’君子反经[④]而已矣。经正，则庶民兴；庶民兴，斯无邪慝（tè）矣。”

[注释]

①踽踽：一个人走路孤零零的样子。

②凉凉：淡薄，冷漠。

③阉然：阉，指阉人，即宦官。阉然指像宦官那样巴结逢迎的样子。

④反：同“返”。经：正常之道。

[译文]

万章问道：“怎样的人才叫作欺世盗名之辈呢？”

孟子答道：“（那些欺世盗名之辈讥讽狂放之士和狷介之士说，）于嘛要这样志向高口气大呢？说的不管做的，做的不符合说的，光是叫嚷：‘古代的人呀，古代的人呀。为什么把自己弄得这样孤单冷落呢？生在这个世界上，替这个世界上的人做事，混得差不多就可以嘛。’没有灵魂，装出一副讨好相，好让世上的人都喜欢他，这种人就是所谓好好先生。”

万章说：“全乡的人都称他是好人，他无论到什么地方去都表现为是个好人，孔子却认为他是损害道德的大害虫，这是什么缘故呢？”

孟子答道：“这种人，你要指责他又举不出他什么太大的过错，你要讥讽他又像没有什么可讥讽的；这种人与世俗同流合污，平常与人相处好像忠厚老实，做起事来也好像廉洁方正，大家都喜欢他，他自己也沾沾自喜，觉得自己不错，但是与尧舜之道却是格格不入的，所以说是‘损害道德的大害虫。’孔子说：‘最讨厌的是那些外表相似实际却完全是两码事的东西：厌恶那些似苗非苗的狗尾草，为的是怕它混淆了禾苗；讨厌那些有歪才似义非义的人，为的是怕他们混淆了义；厌恶那些能说会道似信非信的人，为的是怕他们混淆了信实；厌恶那些声音复沓过分悦耳的乐曲，为的是怕它混淆了雅乐；厌恶那些似朱非朱的紫色，为的是怕它混淆了红色；讨厌那些似有德非有德的伪善的人，为的是怕他们混淆了道德。所要求于君子的只不过是回到常道上来罢了。常道摆正了位置，百姓们便会积极奋发起来；百姓们积极奋发起来了，就不会有邪恶的事了。”

［原文］

孟子曰：“由尧舜至于汤，五百有余岁；若禹、皋陶，则见而知之；若汤，则闻而知之。由汤至于文王，五百有余岁，若伊尹、莱朱①，则见而知之；若文王，则闻而知之。由文王至于孔子，五百有余岁，若太公望、散宜生②，则见而知之；若孔子，则闻而知之。由孔子而来至于今，百有余岁，去圣人之世若此其未远也，近圣人之居若此其甚也，然而无有乎尔，则亦无有乎尔。”

［注释］

①莱朱：传说是商汤的贤臣，一说就是仲虺，商汤的相。

②散宜生：姓散宜，名生，周文王的贤臣。

［译文］

孟子说：“从尧舜到商汤，共经过了五百多年；像禹和皋陶等人，是亲自看见因而才知道尧舜治天下之道的；像商汤，便是经过传闻才知道尧舜治天下之道的。从商汤到文王，也是经过了五百多年，像伊尹、莱朱等人，是亲眼看见并辅助推行的王道；像文王，便是听闻后遵照推行的王道。从文王到孔子，又大约过了五百多年，像太公望、散宜生等人，是亲自看见因而知道文王治天下之道的，像孔子，便是经过传闻才知道文王治天下之道的。自孔子以来到今天，只一百多年，离开圣人的时代是这样的不远，距离圣人的故乡又是如此的近，可是还没有继承的人，那么以后也就没有继承的人了。”

图书在版编目(CIP)数据

图解孟子 / 孟子著,崇贤书院释译. —合肥:黄山书社,2015.11

(经典传家系列丛书)

ISBN 978-7-5461-5301-8

Ⅰ.①图… Ⅱ.①孟… ②崇… Ⅲ.①儒家 ②《孟子》-通俗读物 Ⅳ.①B222.5-49

中国版本图书馆 CIP 数据核字(2015)第 293135 号

总 策 划　李　克
选题策划　汤吟菲　白剑峰
编辑统筹　刘　春
责任编辑　程　景
装帧设计　未　氓
责任印制　戚　帅
出版发行　时代出版传媒股份有限公司(http://www.press-mart.com)
　　　　　黄山书社(http://www.hspress.cn)
地址邮编　合肥市政务文化新区翡翠路 1118 号出版传媒广场 7 层　230071
印　　刷　安徽联众印刷有限公司
版　　次　2016 年 3 月第 1 版
印　　次　2018 年 1 月第 3 次印刷
开　　本　700mm×1000mm　1/16
字　　数　310 千
印　　张　20.25
书　　号　ISBN 978-7-5461-5301-8
定　　价　25.80 元

服务热线　0551-63533706

销售热线　0551-63533761

官方直营书店(http://hsssbook.taobao.com)